역사를 바꾼 기술과 전략물자

— 역사와 사례 분석

역사를 바꾼 기술과 전략물자

— 역사와 사례 분석

초판 1쇄 발행 2022년 4월 30일

초판 2쇄 발행 2024년 4월 24일

지은이 이은호

펴낸이 박기남

기획 · 영업 박정헌

책임편집 박세린

펴낸곳 **율곡출판사**

08590 서울시 금천구 가산디지털1로 84(에이스하이엔드 8차), 803호

전화 (代) 02) 718-9872/3

팩스 02) 718-9874

홈페이지 http://www.yulgokbooks.co.kr

이메일 yulgokbook@naver.com

등록 1989.11.10. 제2014-000031호

ISBN 979-11-91812-27-5 03300

역사를 바꾼 기술과 전략물자

— 역사와 사례 분석

이은호 지음

율곡출판사

| 들어가는 글 |

최근 세계 산업계의 주요 관심사는 공급망 안전이다. 우리나라의 일반인에게도 2021년 가을에 발생했던 요소수 부족 사태는 큰 충격이었다. 2020년 초부터 미국에서 화장실 휴지가 동이 났다는 소식과 함께 슈퍼마켓의 상품진열대가 텅 빈 장면을 TV 뉴스에서 보기도 했고 중국에서 몇몇 자동차 부품이 생산되지 않아 우리나라에서 완성차 생산이 지연되고 있다는 신문 기사도 읽었지만, 세계적 공급망 위기가 우리 일상생활에 가깝게 다가와 있다는 것을 깨닫게 해준 건 요소수 부족으로 인해 택배가 전면 중단될 수도 있다는 전망 때문이었다.

현재 글로벌 공급망 위기의 배경에는 몇몇 국가들이 정치·외교적 이유로 특정 물자의 교역을 제한하는 것과 코로나-19로 인해 물자와 인력의 이동이 막힌 것이 함께 맞물려 있다. 우리나라의 2021년 요소수 부족 사태는 중국이 호주와의 갈등 끝에 호주산 석탄 수입을 중단한 것이 직접적 원인이었고, 세계적인 자동차 출하 지연에는 반도체 유통이 불안정해진 것과 코로나로 인해 협력 업체들이 수시로 조업을 중지하는 것이 함께 작용하고 있다. 기업들이 국제 분업화, 무재고 경영, Just-In-Time 등 효율성을 중시하는 경영을 최대한 추구해 왔던 것도 일부 생산 지연과 이동 차단이 나비효과를 통해 금방 전 세계적으로, 그리고 전 업종으로 확산되었기 때문이다. 거기에 더해 2022년 2월 말에 러시아가 우크라이나를 무력 침공한 후 서방 국가들이 그간 보기 힘들었던 단결력을 발휘하여 러시아를 제재하고 러시아도 그에 맞대응한 것은 신냉전 시대가 시작되어 공급망 체계가 크게 바뀌는 상황까지 우려하게 만들고 있다.

특정 물자의 교역 제한이 강화된 것은 지난 1~2년 사이에 갑자기 나타난 것처럼 보이지만, 이미 2010년대 후반부터 미국을 중심으로 한 서방 국가들은 특히 중국으로부터 국가안보와 경제 패권을 지키기 위한 수단으로서 기술 보호 제도를 강화하고 있었다. 서방 국가들은 중국이 자국 기업을 합병하거나 지분을 획득한 후 자국의 핵심 기술을 유출하는 사례가 많다는 것에 유의하고 있었고, 결국 2018년부터 2021년에 걸쳐 거의 같은 방향으로 외국인 투자 심사제도와 수출통제 제도를 대폭 강화하였다. 또한 제재 발동 근거도 인권침해, 부패와 사이버 공격 등으로 확대할 수 있도록 법적 근거도 마련하였다. 서방 국가들의 이러한 공감대는 2022년 2월에 우크라이나 침공사태가 일어나자 이들이 매우 신속하게 단합하여 러시아에 대해 경제 제재를 할 수 있었던 데 도움이 되었던 것으로 보인다.

공급망 안전의 중요성이 부각되자 주요국들은 국가안보 차원에서 접근하기 시작했다. 미국은 2021년 봄에 대통령이 직접 공급망 대책을 발표하였다. 이 대책에서 새롭게 나타난 변화는 국가가 관리하고 보호하는 물자에 핵심 광물 외 공산품인 반도체, 배터리와 의약품을 추가

한 것이었다. 일반적으로 미국 정부가 직접 관리하는 물자는 전략물자 Strategic Materials라고 하여 핵심 광물로 이루어져 있었고 민간이 생산하는 산업 제품이 포함된 것은 전시를 제외하고는 드문 사례인데, 반도체와 배터리 등이 차세대 국가안보에 필수적인 제품이라는 판단 하에 이들을 관리 대상으로 지정한 것으로 보인다. 결국 반도체, 배터리와 의약품 산업에서 정부 보조금 등의 지원을 제공해 가면서 자국 내 독자 생산 기반을 구축하려는 새로운 산업정책이 나타나게 되었고, 의회에서 관련 법이 제정되기도 전에 인텔은 물론이고 대만 TSMC, 한국 삼성전자 등 외국 반도체 업체들도 미국 내 공장 신설을 약속하게 되었다. 일본도 「경제안전보장전략」을 수립하고 반도체 산업을 육성하기로 하면서 TSMC 공장을 유치하였고, 2021년에는 경제안보를 전담할 각료로서 「경제안보상」 직위를 신설하는 한편 2022년 현재는 의회에서 "경제안전보장법" 제정을 추진하고 있다.

필자가 근무하는 전략물자관리원에는 2021년 가을 요소수 부족 사태 당시 요소수처럼 중요한 전략물자를 왜 관리하지 않는지에 대한 문의가 많이 들어왔다. 요소수는 대외무역법이 정의한 전략물자가 아니라고 답변을 해드리면서도 마음 한편으로는 불편한 점이 있었는데, 이때 오래전에 읽었던 책*에 나온 내용이 기억났다. 제1차 세계대전 당시 영국이 총포용 장약의 주요 원료인 아세톤을 만들지 못하게 되면서 마주하게 된 어려움을 해결하는 과정에 대한 내용이었다. 그러면서 특정 물자의 부족이 국가의 안보위기로 연결되었던 역사적 사례를 정리해보면

* Richard Rhodes, *The Making of the Atomic Bomb*, Simon & Schuster, 1987. 1988년 퓰리처상 General Nonfiction 분야 수상.

좋겠다고 생각했다.

이 책에서는 우선 전략물자를 효과적으로 관리하는 것이 어떻게 강대국의 조건이 되는지부터 알아보았다. 또한 현재의 강대국들은 모두 과거 수백 년간 큰 전쟁과 위기를 극복하면서 쌓은 경험을 바탕으로 전략물자에 대한 체계적 관리체제를 운영하고 발전시켜 나가고 있다는 점에 대해서도 살펴보았다.

본론에 들어가서는 먼저 전략물자가 국가안보에 중대한 영향을 미쳤던 실제 사례들을 살펴보았다. 지금도 가장 중요한 전략물자인 석유가 그 지위를 차지하게 된 것은 영국 해군이 군함 연료를 석탄에서 석유로 전환하면서부터인데, 이 일은 한 편의 영화만큼이나 극적으로 진행되었다. 그리고 이어서 과거에 있었던 공급망 위기와 선진국의 대응을 다루었다. 제1차 세계대전에서 영국과 독일은 전쟁 수행에 필수적인 화약이 부족할 위기에 놓였는데, 영국은 화약 원료 중 하나인 아세톤을 생산할 수 없었고 독일은 화약의 필수 성분인 암모니아가 부족했다. 두 나라 모두 과학의 힘으로 이 문제를 해결했다. 제1차 세계대전 당시 전략물자의 중요성과 해결방안으로 과학기술의 힘을 실감한 교전 당사국들의 인식은 지금도 선진국에서 이어지고 있다.

두 번째로 살펴본 내용은 냉전 시대에 공산권 국가로 고급 기술이 넘어가게 된 사례들이다. 소련은 자체적으로 기술개발을 하려고 노력하는 동시에 합법적·편법적 수단을 모두 동원하여 서방의 선진기술을 도입하기 위해 노력했고 상당 부분 성공을 거두었다. 소련의 제조업 기반 구축, 제트엔진 개발, 잠수함의 저소음화 등이 서방 기업들이 이전해 준 기술로 가능하게 되었고, 대형 폭격기는 제2차 세계대전 중 운 좋게 입수한 미국의 B-29 기체 덕분에 신속히 개발할 수 있었다. 1980년대 이후 중국도 소련과 비슷한 방법을 이용하여 군사 분야뿐만 아니라 일반 산업 분야에서도 첨단기술을 획득하였는데, 중국의 이러한 관행은 이후 중국의 경제력이 획기적으로 강해지면서 서방 국가들이 기술 보호를 위해 수출통제와 투자 스크리닝 제도를 강화하게 하는 요인이 되었다.

제품이나 기술도 그것을 다루는 기술자가 없으면 소용이 없다. 그렇기 때문에 최종적으로 기술자가 가장 중요한 전략 자산이라고 생각된다. 전쟁에서 승리한 국가가 기술자들을 전리품으로 데려간 경우는 과거 역사에는 물론이거니와 20세기에도 있었다. 또한 이들을 우대하여 유치하려는 노력은 지금도 계속되고 있다. 본서에서는 중세 이후 오스만 터키, 영국, 프랑스와 프러시아 등의 역사에서 기술자들이 어떤 이유로 이동하게 됐고, 새로 옮겨간 나라의 운명을 어떻게 바꾸게 되었는지를 살펴보았다. 특히 과학기술의 정수라고 할 수 있는 원자탄과 미사일이 20세기에 가장 중요한 전략무기로 등장하는 과정에서 기술자의 역할을 자세히 다루었다.

아무리 좋은 기술이 있어도 효율적인 생산 기술이 없으면 물자를 실제로 만들어내는 것이 쉽지 않다. 국가안보에 직결되는 일이라 하더라도 경제성을 무시하고 무한정 자원을 투입할 수 없다. 특히 전시에는 필요한 물자의 종류도 광범위하고 요구되는 물량도 많기 때문에 효율성이 높은 생산 기술을 확보하는 것이 중요하다. 제2차 세계대전을 치르면서 얻어진 생산 기술의 발전은 지금의 산업에도 영향을 주고 있다. 본서에서는 미국과 독일의 대표적 사례들을 다루었다.

우리나라는 특히 조선 시대에 기술을 활용해 백성들의 힘든 일을 줄여주려는 배려가 적었고, 기술자에 대한 천시도 매우 심했다. 국가 핵심 무기인 활의 주요 소재 선택에서도 공급망 안전에 대한 전략적 고려가 부족했던 것으로 보인다. 이러한 일들이 도두 겹쳐져 유럽의 역사적 사례에서처럼 주변국은 더욱 부강하게 되고 조선의 국력은 쇠퇴하여 결국 망국의 길로 가게 되었는데 이러한 상황을 본문에서 정리해 보았다.

그리고 21세기에 들어와서 전략물자와 전략기술에 대한 보호가 주요국에서 어떻게 진화하고 있는지를 알아보았다. 특히 2010년대 후반기부터 강대국들이 안보뿐만 아니라 경제 패권을 지키기 위한 수단으로 기술 보호를 추진하게 되고, 이를 위해 투자 제한과 수출통제 제도를 전략적으로 강화시키는 동향을 알아보았다. 또한 최근 들어 이러한 조치들이 세계적 팬데믹, 지정학적 불안과 겹쳐지면서 국제 공급망의 불안정성으로 연결되는 점과 이에 대한 대응이 추진되고 있는 경향도 알아보았다.

GDP 기준 세계 10위국이 된 우리나라는 지금까지와는 다른 대응이 필요하다. 빈곤하던 시절에는 생각도 못했고 생각하지 않아도 큰 문제가 없던 사안에 대해서도 신경쓸 때가 되었다. 국가안보적 시각에서 전략물자를 관리하는 것이 그중 하나가 될 것이다. 재산이 늘어나면 새로운 보험에 가입해야 하듯이 전략물자와 공급망 대응에서도 선제적 대응이 필요하다. 이를 위해 역사적으로 주요 강대국들이 이런 상황에서 어떻게 대처해 왔는지 잘 살펴보면 도움이 될 것이라 생각한다. 이 책이 그러한 연구에 조금이나마 도움이 되었으면 하는 것이 작은 바람이다.

전략물자관리원 원장 이은호

| 차례 |

강대국의 조건 : 전략물자 관리

1

2021년 하반기 우리나라에서 벌어졌던 요소수 파동 당시 우리 언론을 통해 앞으로 전략물자를 잘 관리해야 한다는 주장[1]이 나왔다.[2] 이보다 2년 전인 2019년 여름에는 일본이 우리나라를 대상으로 포토레지스트, 불화수소, 플루오린 폴리이미드 등 반도체 소재 3종에 대하여 전략물자 수출통제를 강화하는 조치를 발표했다. 한편 미국은 2020년 봄에 중국 화웨이에게 반도체 등 첨단 물자를 판매하지 못하게 하는 조치를 시행하였다. 1970년대 오일쇼크 당시 중동 산유국들이 석유를 외교전략적 무기로 사용했던 것은 유명한 사례이지만, 앞의 사례들을 보면 특정 공산품이나 관련 기술의 공급 능력도 전략적으로 활용될 수 있다는 점을 알 수 있다.

역사적으로 강대국들은 주요 물자와 기술을 자체적으로 확보하면서 적국은 이에 대해 최대한 접근하지 못하게 하려고 노력해 왔고, 이 분야에서 길게는 수백 년에 걸쳐 경험을 쌓아왔다. 2021년 요소수 파동 당시 다른 선진국들에서는 이러한 문제가 크고되지 않았던 것도 요소와 암모니아가 핵심 전략물자[3]라는 것을 경험을 통해 알고 있던 선진국들이 미리 대응하고 있었기 때문인 것으로 보인다.[4] 주요 제국들은 특히

1. "중국만 바라보는 전략물자 대책 '제2 요소수 대란' 못 막는다", 동아일보 사설, 2021. 11. 11.
2. 일반적으로 국가적 주요 물자는 모두 "전략물자"인 것으로 생각되나 우리나라 대외무역법은 전략물자를 "대량파괴무기와 그 운반수단의 국제적 확산을 방지하기 위한 제도에서 수출통제 대상이 되는 물자"로 규정하고 있다. 본서의 부록에서 전략물자 용어 사용 사례를 상세히 설명하였다.
3. 본서 "2장 독일과 화약·비료의 주요 원료인 질소"에서 암모니아의 전략적 중요성을 상세히 다루었다.
4. "'요소수 쇼크' 한국은 난리인데…일본은 조용한 이유 [정영효의 일본산업 분석]", 한국경제신문, 2021. 11. 5.

광물 등 전략소재의 확보가 중요하다는 것을 상당히 오래 전부터 인식하고 있었다. 로마 제국은 스페인의 철광과 은광이 국방력과 부의 원천이 되어 BC 1세기경 가장 큰 국력을 가질 수 있었다. 영국은 자국산 철광석으로 만든 주철 대포가 청동 대포보다 훨씬 저렴했던 덕분에 강력한 해군력을 구축할 수 있었고[5], 자국에 풍부한 석탄으로 연료를 전환하면서 국력이 지력地力에 의존하던 시대를 끝내고 산업혁명을 통해 세계 패권을 갖게 되었다.

그러나 강대국들이 확실하게 전략물자의 중요성을 깨닫게 된 계기는 제1차 세계대전이다. 열강들이 첨단기술과 공업력을 최대한 동원하여 장시간 동안 벌인 전쟁이었기에 경제전쟁Economic War도 적극적으로 수행되었다. 영국은 덴마크, 네덜란드, 노르웨이, 스위스, 스웨덴 등 중립국들에게 독일과의 교역을 제한하도록 경제적 압력을 포함한 외교적 노력을 기울였다.[6] 연합국 해군은 대륙을 봉쇄했고, 독일도 유보트를 이용하여 대서양의 수송선단들을 효과적으로 격침해 나갔다. 한편 주요 전투 지역이 광물 생산지역이거나 공업지역이었기에[7] 산업생산이 감소하여 전쟁물자 확보가 어려워졌고, 징병에 따른 노동력 부족도 생산량 감소를 가져왔다. 또한 철도, 항만 등 물류 기반이 병력과 전쟁물자 수

5. 본서 "3장 중세의 대포 기술자—오스만 제국, 튜더 왕조의 영국"에서 영국 튜더 왕조의 주철 대포 개발사를 상세히 다루었다.

6. 이때의 교훈 탓인지, 제2차 세계대전 개전 초기에 독일은 네덜란드, 덴마크와 노르웨이를 침공하여 점령한다.

7. 제1차 세계대전 초기 독일군이 프랑스의 북부와 동부 지역에 진격하여 이곳을 점령한 후 대전 내내 이 지역에서 전투를 하였는데, 이 지역은 개전 이전에 프랑스 석탄 생산의 75%, 철광의 81%, 강철의 63%, 아마포(linen)의 85%, 양모의 94%, 설탕의 75%를 생산하고 있었다. 이로 인해 프랑스는 전체 산업 생산의 14%를 상실했다.

송에 우선 배정되다 보니 산업생산에 차질을 가져왔다.

제1차 세계대전에서 전쟁물자 조달을 어렵게 만든 원인 중 하나는 경제의 세계화였다. 빅토리아 말기의 영국인들이 세계화의 혜택을 누리며 살았다고 하듯이 당시 유럽은 국제 교역에 상당히 의존하고 있었다. 1911~1913년에 강대국(영국, 독일, 프랑스 및 미국)들의 수입 중 80% 이상이 원자재와 식량이었기에 전쟁으로 글로벌 공급망이 교란되면서 국민들의 먹을거리도 부족해지게 되었다.

표 1-1 **제1차 세계대전 교전국의 연도별 철광석 생산량**

(단위 : 백만 톤)

국가 \ 연도	1913	1914	1915	1916	1917	1918
미국	62,972	42,103	56,415	76,370	76,494	70,773
독일	28,608	20,505	17,710	?	?	?
프랑스	21,918	11,252	620	1,681	2,035	1,672
영국	16,253	15,105	14,463	13,711	15,083	15,285
러시아	9,514	?	?	?	?	?
이탈리아	603	706	680	947	999	695
캐나다	136	222	361	250	195	188
일본	172	136	136	159	?	?

표 1-2 제1차 세계대전 교전국의 석탄 및 갈탄 생산량

(단위 : 백만 톤)

국가 \ 연도	1913	1914	1915	1916	1917	1918
미국	517	466	482	535	591	615
영국	292	270	257	261	253	231
독일	277	245	235	253	263	261
오스트리아	44	39	38	41	–	–
프랑스	41	30	20	22	29	26
러시아	34	33	28	–	–	–
일본	21	22	20	23	26	28
영국령 인도	16	17	17	17	18	21
캐나다	14	12	12	13	13	14
헝가리	10	9	9	–	–	–
이탈리아	1	0.8	1	1.3	1.7	2
세계 총계	1,342	1,210	1,190	1,270	1,335	1,332

표 1-3 제1차 세계대전 중 석유 생산량

(단위 : 백만 톤)

국가 \ 연도	1913	1917	1918	1919
미국	33.1	44.7	47.5	54.8
멕시코	3.5	8.3	9.5	12.6
러시아	8.6	9.4	5.5	3.7
네덜란드령 동인도제도	1.5	1.8	1.8	2.2
루마니아	1.9	0.4	1.2	0.9

영국령 인도	1.1	1.08	1.07	1.1
갈리시아(스페인)	1.09	0.8	0.8	0.8
페루	0.3	0.3	0.3	0.4
일본령 대만	0.3	0.4	0.3	0.3
세계 총계	51.6	68.8	70	79.4

제1차 세계대전의 주요 교전 당사국들은 개전 직후부터 원자재는 물론이고 식량, 에너지도 부족해지고 이를 효율적으로 이동시킬 물류도 막히는 상황에 처했다. 특히 엄청나게 늘어난 화약 수요에 생산이 따라가지 못함에 따라 전쟁을 지속·수행할 수 있는 능력에 대한 우려가 모든 국가에서 제기되었다. 이에 주요 국가들은 모두 전쟁물자의 수급과 생산을 전략적으로 다루는 제도를 만드는 한편 전담 조직도 설립하였다. 가장 먼저 나선 국가는 영국의 해상 봉쇄를 예상했었던 독일이었다. 독일은 원자재 부족에 대해 배분의 효율화와 공업력, 첨단기술을 이용한 국산화라는 두 가지 방향으로 대응했다. 영국, 프랑스 등 여타 교전국들도 비슷한 성격의 조직을 만들고 배분의 효율화를 추진하였다. 그러나 궁극적으로 아껴 쓰는 것만으로는 문제를 해결할 수 없는 만큼 대체재를 찾아내거나[8] 생산 비용에 상관없이 어떤 방법으로든 자국 내 생산 능력을 확보하려 했는데, 특히 화약과 같이 전쟁 수행에 필수 불가결

8. 여담으로 대체재로 개발되었는데 세계적 인기를 얻은 유명한 사례가 초콜릿 맛 크림인 누텔라(Nutella™)와 청량음료 환타(Fanta™)이다. 누텔라의 원조가 되는 Gianduja는 19세기 초 나폴레옹 시절에 경제 봉쇄로 인해 남미산 코코아의 수입이 어렵게 되자 헤이즐넛으로 만든 대체품이다. 환타는 나치 독일에 대한 미국의 수출통제르 코카콜라 원액의 수입이 막히자 코카콜라 독일 지사가 개발한 음료이다.

한 물자 분야에서 많은 노력이 있었다.[9]

표 1-4 제1차 세계대전 중 주요 국가들의 전시물자 조달체제 구축 현황

<table>
<tr><th>국가</th><th>설립 시기</th><th colspan="2">전담 부처/조직</th><th>주요 업무</th></tr>
<tr><td>독일</td><td>1914. 8</td><td colspan="2">국방부 소속 전쟁원자재부 (War Raw Materials Department, Kriegsrohstoffabteilung ; KRA)</td><td>25개의 전쟁원자재기업(War Raw Materials Corporations, Kriegsrohstoffgesellschaften)을 설립하고 이들이 화학, 금속, 양모, 가죽 등 특정 품목들의 구입·비축·배분을 담당</td></tr>
<tr><td>오스트리아</td><td>1914</td><td colspan="2">국방부 내 전담조직</td><td>“Zentralen”을 다수 설립, 금속, 면화 등 원자재 공급 관리</td></tr>
<tr><td>헝가리</td><td>1915</td><td colspan="2"></td><td>〃</td></tr>
<tr><td rowspan="4">영국</td><td>1915. 5</td><td>정부</td><td>탄약부 장관 (Minister of Munitions)</td><td>탄약류 생산 총괄 (초대 장관 : 로이드 조지, 윈스턴 처칠도 1917년에 장관 역임)</td></tr>
<tr><td>1914년 말</td><td>민관 공동</td><td>구매조합</td><td>마포(麻布) 분야</td></tr>
<tr><td>1915. 11</td><td></td><td>선급 위원회</td><td>불요불급한 물품 수송선에게 선급 서비스 거부</td></tr>
<tr><td>1917. 6</td><td></td><td>면화통제 위원회</td><td>값싼 이집트산 원면을 배분</td></tr>
<tr><td></td><td>개전 직후</td><td colspan="2">상무부 (Minister of Trade)</td><td></td></tr>
</table>

9. 본서 2장에서 독일(화약 제조 시 주요 원료인 암모니아)과 영국(코다이트 대포 장약 제조 시 주요 원료인 아세톤)의 노력 사례를 상세히 설명하였다.

프랑스	1916. 12	군수 및 전시생산장관 (Minister of Armaments and War Production)	13개 부처 간 공동위원회가 양모, 다이아몬드, 면화, 가죽, 종이, 화학, 마포(麻布), 약용 식물을 관리. 이 외에 철강, 구리, 아연, 목재 등을 관리하는 위원회를 별도 운영
	1917 여름	국가석탄국 (National Bureau of Coals, Bureau national des Charbons ; BNC)	석탄 생산 및 배분을 관리
	1917. 10	면화 콘소시움(민간)	원면 수입 및 배분 관리
러시아	1915	국방장관이 운영하는 연료공급특별위원회 (Special Council for Fuel Supply)	광산주와 공무원으로 구성한 Tsentrougul이 석탄을 구입하고 고정가격으로 판매
	1916	금속위원회 (Metal Commission)	금속시장 통제
미국	1917. 7	전쟁산업위원회 (War Industries Board)	1918년 3월에 57개 업종별 전시사업 위원회(War Service Committees)를 설립, 원자재 및 물류수단 배분의 우선순위를 배정토록 함.

제1차 세계대전이 끝난 후에도 전략물자의 중요성에 대한 교훈은 쉽게 잊혀지지 않았다. 1930년대부터 전 세계에 다시 전운이 감돌게 되자 가장 빨리 대응에 나선 나라는 미국이었다. 미국은 자원이 풍부하고 영토가 넓은데도 불구하고 선도적으로 근사적 용도를 위한 전략 및 핵심 물자Strategic and Critical Materials를 비축하는 작업을 시작했다. 1938년에는 해군물자 조달법Naval Appropriations Act of 1938을 제정하여 전략물자를 구입할 수 있는 예산을 배정할 수 있게 하였고, 1939년에는 전략 및

핵심 물자 비축법Strategic and Critical Materials Stock Piling Act of 1939을 제정하고 물자 구입 예산 1억 달러를 국방장관에게 배정하였다. 구입 대상은 전시 생산에 필요한 전략 및 핵심 광물[10]로 42개가 지정되었다. 또한 이 법을 바탕으로 국방비축National Defense Stockpile ; NDS 제도[11]가 수립되어 운영되었다.

제2차 세계대전이 시작되자 모든 주요국들은 전쟁물자의 수급과 생산을 총괄하여 조정 기능을 하는 기관을 만들었다.

표 1-5 제2차 세계대전 중 주요국의 전쟁물자 생산 총괄 부처 설립 현황

국가	설립 시기	기관명
미국	1942. 1	War Production Board(WPB)
독일	1940. 3	Reich Ministry of Armaments and War Production
영국	1942. 2	Ministry of Production
캐나다	1940. 4	Department of Munitions and Supply
일본	1943. 11	Ministry of Munitions
프랑스	1939. 9	Minister of Armaments
소련	1939. 1	People's Commissariat of Armament

국가별로 다소간의 차이는 있으나, 이들은 대개 전쟁물자의 효율적

10. 현재의 NDS가 관리하는 광물에는 산화알루미늄, 베릴륨, 크로뮴, 코발트, 다이아몬드, 페로크롬, 페로망간, 아이오딘, 이리듐, 운모, 니오비움, 백금계 물질, 활석, 탄탈룸, 토륨, 주석, 텅스텐, 아연 등이 포함된다.
11. NDS 제도는 지금도 운영되고 있으며, 전시뿐만 아니라 2011년 동일본 대지진 등의 천재지변에 대한 지원 업무에도 활용되고 있다.

생을 도모하기 위해 원자재, 물류는 물론 인력까지도 관리했다. 생산시설의 분산[12], 대체재의 개발과 국산화 업무도 추진하였다. 주요 물자의 배급제 또한 이들이 관리하던 업무였다.

제2차 세계대전이 끝난 후 이러한 조직들은 대개 해체되었으나 미국의 경우는 조금 다르다. 미국은 종전 후 몇 차례의 법 개정과 숙의 끝에 전략물자에 대한 통합적 관리가 필요하다는 결론을 내렸다. 1961년 초에 출범한 케네디 행정부에서 젊고 개혁 의지가 넘치던 맥나마라 국방장관Robert Strange McNamara, 1916~2009은 극방물자를 독립된 단일 기관에서 다루기로 하고 이를 위해 군수청Defense Supply Agency ; DSA을 설립한다고 1961년 8월 31일에 발표했다. 이후 업무는 일사천리로 진행되어 1961년 10월 1일 군수청이 설립되었고 1962년 1월 1일부터 업무를 개시하였다. 이후 1977년 1월 1일에는 시대의 변화를 반영하여 기관 명칭을 국방조달청Defense Logistics Agency ; DLA으로 바꾸었다.

미국은 전략·핵심 광물에 대한 접근도 계속 진화시켜 나갔다. 이전에는 필요한 광물을 어떻게 조달하고 구입하며 비축해 놓는가에 초점을 맞추었다면, 최근에는 미국 내에서 직접 생산하는 방법까지 포함하여 검토하려는 것으로 관찰된다. 미국 의회는 2012년 4월 19일에 국가전략·핵심 광물 생산법National Strategic and Critical Minerals Production Act of 2012을 제정하였다. 이 법은 미국 내에서 전략·핵심 광물 채광 작업을 하려 할 때 적용 규제나 각종 인허가 환경을 바꾸어주는 것을 목적으로 한다. 중국이 일본과의 센카쿠 열도(조어도) 분쟁 중에 희토류 광물의 수출을

12. 예를 들어 독일은 연합군의 폭격에 대응하여 공장들을 분산시켰고, 소련은 독일의 침공에 대응하여 공장들을 우랄 산맥 동쪽으로 옮겼다.

금지한다고 발표했던 시기가 2010년 봄이었는데, 이를 계기로 미국에서는 광물 개발 시 규제를 완화하는 법을 제정한 것이다.[13] 미국의 "국가전략·핵심 광물 생산법"은 계속해서 개정되고 있으며 특히 최근에는 미·중 간의 경제 갈등이 심화됨에 따라 이 법에 대한 관심이 더 커지고 있다.

최근 들어 강대국 간에 기술 패권 경쟁이 심화되면서 첨단기술 분야에서 수출통제 제도가 강화되는 한편 대상 품목들도 늘어나고 있다. 강대국들은 수출통제 제도를 통해 첨단 품목이나 기술들을 "전략적" 근거에 의해 통제하려는 것으로 보인다. 탈냉전 시대의 수출통제가 대량파괴무기와 관련된 이중용도Dual Use 물자들에 적용되었다면 2020년대 강대국들의 수출통제는 과거 냉전 시대에서처럼 주요 물자와 기술을 자국과 가치를 달리하는 진영에는 공급하지 않겠다는 방향으로 바뀌고 있다. 이렇게 바뀌는 상황에서 과거의 경험을 돌아볼 필요가 있는 것으로 보인다. 냉전 시기에는 아무리 좋은 원자재라도 다른 진영에 있다면 수입하기 어려웠고[14] 다른 진영의 국가에 자유롭게 출장이나 여행을 간다는 것은 쉽지 않았다. 그러나 1991년 소련 붕괴와 이 무렵에 있었던 중국의 개방은 국제 무역시장을 완전히 열린 환경으로 만들었다. 이후 30년 이상 모든 국가와 기업들은 이러한 환경을 당연한 것으로 인식하고 생산 거점의 세계화와 원자

13. 중국의 대일 희토류 수출금지를 계기로 일본은 희토류 대체재 개발을 위한 연구를 시작했고 상당 분야에서 성과를 얻었다.
14. 마하 3을 내는 미국의 초음속 정찰기인 SR-71은 92%가 티타늄으로 만들어졌는데, 미국에는 없고 소련에 많았던 티타늄을 구하기 위해 정보기관이 나서서 소련에서 몰래 구입했다고 한다.

재 수급의 최적화 등을 진행해 왔다.

2022년의 우리는 이러한 환경이 실제로 바뀌는 것을 목격하고 있다. 중국은 희토류와 같은 핵심 광물들의 수출을 국가전략에 따라 거부할 수도 있다고 말한다. 미국은 첨단 제품의 경우 다른 나라의 기업이 생산했더라도 미국 기업의 기술로 설계되는 등 몇 가지 기준에 걸린다면 미국 정부가 지목한 기업에게는 수출하지 못하게 막기 시작하였다. 또한 2020년 봄에 시작된 코로나 바이러스 팬데믹은 전 세계적으로 자유로운 이동을 사실상 전면 차단해 버렸다. 2022년 2월 말에 시작된 러시아의 우크라이나 침공을 보면 탈냉전 시대가 이렇게 끝나는 게 아닐까 우려하게 된다. 우리나라는 물론 많은 서방 국가들이 연대하여 러시아에 대한 경제 제재를 시작한 것은 과거 코콤 체제를 연상하게 한다.

이러한 모든 일들이 한꺼번에 일어나면서 전 세계적인 공급망 대란이 심화되고 있다. 한동안 국제교역에서 기정사실로 간주되던 전제들이 바뀔 수 있다는 불확실성들이 겹쳐져 큰 효과를 내고 있는 것으로 보인다. 지금은 냉전 시대보다 더 거슬러 올라간 세계대전 때의 경험을 다시 돌아보아야 할 때가 된 것으로 보인다. 우리나라는 10대 경제대국이면서 이러한 분야에서의 경험은 양차 세계대전을 모두 경험했던 선진국들만큼 축적되지 않은 유일한 나라이다. 한국전쟁을 치르기는 했으나 당시 우리 경제는 세계 최빈국 수준이었고 관리 능력도 부족하였기에 거의 모든 물자의 수급을 외국의 지원에 의지할 수밖에 없었다. 고속 경제성장을 하던 1960년대 초부터 1980년대 말까지가 냉전 시기이기는 했으나 당시 우리 경제의 규모는 지금보다 많이 작았고 제조업도

OEM 방식[15]에 의지한 부분이 컸기에 전략물자의 확보나 공급망 안정성의 중요성을 체득할 기회가 없었다고 생각된다. 1990년대와 2000년대 이후 우리 경제가 성숙 단계로 올라서고 세계적 기업도 탄생할 무렵 이미 냉전 시대가 끝난 이후였고 우리는 탈냉전으로 형성된 세계 질서에 익숙해졌다. 지금은 탈냉전 시대가 30여 년간 지속되었기 때문에 현재 우리 사회의 핵심 플레이어들은 대부분 냉전 시대의 공급망 상황이나

표 1-6　2021년 IMF 추정치에 따른 국가별 GDP와 양차 대전 참전 여부

(단위 : 백만 US$)

순위	국가	GDP	세계대전 참전 여부	
			제1차 세계대전	제2차 세계대전
1	미국	22,939,580	○	○
2	중국	16,862,979	×	○
3	일본	5,103,110	○	○
4	독일	4,230,172	○	○
5	영국	3,108,416	○	○
6	인도[1)]	2,946,061	○	○
7	프랑스	2,940,428	○	○
8	이탈리아	2,120,232	○	○
9	캐나다	2,015,983	○	○
10	한국	1,823,852	×	×

주 : 1) 인도는 양차 대전에 영국 식민지로서 참전

15. OEM : Original Equipment Manufacturer의 약자. 주문자의 의뢰에 따라 주문자의 상표를 부착하여 판매할 상품을 제작하는 방식으로 주문자가 생산자에게 원부자재를 공급해 주거나 공급선을 연결해 주는 경우가 많다.

전략물자 확보 노력을 경험해 보지 못한 세대에 속한다.

우리나라가 진정한 강대국 반열에 오르고 싶다면 우리보다 위에 있는 국가들처럼 생각하고 제도를 만들어 운영할 필요가 있다. 전략물자 분야에서도 마찬가지이다. 물론 실제로 어려운 상황을 겪어봐야만 그런 생각을 할 수 있게 되고 제도를 만들어낼 수 있는 지식을 얻게 되는 것은 아닐 것이다.

그런 지식을 얻을 수 있는 방법 중 하나가 역사를 들여다보는 방법이라고 생각된다. 이러한 생각으로 본서에는 전략물자, 기술과 공급망 분야에서 선진국들이 겪었던 주요 역사적 사례들을 정리하였다. 가장 대표적인 전략물자인 석유가 어떤 역사적 흐름을 거쳐 그 지위를 갖게 되었는지, 제1차 세계대전에서 공급망 대란을 마주하게 된 국가들이 어떻게 대응했는지, 제품이나 물자만이 아니라 생산 기술도 어떻게 전략물자와 같은 지위를 갖게 되었는지, 냉전 시대에 서방 기술이 어떻게 공산권으로 흘러 들어갔는지 등을 다루었다. 그리고 우리나라에서도 과거에 선조들이 갖고 있던 좋은 기술들이 어떻게 사장되고, 어떻게 외국으로 흘러나가게 되었는지에 대해서 살펴보았다.

이제 본격적으로 전략물자의 역사 속으로 들어가 보도록 하자.

[참고문헌]

1. Boundless US History, From Isolation to World War II : 1930~1945, Economic Conversion, From Lumen.
2. Chancerel, Pierre, "Raw Materials", 1914~1918—online.

International Encyclopedia of the First World War, ed. by Ute Daniel, Peter Gatrell, Oliver Janz, Heather Jones, Jennifer Keene, Alan Kramer, and Bill Nasson, issued by Freie Universität Berlin, 2015. 7. 16.

3. Defense National Stockpile Center—Wikipedia.
4. Department of Munitions and Supply—Canada—Wikipedia.
5. "In Touch with Industry : ICAF Industry Studies 1999 : Strategic Materials", Industrial College of the Armed Forces(U.S.), 1999, https://www.hsdl.org/?view&did=1722
6. Keith Bradsher, "Amid Tension, China Blocks Vital Exports to Japan", *The New York Times*, 2010. 9. 22., https://www.nytimes.com/2010/09/23/business/global/23rare.html
7. Marc Humphries, "Critical Minerals and U.S. Public Policy", Congressional Research Service, 2019. 6. 28.
8. Mark Harrison, "Resource mobilization for World War II : the U.S.A., U.K., U.S.S.R., and Germany, 1938~1945", *Economic History Review*, 41 : 2 (1988), pp. 171~192.
9. Ministry of Armaments(Soviet Union)—Wikipedia.
10. Ministry of Munitions(Japan)—Wikipedia.
11. National Research Council 2008, *Managing Materials for a Twenty-first Century Military*, Washington, DC : The National Academies Press, https://doi.org/10.17226/12028.
12. National Strategic and Critical Minerals Production Act—Wikipedia.
13. Nicholas A. Lambert, "Brits-Krieg, The Strategy of Economic

Warfare", From *Understanding Cyber Conflict : Fourteen Analogies*, George Perkovich and Ariel E. Levite, Editors, Published by Georgetown University Press.

14. Strategic and Critical Materials Stock Piling Act of 1939—Wikipedia.
15. Strategic material—Wikipedia.
16. Tor Egil Førland, "'Economic Warfare' and 'Strategic Goods' : A Conceptual Framework for Analyzing COCOM", *Journal of Peace Research*, Vol. 28, No. 2, 1991. 5., pp 191~204.
17. War Production Board—Wikipedia.

국가안보와 관련된 전략물자의 역사

제1차 세계대전과 핵심 전략물자 / 냉전 시대 서방 기술의 공산권 이전

2

제1차 세계대전과 핵심 전략물자

영국 해군과 석유

영국 해군은 최신 기술을 적극적으로 수용하면서 제해권을 잡아왔다. 또한 16세기에는 주철제 대포와 새로운 전술로 스페인 무적함대를 격파하고 이후 네덜란드, 프랑스를 차례로 물리쳤으며, 19세기에는 증기기관과 스크류 추진기를 결합한 군함과 강철제 장갑 군함 등을 가장 먼저 채택하였다. 20세기에는 수십 개의 작은 대포로 무장해 오던 전함을 회전 포탑에 소수의 대형 주포를 장착하는 구조로 최초로 바꾸었고[1], 항공모함을 처음으로 취역시킨 것도 영국이었다[2].

그러나 영국 해군이 전함Battleship의 연료를 제1차 세계대전 직전에 석탄에서 석유로 전환하기로 한 결정의 파급효과는 이전과는 비교가 되지 않는다. 이후 석유는 현재까지 세계에서 가장 중요한 전략물자이

1. 1906년에 취역한 HMS Dreadnaught함은 세계적으로 전함 설계에서 워낙 큰 변화를 가져와 이전의 전함을 Pre-Dreadnaught, 이후의 전함들을 Dreadnaught급 전함이라 부르게 되었다.
2. 비행기를 해군 함정에서 이착륙시킨 것은 미국이 빨랐으나(1910년 11월 Eugene Ely가 순양함 Birmingham에서 비행기로 이륙하는 데 성공하고 1911년 1월에 순양함 Pennsylvania에 착륙하는 데 성공), 최초의 항공모함은 1918년 영국이 건조 중이던 여객선을 설계·변경하여 상부 전체를 덮는 비행갑판을 갖춘 항공모함으로 만들어 취역시킨 HMS Argus임.

다. 또한 영국이 당시 자국에는 없던 석유를 안정적으로 확보하려고 기울였던 노력은 현재까지 지속되고 있는 중동 정세를 규정하는 데에도 한몫했다. 이번 장에서는 이러한 큰 변화가 어떻게 전개되고 완성되어 석유가 가장 중요한 전략물자가 되었는지에 대해서 알아보고자 한다.

영국 해군이 전함 연료로서 석유를 채택하게 된 배경에는 기술적, 군사 전술적 고려만 있던 것은 아니었다. 여기에는 서남아시아에서 영국과 러시아 사이의 패권 경쟁, 석유 개발을 통해 큰 돈을 벌려던 사업가들의 야망, 재정적 어려움을 겪고 있던 페르시아(1935년 이후 이란으로 바뀜)의 처지와 신흥 석유 기업의 생존본능이 모두 연관되어 있었다. 특히 당시 영국 정부와 정치가들의 혜안은 지금도 평가받을 만하다.

우선 석유 개발의 초기 역사부터 간략하게 알아볼 필요가 있다. 석유가 본격적으로 사용된 시기는 19세기 중반 램프 연료로 쓰이던 고래기름의 대체재로 등유(kerosene 또는 lamp oil)가 나온 이후부터였다. 고래의 남획으로 고래 수가 크게 줄어들어 고래기름의 값이 비싸졌기에 등유 램프는 큰 인기를 얻게 되었고, 등유 수요는 급증하게 되었다. 이에 따라 원유를 대량 채굴하는 방법을 강구하여 1859년 미국의 에드윈 드레이크Edwin Drake가 미국 펜실바니아에서 파이프 드릴을 땅 속에 박아 넣어 원유를 뽑아내는 데 성공하였다. 이후 석유 산업은 탐사, 개발, 생산, 수송, 정제에 이어 최종 판매를 모두 아우르는 거대 산업으로 성장하였다. 곧이어 다른 나라에서도 19세기가 끝나기 전에 대형 유전들이 개발되어 석유를 생산하기 시작했고, 미국의 록펠러, 스웨덴의 노벨, 영국의 마커스 사뮤엘과 같은 석유 재벌들이 탄생하였다.

표 2-1 19세기에 개발된 주요 유전

연도	소재국	지역	개발자
1859	미국	펜실바니아 Titusville	에드윈 드레이크 (드릴링 채굴법의 시조) → 록펠러의 스탠더드오일로 연결
1876	러시아	아제르바이잔 바쿠	Nobel Brothers[1] Petroleum Company (Branobel)
1885	네덜란드령 동인도	수마트라	Aeilko Jans Zijklert(발견) → 1890년 Royal Dutch 설립 → Marcus Samuel의 Shell과 병합하여 1907년 Royal Dutch Shell 설립

주 : 1) 다이너마이트 개발자로 유명한 알프레드 노벨의 형인 루드비그 노벨이 러시아 바쿠에 설립한 석유회사. 여담으로 1888년 루드비그의 사망 시 여러 신문사가 알프레드가 사망한 것으로 오해하여 부정적 부고 기사들을 게재했는데 알프레드가 이 기사들을 본 후 노벨상을 만들었다고 한다. 동 기업은 러시아 혁명 이후 소련 정부가 차압하였다.

한편, 조명 용도 외에 석유를 사용할 수 있는 방법을 찾기 위한 노력의 결과로 석유 산업은 더욱 성장하였다. 예를 들어 등유 정제 과정에서 폭발성을 가진 불순물로 여겨져 버려지던 휘발유는 자동차 산업과 함께 성장하였고, 윤활유 산업도 크게 성장하였다. 원유를 정제하여 등유를 뽑아낸 후 남는 끈적끈적한 성분을 활용하는 방법에 대해서도 검토가 이루어졌는데, 증기보일러에서 석탄 대신 연료유fuel oil로 활용하는 방안이 제시되었다. 보일러 연료로 고체가 아닌 액체를 쓰면 훨씬 더 많은 장점이 있다는 건 현재의 시각에서 보면 명확한데, 그러려면 우수한 기름 버너가 필요했고 처음이다 보니 여러 기술적 시행착오를 거쳐야 했다. 석유 보일러에 대한 시도는 해군에서 처음 이루어졌는데, 이는 석유 사용이 전술적 측면에서 훨씬 유리했기 때문이었다.

석유만을 연료로 사용하는 군함을 처음 채택한 나라는 역시 영국이었다. 1899년 영국 해군은 400톤급 구축어뢰함Torpedo Boat Destroyer(구축함(Destroyer)의 초창기 호칭) 'Spiteful'을 세계 최초의 석유 전용 군함으로 취역시켰다. 또한 같은 크기의 자매함을 석탄 전용 군함으로 취역시키고 1904년에 성능을 비교하여 석유 함정이 훨씬 우월함을 보여주었다(〈표 2-2〉 참조). 이후 구축함과 잠수함[3] 등 상당수의 소형 함정들

표 2-2 군함 연료로서 석탄과 석유의 비교

	석탄	석유
열량[1)]	0.590(연료용 수입무연탄 기준)	0.995(벙커C유 기준)
필요 인력[2)]	화부 6명 필요(석탄을 삽으로 보일러에 투입)	보일러병 3명(연료는 파이프로 공급)
폐기물[2)]	재 및 검댕 1.5톤	없음
전속항해 준비시간[2)]	1.5시간	10분
매연	심하여 적군이 찾기 용이	적어서 은밀 기동에 유리
연료 저장	선박 내 한정된 위치	자유로운 연료탱크 배치
연료 보급	항해하면서 보급 불가능	항해하면서 호스로 보급 가능
전함의 최고 속도	21노트	25노트
건조 비용	–	석탄 함정에 비해 12~30% 저렴

주 : 1) 총발열량 기준, 단위 : 석유환산톤(10−3toe(ton of oil equivalent))
2) 최초의 석유추진 해군함정(HMS Spiteful(1899년)) 기준.
출처 : 에너지법 시행규칙

3. 잠수함의 경우 연료로 석유를 사용하지 않기는 어렵다.

이 석유를 연료로 사용하게 되었다.[4] 그럼에도 불구하고 석유가 영국 해군 주력 전함의 연료로서 채택되기 위해서는 1899년부터 10여 년의 시간이 더 필요했다.

앞서 설명했듯이 군함 연료가 석유로 전환된 데에는 석유 개발을 통해 큰 돈을 벌려는 욕망이 작용하였다. 석유 개발로 록펠러, 노벨, 사뮤엘 마커스 등 초대형 갑부들이 탄생하자 이러한 성공을 많은 기업인들이 재현하고 싶어했는데 영국의 윌리엄 다시William d'Arcy가 그중 한 명이었다. 그는 1849년 영국에서 출생했으나 일찍 호주로 이민을 가서 금광 사업으로 큰 돈을 번 후 영국으로 복귀하여 유명 여배우와 재혼해 런던의 저택과 두 군데의 영지에서 살면서 투자 사업을 노리고 있었는데 석유 산업에 관심이 있었다. 이러한 그에게 당시 금전이 급했던 페르시아(현재의 이란) 정부가 접근했다. 1900년 말, 페르시아의 장군 명함을 가진 키타브기Antoine Kitabgi가 파리에서 열린 페르시아 박람회에 나타나 자국에 있다고 알려진 석유의 광권을 구입할 유럽 투자자를 찾으려 했다. 페르시아는 배화교조로아스터교가 시작된 나라답게 일찍부터 석유, 가스가 지표면으로 스며나오는 것이 알려져 있었고 사람들은 역청을 배의 틈새를 메꾸거나 벽돌을 붙이는 데 사용해 왔다. 그러나 이곳의 석유는 몇 번의 개발 시도에도 불구하고 페르시아 정부 내부에서의 이견, 러시아의 방해, 그리고 미흡한 탐사 등으로 인해 1900년까지 개발되지 않은 상태였다. 키타브기 장군은 영국의 퇴직 외교관을 통해 다시를 소개

4. 1911년 윈스턴 처칠이 약관 36세에 해군 장관이 되었을 때 영국 해군은 56척의 구축함과 74척의 잠수함을 석유 전용함으로 제작 중이었고, 일부 석탄 군함에서도 석탄 위에 석유를 뿌려서 태우고 있었다.

받아 광권 계약을 제안하였고 다시는 1901년 4월 16일 테헤란에 대리인을 보내 협의를 시작했다. 이후 1901년 5월 28일 테헤란에서 광권 계약이 체결되었다. 페르시아 국왕은 20,000파운드의 현금, 20,000파운드 상당의 지분과 연간 순익의 16%를 받기로 하였고, 다시는 북쪽 러시아 접경 지역을 제외하고 페르시아 국토의 3/4에 걸치는 지역에서 60년간의 광권을 받기로 하였다.

이때 영국 정부의 측면 지원이 있었다. 당시 페르시아를 포함한 서남아시아에서는 초강대국인 영국과 러시아가 유명한 "Great Game"을 벌이고 있었다. 20세기에 들어서면서 러시아가 페르시아만의 항구 확보를 추진하게 되자 영국은 돈을 밝히는 페르시아 국왕이 러시아에게 석유 광권을 주게 되지 않을까 걱정하여 다시의 광권 확보 활동을 지원하게 되었다. 다시의 광권 계약 이후 러시아는 바쿠산 원유를 페르시아만으로 연결하는 송유관 건설 계획을 페르시아 정부에 제시하면서 남진을 시도했으나 러시아와 페르시아 간의 민족 갈등을 교묘히 이용한 영국의 설득으로 실패했다.

광권 계약 당시부터 석유를 성공적으로 개발하는 데 페르시아의 정치 체제와 열악한 보급이 걸림돌이 될 것이라는 지적이 있었다. 그러나 다시는 호주 금광에서 도박[5]에 성공했듯이 페르시아에서도 자신이 제2의 록펠러가 될 수 있다고 생각했다. 하지만 페르시아는 특히 사회적 복잡성에서 호주와는 비교가 되지 않았고, 다시는 계산을 잘못한 대가를 곧 치르게 된다.

5. 호주에서 버려진 금광을 인수한 후 추가 탐사를 한 결과 대규모 금맥이 발견되어 거부를 이루었다고 한다.

다시는 수마트라에서 석유 탐사 업무를 하던 조지 레이놀즈George Reynolds를 현장 책임자로 영입하고 현재 이란·이라크 국경지역인 치아 수르크Chiah Surkh에서 탐사를 시작했으나 험한 지형, 지리적 위치로 인한 교통문제[6]와 현지 시아파와의 갈등 등으로 인해 계속 사업 착수가 지연되어 실제로 시추공을 뚫기 시작한 것은 광권 계약 후 1년 반이 지난 1902년 말이 되어서였다. 여러 어려움 끝에 1903년 10월에 첫 유징을 발견하기는 하였으나 이 무렵부터는 천하의 거부였던 다시도 자금난을 겪게 되었다. 다시는 당시 영국 석유 정책의 대부였던 토머스 레드우

[그림 2-1] 현대 중동 지도에서 다시의 시추 지역

6. 페르시아만으로부터 480km 거리에 있는 Chiah Surkh는 테헤란에서보다 바그다드가 더 가까웠고, 이에 따라 모든 장비들은 페르시아만 바스라항에 하역하고 티그리스 강을 거슬러 올라 바그다드로 수송한 후 현장까지는 인력과 노새를 이용하여 옮겨야 했다. 당시 바그다드는 오스만 터키에 속해 있었다.

드Thomas Redwood를 찾아갔고 그의 조언에 따라 석유에 관심을 갖고 있던 영국 해군성에 자금 대출을 요청하였다. 레드우드는 해군성이 설립한 연료유 위원회Fuel Oil Committee 위원으로 군함 연료로서 석유의 장점을 잘 알고 있었으나 당시 세계 석유업계를 장악하고 있던 스탠더드오일(미국)과 로열 더치 셸Royal Dutch Shell(영국-네덜란드 합작)이 아니라 영국이 직접 관리할 수 있는 기업으로부터 석유를 확보해야 한다고 생각하고 있었고, 다시의 페르시아 사업을 초기에서부터 잘 알고 있던 그는 다시의 자금난 소식을 듣자마자 해군성에게 대출을 요청하라고 권했다.

다시는 향후 최소 12만 파운드의 투자가 필요하다고 설명하면서 대출이 허락된다면 해군성과 연료유 공급 계약을 체결하겠다고 하였다. 그러나 영국 외무성과 해군성이 대출 요청을 지지했음에도 불구하고, 당시 영국 재무장관이었던 오스틴 체임벌린Austen Chamberlain[7]은 영국 하원에서 동의해주지 않을 것으로 보아 대출 요청을 각하했다.

극심한 자금난에 처한 다시는 1903년 말에는 로이드 은행으로부터 17만 7천 파운드를 당겨쓰고 호주 금광의 일부 지분도 담보로 내놓을 지경에 이르렀다. 1904년 1월에 치아 수르크의 두 번째 시추공이 생산정으로 전환되는 성과를 거두었으나 사업을 진행하려면 투자가 더 필요했다. 세계적 부호 및 석유 기업들에게 협조도 요청해 보았으나 치아 수르크에서의 석유 생산이 오히려 줄어드는 추세로 전환되자 1904년 4월에는 로이드 은행이 광권 자체를 담보로 내놓을 것을 요구하는 지경에 이르렀고 결국 페르시아 유전 개발 사업은 파산 직전에 처했다.

7. 제2차 세계대전 직전에 히틀러와 뮌헨 협정을 체결한 것으로 유명한 네빌 체임벌린(Neville Chamberlain)의 이복 형이다.

이때 영국 정부 내에서 몇몇 그룹이 재두성의 대출신청 기각이 외교 정책(특히 러시아의 팽창 저지와 인도에서의 안보 문제) 측면에서 볼 때 근시안적이라고 비판하기 시작했다. 특히 해군성은 다시가 프랑스 칸느를 방문하여 현지의 로스차일드 가문에게 투자를 요청했던 것에 대해서 영국 군함의 미래 연료가 프랑스의 지배 하에 놓일 가능성을 우려하였다. 1890년대부터 영국은 대외 팽창정책을 추진하던 독일과 충돌해 왔는데, 1904년부터는 영국·독일 간에 해군 분야에서 군비 경쟁이 본격화되고 있었다. 이때 해군 장관인 피셔John Fisher 제독은 전함 연료를 석유로 전환하는 구상을 강력히 지지하는 사람이었다. 석유 추진 전함이 석탄 추진 전함에 비해 속도가 훨씬 빠르기에 "Crossing the T" 전술을 구사하

[그림 2-2] "Crossing the T"

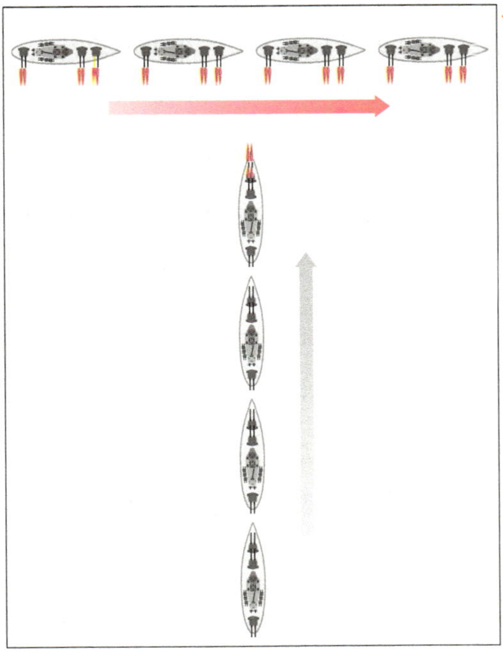

◀ 전술 : 윗 줄의 전함들처럼 상대 전함들을 가로지르며 포격을 하면 사각이 제한되어 사용할 수 있는 대포 숫자가 적은 수직 방향의 전함들보다 전술적으로 유리하게 된다. 빠른 속도로 적함들을 앞서 가서 그들의 진로를 가로지를 수 있다면 이 전술을 구사할 수 있다.

기에 유리하다는 것이 이유 중 하나였다.

이에 따라 해군성이 앞장서서 84세의 존경받던 귀족 부호인 스트라스코나Lord Strathcona를 대표로 하여 "애국자 신디케이트"를 구성하였다. 스트라스코나는 개인 돈 5만 파운드를 투자한 후 스코틀랜드 글래스고우에 있던 버마 오일Burmah Oil을 설득해 페르시아 유전개발 사업에 투자하도록 하였다. 버마 오일은 1886년부터 버마에서 석유를 생산해 인도에 판매하고 있었는데, 향후 페르시아 유전이 성공적으로 개발되고 버마에서의 생산이 줄어든다면 사업이 어렵게 되겠다고 우려하고 있었다. 해군성과 외무성의 설명에도 사업에 신중한 스코틀랜드 사람들의 투자약속을 얻어내는 데에는 시간이 걸렸으며, 1905년이 되어서야 다시와 버마 오일 간에 광권 신디케이트Concession Syndicate를 설립하는 계약이 체결되었다. 신디케이트의 대표는 다시였으나 버마 오일은 특별 투자자로서 자본 투입 외에 경영권 및 향후의 전문적 운영까지 맡게 되었다.

광권 신디케이트는 설립되자마자 시추 지역부터 바꾸었다. 레이놀즈는 북서부 지역인 치아 수르크의 시추공들을 모두 폐쇄하고 이곳에 있던 장비들을 페르시아 남서부 지역으로 이동시켰다. 이곳의 지명은 마이단 나프탄Maidan-i-Naftan으로 "기름 벌판"으로 번역되는 이름이었고, 시추공이 소재한 마스지드 술레이만Masjid-i-Suleiman은 인근 배화교拜火敎 신전의 이름을 딴 곳이었다. 레이놀즈가 이곳을 지목한 것은 1903년 쿠웨이트에서 만났던 영국 공무원 루이스 데인Louise Dane으로부터 "이전에 쿠르존Lord Curzon[8]과 페르시아만 일대를 여행할 때 마이단

8. Lord George Curzon(1859~1925) : 영국의 정치가로 인도총독(1899~1905), 상원의장, 외무장관 등을 역임. 청년기였던 1888년부터 1894년까지 조선을 포함하여 아시아의 여러 지역을 여

Maidan-i-Naftan에 대한 여행기들을 수집해보니 동 지역이 초대형 석유 생산지인 바쿠와 비슷하더라"라는 이야기를 들었기 때문이었다. 레이놀즈는 1904년 2월에 현장을 답사하여 가능성을 확인했고 1906년부터는 유징을 찾는 작업을 시작했다.

그러나 주변 상황은 더 복잡하게 되어갔는데, 1906년 7월 테헤란에서 유명한 설교자가 지도층과 외국인의 방종을 비난했다고 하여 구속될 처지에 놓이자 시민들이 종교 지도자들과 함께 대규모 시위를 벌였다. 결국 국왕Shah 정권이 붕괴되고 헌법이 제정되어 의회가 구성되었다. 그러나 새로운 정부는 매우 취약하여 지방 호족들이 더 많은 권한을 행사하게 되었고, 새로운 시추 지역에서는 1905년 바크티아리Bakhtiari 부족 연합이 레이놀즈와 별개의 광권 계약을 맺었으나 내부 분열 때문에 곧 유명무실해졌으며, 이를 우려한 영국 측은 소규모의 경비병력을 현지에 주둔시키게 되었다.

반면에 영·러 관계는 1907년 영·러 협정이 체결되면서 오히려 호전되었다. 이 무렵 영국은 제2차 보어 전쟁(1899~1902)에서의 교훈으로 대외전략에서 "화려한 고립Splendid Isolation"을 포기하고 아시아에서는 1902년 일본과 영·일 동맹을 체결하여 극동에서의 우려를 덜어낸 후 인도 방위에 전념하게 되었다. 한편 러시아는 1904년의 러·일 전쟁과 패전, 그리고 자국에서 1905년에 발생한 혁명으로 인해 기존의 팽창전략을 근본적으로 재조정하려 하였고, 중앙아시아에서 영국과 충돌하는 것도 피하려 하였다. 이러한 상황에서 영·러 양국은 1907년 영·러 협

행하며 저서를 남겼으며, 특히 페르시아 지역에 대한 연구로 유명함.

정The Convention of Mutual Cordiality을 체결하여 티벳 · 아프간 · 페르시아 지역의 이해를 정리하였다. 양국은 페르시아를 세 지역으로 분할하여 북부는 러시아, 남부는 영국의 영역으로 정하고 중부는 중립 지역으로 남겨두었다. 레이놀즈의 새로운 시추 지역은 중립 지역 안에 위치하였기에 작업 진행에 문제가 없었다.

[그림 2-3] 1907년 영 · 러 협정에 따른 페르시아의 분할

그러나 실제로 시추 작업을 시작하려면 장비를 옮겨 설치해야 했는데 새 지역에는 도로가 없었다. 여러 난관 끝에 도로를 건설하고 장비를 옮겨 실제로 시추 작업을 시작한 것은 1908년 1월에 되어서였다. 그런데 이 무렵부터 버마 오일은 3년 동안 결과가 나오지 않는 상태에서 비용만 지출하는 데 불만을 갖기 시작했고, 4월에는 다시가 추가 투자를

하지 않으면 4월 30일부터 사업을 중단하겠다고 통보했다. 다시가 대답을 하지 않자 5월 14일에는 페르시아 현장에 있는 레이놀즈에게 서신을 보내 1,600피트 이상의 깊이로 시추해서 석유가 나오지 않으면 사업을 중단하라고 통보하였다. 그런데 현지의 우편 사정으로 인해 서신 배달이 늦어졌고 그동안 작업을 진행하던 레이놀즈는 1908년 5월 26일 새벽에 대형 유전 발전에 성공하였다. 참고로, 이 유전은 페르시아뿐만 아니라 중동 지역 전체에서 개발된 최초의 유전[9]으로서 1933년에 112,000배럴/일의 최대 생산을 달성하고 2006년까지 누적 생산량이 11.1억 배럴에 달했던 대형 유전이다.

1909년 4월 스코틀랜드 글래스고우에서는 페르시아 석유 사업을 수행할 새 기업으로 영국-페르시아 석유회사Anglo-Persian Oil Company ; APOC가 설립되고 상장되었다. 그리고 티그리스, 유프라테스 및 카룬 강이 만나는 저지대인 샤트 알 아랍Shatt-al-Arab 지역의 작은 섬인 아바단Abadan에 정유 공장을 건설하고 유전으로부터 220km 길이의 송유관을 설치한 후 1912년부터 정유를 시작하였다. 또한 1912년에는 이곳의 석유 제품을 판매하는 계약을 로열 더치 셸의 판매 법인인 아시아틱Asiatic과 체결하여 연료유를 제외한 원유, 가솔린 및 등유를 이 회사를 통하여 팔게 되었다. 그런데 이 무렵부터 APOC도 재정적으로 어려움에 빠지게 되어 1912년 말부터는 자본잠식 상태에 이르게 되었다. 몇 년 전에 다시가 처했던 상황을 APOC가 다시 겪게 된 것이다.

여기에서 등장하는 인물이 윈스턴 처칠이다. 그는 보어 전쟁에서 포

9. 당시 사우디, 쿠웨이트는 물론이고 페르시아 유전의 바로 옆에 있는 이라크는 오스만 투르크 제국의 영토였기에 외국 기업들이 접근하지 못했던 것으로 보인다.

로로 잡혔다가 탈출한 경력으로 유명세를 얻은 후 약관 26세였던 1901년에 보수당 의원으로 정치에 입문하였다. 1910년에는 내무부 장관이 되었는데, 그때만 해도 경제적 논리를 들어 피셔 제독의 전력증강 계획에 반대하는 입장이었다. 그러나 1911년 7월에 아가디르 사태[10]를 계기로 처칠은 생각을 완전히 바꾸어 독일에 대응하기 위해서 영국 해군을 대폭 강화해야 한다고 역설하기 시작하였다. 이를 계기로 1911년 9월 영국 총리는 처칠에게 해군성 장관 자리를 맡기게 되었다. 처칠은 해군 장관이 되자마자 피셔 제독을 모시고 자문을 구하였는데, 피셔 제독은 해군의 연료로 석유가 훨씬 우월하다는 생각을 처칠에게 심기 위해 노력하였다. 피셔 제독이 셸의 창업자인 마커스 시뮤엘을 찾아가 처칠에게 전문적 설명을 해달라고 부탁하여 두 사람이 만나기도 하였으나 사뮤엘의 철저한 상인 기질[11]이 큰 정치를 지향하던 처칠에게 맞지 않았던 탓에 오히려 사뮤엘 개인에 대한 처칠의 생각이 더 나빠지는 결과만 낳았다. 이에 피셔 제독은 자신이 직접 나서 처칠에게 석유의 장점에 대해 집중적으로 교육을 하였고, 처칠은 이를 완벽하게 받아들였다. 특히 속도가 21노트였던 독일의 신형 전함들보다 4노트 더 빠른 25노트를 영국 전함들이 낼 수 있다면 확실한 승리를 얻을 수 있는데 이는 석유 연료로만 가능하다는 점을 확실히 이해하였다.

이제 문제는 연료 전환뿐만 아니라 연료 확보를 실제로 어떻게 할

10. Agadir Crisis. 당시 프랑스 군대가 내란 진압 지원을 명분으로 모로코 내륙에 파견되자 독일이 배수량 1,100톤 규모의 포함인 Panther를 모로코 Agadir 항에 진입시킨 사건.
11. Marcus Samuel은 아슈케나지 유대인이었는데, 이 점도 나중에 처칠이 Royal Dutch Shell을 배제하고 해군성이 출자하여 British Petroleum을 설립하도록 의회를 설득하는 데 교묘하게 이용된다.

것인지에 대한 것으로 넘어갔다. 이에 처칠은 연료를 석탄으로 전환할 때 제기되는 여러 문제—가격, 상시 사용성availability과 공급 안정성 등—를 연구할 위원회를 구성하였고 동 위원회는 이 사안들을 보다 깊게 연구할 국가 위원회 설립을 건의하였다. 처칠은 왕립 연료-엔진 위원회Royal Commission on Fuel and Engines라는 명칭의 조직을 구성하고 위원장으로 잠시 개인적으로 소원해졌던 피셔 제독을 삼고초려 끝에 모셨다.[12] 이 위원회는 1912년 11월의 첫 보고서와 1913년의 두 차례 보고서를 통해 영국 해군이 연료를 석탄에서 석유로 전환하는 것이 훨씬 유리하며, 석유가 자국에 없으니 다른 지역으로부터 반드시 확보해야 한다고 강력 건의하였다. 당시 독일도 전함 연료로 석유 사용 방안을 연구하고 있었기에 처칠은 해군 장관으로서 1912년, 1913년과 1914년 세 차례의 건함 사업을 지휘하면서 이 계획에 포함된 모든 전함들을 석유 추진 선박으로 만들었다.

석유를 해군에게 안정적으로 공급할 수 있는 기업은 영국에 오직 두 개만 존재했는데, 마커스 사뮤엘의 로열 더치 셸, 그리고 훨씬 작기는 하지만 자금난에 처해 있던 영국-페르시아 석유회사였다. APOC는 1912년 초부터 셸의 판매 법인인 아시아틱을 통해 원유, 가솔린 및 등유를 판매하고 있었는데 판매 계약에서 연료유는 빠져 있었기에 영국 해군에 대한 연료유 공급에서는 셸과 치열하게 경쟁했다. 셸에게 병합될 것을 우려하던 APOC는 영국 해군성에게 연료유를 20년짜리 장기계약으로 공급해주겠으니 자사를 구제해 달라는 제안을 하게 되었다. 이

12. 잠시 소원해졌던 피셔 제독을 다시 모시기 위해 처칠이 보낸 서신에서 활용했던 아부 실력은 제2차 세계대전 때 미국 루스벨트 대통령에게 보낸 지원요청 서신에서도 빛을 발하게 된다.

때 제시된 논리는 셸이 연료유 공급계약을 수주한 후 APOC를 병합하게 된다면 독과점적 지위로써 해군을 좌지우지하게 될 것이며, 특히 셸의 영국 측 사주인 사뮤엘은 유대인이고 네덜란드 측 사주인 헨리 데터딩Henri Deterding은 네덜란드인이어서 독일 정부의 압력에 취약하므로 페르시아 광권조차도 독일이 통제하게 될 것이라는 것이었다. 영국 해군성은 이러한 주장을 수용하여 APOC를 확보하는 한편 이 회사를 영국인 회사로 유지해야 한다고 생각하게 되었다. 외무성도 곧바로 이러한 생각에 동조하였다. 처칠은 1913년 6월에 "해군을 위한 석유연료 공급Oil Fuel Supply for His Majesty's Navy"이라는 보고서를 내각에 제출하면서 "연료유를 공급하는 측이 서로 경쟁하도록 해야 하고, 독과점의 형성을 막아야 하며, 절대로 단일 공급선에 의존하게 되어서는 안 된다"라는 주요 원칙을 제시하였다. 이 원칙의 이행방안을 논의하는 과정에서 정부가 APOC에 출자하여 대주주가 되는 방안이 부상하게 되었고, 이에 처칠이 1913년 7월 17일 의회 연설을 통해 석유 확보의 중요성을 역설하는 한편 페르시아 현지로 정부 조사단을 보내 현지 상황을 파악하기 시작하였다. 조사단장인 슬레이드Edmond Slade 제독은 1914년 1월의 보고서에서 영국이 페르시아에서 확보한 석유 광권이 외국에게 넘어가게 된다면 국가적 재앙이 될 것이라고 주장하였다. 곧이어 1914년 5월 20일에 영국 정부는 APOC와 연료유 공급을 전제로 하는 지분 참여 계약을 체결했다. 그러나 재무성이 1903년에서처럼 다시 나서서 이러한 계약은 의회의 동의를 받아야 한다고 주장하였다.

이에 따라 처칠은 1914년 6월 17일에 APOC와의 계약 법안을 의회에 제출했다. 이 법안에는 영국 정부가 APOC에게 220만 파운드를 투자하고 51%의 지분을 확보한다는 내용과 APOC 이사회에 정부 측 이사 2명을 파견하여 해군에 대한 연료 공급 및 정무적 안건에 대한 거부권을 갖게 한다는 내용이 포함되어 있었다. 비밀 이면계약도 있었는데, 영국 해군이 20년간 연료유를 공급받는다는 것과 APOC에서 이익이 발생하면 영국 해군도 배당금을 받게 된다는 내용이었다. 의회에서는 열띤 토론이 벌어졌는데, 셸 측에서는 마커스 사뮤엘의 동생이자 셸 석유회사 창업자 중 하나였던 사뮤엘 사뮤엘Samuel Samuel이 보수당 하원의원으로서 토론에 참가하여 사기업인 APOC에게 정부가 직접 투자하자는 처칠의 주장에 대항하고자 하였다. 사실 영국 정부가 사기업 지분을 매입하는 것은 그보다 반세기 전 디즈레일리 총리가 수에즈 운하 회사를 매입할 때 말고는 전례가 없는 일이었다. 토론에서는 유대인들이 "코스모폴리탄"과 결탁하여 독과점을 통해 석유 제품의 가격을 전략적으로 올리고 있다는 주장이 나왔으며, 탄광지역 출신 의원들은 스코틀랜드와 웨일스 지방의 셰일과 석탄을 개발해야 한다는 주장도 하였다. 그러나 표결을 한 결과 찬성 254표, 반대 18표로 처칠이 제출한 법안이 통과되었다. 로열 더치 셸의 대주주가 외국인(데터딩, 네덜란드인)과 "코스모폴리탄(유대인을 돌려서 지칭한 단어, 마커스 사뮤엘)"이어서 이를 공격한 것이 효과를 발휘했다고 평가되었으나, 처칠은 독과점에 대한 공포를 설명한 것이 통했다고 자평하였다. 실제로 처칠은 APOC에게 영국 해군의 연료유 공급을 모두 맡기지는 않았고, 데터딩과 협의하여 셸과도 연료유 공급계약을 체결하였다(처칠은 마커스 사뮤엘을 개인적으로 좋아하지 않았으나 데터딩에게는 호의적이었다).

이렇게 하여 1917년 여름부터 영국 해군은 주력 전함들의 연료로 석유를 사용하게 되고, 영국 정부는 APOC의 지배 주주가 되었다. 이때부터 석유는 가장 중요한 전략물자의 지위를 갖게 되었다. 그리고 한참 뒤인 1954년에 APOC은 BPBritish Petroleum Company로 이름을 바꾸고 지금도 유명한 석유회사로 남아있다.

사후적 관점에서 볼 때 인상적인 것은 영국 정부의 결정이 매우 시의적절했다는 점이다. 1914년 6월 17일 영국 의회에서 토론이 진행될 때까지만 해도 대규모 전쟁의 가능성은 그리 크지 않다고 생각했었다. 그러나 같은 달 28일에 오스트리아 황태자 페르디난트 공이 사라예보에서 암살되었다. 이후는 역사에 나온 대로다. 7월 30일 러시아가 총동원령을 내리고, 독일은 8월 1일 러시아에 선전포고를 한 이후 영국의 경고를 무시하고 중립국 벨기에로 진군하기 시작했으며, 결국 8월 4일, 해군성 장관 처칠은 모든 영국 해군 함정에게 독일에 대한 개전명령을 타전하여 제1차 세계대전이 시작된다.

영국이 자국 군사력의 핵심인 해군의 연료로서 석유를 채택하고 이를 다른 강대국들도 따라하게 됨에 따라 석유는 매우 중요한 전쟁물자로 부상하였다. 제1차 세계대전 종전 후 20년 만에 발발한 제2차 세계대전에서는 군사작전 자체가 석유 자원을 겨냥하여 진행될 정도로 석유의 위상이 더 올라가게 되었다. 21세기인 지금도 전략물자 중 가장 중요한 것 하나를 꼽으라면 석유가 될 것이다. 이러한 과정은 결코 평이하게 이루어진 것이 아니다. 제국의 설계자, 일확천금을 노리던 사업가, 열정적인 지질학자, 그리고 훌륭한 관료, 군인과 정치가들이 모두 한 방향으로 나서서야 이루어졌다는 점을 되돌아 볼 필요가 있다.

[참고문헌]

1. B.A. Wells and K.L. Wells, "Petroleum and Sea Power", American Oil & Gas Historical Society, 2008. 3. 1.
2. Daniel Yergin, *The Prize : The Epic Quest for Oil, Money & Power*, Simon and Schuster, 1991.
3. Dan Schlenff, "Ill-Fated Battleship, 1915", Scientific American Blog Network, 2016. 11. 25.
4. Erik J. Dahl, "Naval Innovation : From Coal to Oil", *Joint Force Quarterly(JFQ)*, 2000. 1.
5. "Fuel Oil-History", Globalsecurity.org
6. Jennifer Siegel, *Endgame : Britain, Russia and the Final Struggle for Central Asia*, I.B.Tauris & Co Ltd, 2002.
7. Steven Gray, "Fuelling mobility : coal and Britain's naval power, c. 1870~1914", *Elsevier BV*, 2017. 7. 9.
8. 기타 자료 : 위키피디아.

영국과 아세톤, 그리고 이스라엘의 건국

제1차 세계대전은 인류 역사상 처음으로 산업 능력이 총동원된 전쟁이었기에 원자재들을 안정적으로 공급받는 것이 매우 중요했다. 그런데 당시 가장 앞선 산업 국가였던 영국조차 전쟁이 시작되자마자 핵심 물자 조달에서 애로를 겪게 되는데, 바로 대포 장약으로 사용하는 코다이트Cordite를 제조하기 어려워졌기 때문이었다.

▲ 1960년대 영국군 소총탄 속에 들어 있는 코다이트 장약(출처 : Wikipedia Common)

코다이트는 영국이 개발한 무연화약Smokeless Powder으로, 19세기 후반기에 여러 열강들이 그때까지 수백 년간 사용해 온 흑색화약을 대체할 목적으로 개발한 여러 가지 화약 중 하나이다. 영국은 "화약위원회"를 구성하여 1889년에 코다이트를 개발하였다. 코다이트의 성분은 58%의 니트로글리세린, 37%의 니트로셀룰로스면화약, 그리고 5%의 석유젤리petroleum jelly로 되어 있었으며, 화약이 만들어지면 아세톤acetone을 용매로 사용, 반죽하여 스파게티 모양으로 길게 압출한 후 짧게 잘라내어 사용하였다[13]. 이 화약은 연소 속도가 느린 특성으로 인해 대포 장약으로 채택되었는데[14], 연소 온도가 비교적 낮아 포신의 열손상이 적다는 장점이 있었다.

13. 코드 모양의 형상이어서 cordite라는 이름이 나온 것임.
14. 포탄 속에 채우는 폭약으로는 연소 속도가 훨씬 빠른 TNT가 사용되었다.

제조 공정에서 아세톤이 사용된다는 점이 문제였다. 당시 아세톤은 아세트산 칼슘[15]과 같은 광물을 정제하여 만들었는데 영국은 이 광물을 독일이나 오스트리아 등 중부 유럽국가로부터 수입했었다. 그런데 제1차 세계대전에서 이 두 나라는 영국의 적국이었다.

여기에서 동갑내기 두 사람이 등장한다. 첫 번째 인물은 당시 해군성 장관이던 윈스턴 처칠이다. 그리고 두 번째 인물은 과학자인 하임 바이츠만Chaim Weizmann이다. 하임 바이츠만은 1874년 벨라루스 남부 지역의 작은 마을인 Motol에서 태어난 유대인이다.[16] 그는 과학, 특히 그중에서도 화학에 소질을 보였으나 러시아 내에서 유대인 탄압[17]으로 인해 제대로 교육을 받기 어렵게 되자 1894년 러시아를 떠나 독일로 가서 다름슈타트공과대학과 베를린공과대학에서 공부하다가 지도교수를 따라 스위스로 옮겨 프리부르Fribourg대학에서 생화학으로 박사학위를 받았다. 이후 제네바대학에서 유기화학 강의를 하다가 1905년 영국 맨체스터대학으로 옮겨 교수가 되었으며, 1910년부터는 영국 시민권을 가지게 되었다.

바이츠만의 최초 관심 분야는 합성고무 제조법이었다. 당시 천연고무 생산이 수요를 따르지 못해 국제 가격이 오르자 여러 사람들이 합성고무 개발에 나섰다. 바이츠만은 천연고무의 주성분인 이소프렌isoprene을 합성하려고 했고, 이소프렌의 원료인 이소아밀 알코올isoamyl alcohol

15. 다른 이름은 칼슘 아세테이트.
16. 바이츠만은 윈스턴 처칠과 1874년생 동갑으로, 바이츠만의 출생 3일 후 윈스턴 처칠이 태어났다.
17. 러시아에서 원래 유대인이 천대받고 있기도 했으나 특히 1881년 알렉산더 2세 황제의 암살 이후 대대적인 유대인 탄압("Pogrom")이 이루어졌다.

을 미생물을 이용하여 당을 발효시켜 만들어보려 하였다. 그러나 발효된 액체를 증류해보니 나온 것은 고순도의 아세톤 30%, 부타놀butanol, 부틸 알코올 60%, 그리고 에틸 알코올 10%뿐이었다. 하임 바이츠만은 회의적이던 동료 연구자들과 달리 부타놀을 가지고도 합성고무를 만들 수 있다고 보았고 결국 성공했으나 천연고무의 국제 가격이 떨어지면서 연구를 접게 되었다.

제1차 세계대전이 발발하면서 코다이트 화약을 만드는 데 필수적인 아세톤이 부족해지자 영국 국방부에서는 이를 신속하게, 그리고 대량으로 조달할 방법을 공모하게 되었다. 바이츠만은 자신의 연구 경험을 노벨 화약Nobel Explosives 스코틀랜드 지사의 화학자에게 전달하여 이들이 아세톤의 산업적 제조 공정을 정립하도록 하였다. 노벨 화약은 폭발사고가 난 것을 계기로 아세톤 제조 공정 개발을 중단하였으나 바이츠만의 아이디어는 정부에게 전달해주었고, 이 소식은 영국 해군성으로 전달되었다. 이에 따라 1915년 3월, 해군성 장관인 윈스턴 처칠은 바이츠만을 직접 면담하고 그에게 아세톤 30,000톤을 만들 수 있는지 단도직입적으로 물었다. 바이츠만은 현재 실험실 수준에서는 몇 백 cc 정도의 생산만 가능하지만 몇 톤 규모로 생산하는 산업적 공정이 정립된다면 그 이후에는 생산량을 얼마든지 늘릴 수 있다고 답변하였다. 이에 처칠은 바이츠만에게 인력과 설비 등에서 전권을 주고 사업을 추진하도록 해주었다.

한편, 영국은 포탄 부문에서도 개전 직후인 1914년 가을부터 부족 현상을 겪고 있었는데, 1915년에는 타임즈 신문이 전선에서의 애로를 보도하면서 "포탄 위기Shell Crisis"라는 정치적 현안이 부상하였다. 결국 그해 5월에 내각이 해산되고 보수당-자유당 연립정부가 구성되면서 탄약부 장관Minister of Munitions이라는 직위가 신설되고 로이드 조지Lloyd George가 초대 장관으로 임명되었다. 또한 처칠이 해군성 장관에서 물러나고 아서 밸푸어Arthur Balfour가 부임하였다.[18] 로이드 조지는 해군뿐만 아니라 육군까지도 포함하여 아세톤 현안을 해결하려 하였고, 바이츠만을 다시 면담하게 되었다. 이 면담에서 바이츠만은 처칠에게 했던 설명을 다시 해주었고, 로이드 조지는 발효 공정을 더 확대할 수 있도록 더 큰 권한을 위임해 주었다.

해군성과 탄약부는 각각 독립적으로 바이츠만의 발효공법을 채택하기 위해 노력하였다. 바이츠만이 100톤의 곡물을 투입하여 11톤의 아세톤을 포함한 37톤의 유기용매를 생산하는 공정을 확립하는 데 성공하자, 해군성은 1915년 9월 1일에 바이츠만을 명예 기술고문으로 위촉하고 1916년부터 발효 공장을 건설하여 아세톤을 생산하기 시작하였다. 탄약부는 1915년 9월에 바이츠만을 화학고문으로 위촉하고 1916년 6월부터 탄약부가 징발한 공장에서 아세톤 생산을 시작하였으며, 이는 곧 전국의 주정 공장으로 확산되었다. 미국산 옥수수의 수입이 독일 잠수함 때문에 어려워지자 영국에 흔했던 마로니에 열매를 채취하여 발효에 투입하였다. 나중에는 발효 공장 자체를 미국과 캐나다로 이전시켜 다시 옥수수로 아세톤을 만들게 하였다.

18. 여담으로, 이 개각에서 자유당 소속이었던 처칠은 해군 연료를 석유로 전환한 공에도 불구하고 갈리폴리 전투 및 다다넬즈 작전의 실패 책임을 공격한 보수당의 요구(당적을 옮겼던 처칠을 겨냥한 보수당 측의 연립정부 구성 조건이었음)로 해군 장관에서 랑카스터 공작 영지 관리인으로 강등되었다. 그는 11월에 군 입대를 자원, 육군 소령으로 임관된 후 중령으로 임시 진급하여 서부전선에서 대대장으로 1916년 5월까지 근무하였다.

바이츠만의 기술 덕분에 영국은 아세톤을 차질 없이 만들 수 있었고, 코다이트도 대전 기간 내내 안정적으로 공급받을 수 있었다. 영국 정치인들은 바이츠만의 기여를 잊지 않았고 이에 대해 어떤 형태로든 보상하려 했다. 로이드 조지는 바이츠만에게 작위를 수여하는 방안을 국왕에게 상신하겠다고 하였으나, 바이츠만은 자신이 아니라 유대인들에게 보상을 해달라고 요청하였다. 이것이 바로 "밸푸어 선언"으로 유명해진 팔레스타인 지역에 유대인의 국가를 건설하는 데 대한 확인서가 탄생한 시발점이라고 로이드 조지는 회고하였다. 이 선언은 1917년에 외무장관이었던 아서 밸푸어가 영국 내 유대인 사회의 지도자였던 로스차일드 경Lord Rothchild을 수신인으로 하여 영국 및 아일랜드 주재 시온주의자 협회에게 전달해 달라는 내용으로 보낸 서신에 포함되었고, 영국 정부가 팔레스타인 지역에 유대인 국가를 설립하는 것을 지지하며 이를 성사시키기 위해 최선의 노력을 다하겠다는 것을 천명하였다.

바이츠만은 자신이 가진 기술이 정치인에게 전략적으로 사용될 수 있다는 점을 알았던 것으로 보인다. 유능한 과학자이면서도 사업가적 기질도 갖고 있던 그는 110개의 특허를 보유하고 있었다. 바이츠만은 시오니즘이 단순한 도덕적 당위성만 가지고는 이루어질 수 없고 영국의 국익과도 부합한다는 것이 확인되어야만 성공할 수 있다고 믿었으며, 이를 위해 자신이 갖고 있던 과학적 성과를 활용하려 하였다. 그래서 바이츠만이 아세톤 제조 공법으로 영국 정부에 접근했을 때 그는 자신이 갖고 있던 모든 권한을 포기하고 비용을 받지 않겠다고 했었다.

바이츠만의 노력이 보태져 유대인들은 영국으로부터 밸푸어 선언을 얻어냈다. 물론 이스라엘이 독립하려면 이로부터 30년 이상의 시간이 더 필요했고 나치에 의한 유대인 학살까지 겪어야 했으나, 하임 바이츠만의 성공 사례는 현대 사회가 위기에 처할 때 과학이 가져다 줄 수 있는 위력이 어떤 것인지를 확실히 가르쳐 준 계기가 되었다. 이러한 교훈은 불과 20년 후 원자 물리학 분야에서 다시 학습되게 되며 이는 지금까지도 계속되는 세계 권력 지도를 결정짓게 된다.

▲ 이스라엘이 발행한 바이츠만 기념 우표
(출처 : Wikipedia Common)

바이츠만의 이야기가 여기서 끝난다면 한 장의 우표에 이름이 새겨질 정도의 인물이 될 수는 없었을 것이다. 아세톤 생산에서의 활약 이후 바이츠만은 시온주의 활동에 더욱 활발히 참여하여 1917년 2월에는 영국 시온주의자 협회의 회장이 되었으며, 1921년에는 세계 시온주의자 회의의 의장이 되었다. 1934년에는 팔레스타인 지역에 새롭게 설립된 다니엘 시프 연구소Daniel Sieff Research Institute의 초대 소장이 되어 연구활동을 계속하였다. 제2차 세계대전에서는 자신의 두 아들을 영국군으로 참전시켰는데, 공군 조종사였던 둘째 아들은 1942년 2월 프랑스 비스케만 상공에서 격추당해 전사했다. 바이츠만은 영국의 유명 정치인들과 친밀한 관계를 유지하였는데, 특히 윈스턴 처칠과는 죽을 때까지 서로를 존경하며 지냈다고 한다.

1948년 5월, 이스라엘이 팔레스타인 지역에서 건국되었고, 1949년 2월 17일, 하임 바이츠만은 새 나라의 초대 대통령으로 취임하였다. 그리고 그때까지 연구를 계속했던 연구소는 그의 이름을 따서 바이츠만 과학 연구소Weizmann Institute of Science로 이름이 변경되었다. 이 연구소는 지금도 이스라엘에서 최고 수준의 연구소이다.

바이츠만은 대통령으로 재임 중이던 1952년에 사망하였다.

[참고문헌]

1. "Chaim Weizmann's acetone patent turns 100 A centennial of entrepreneurship", *Weizmann Magazine*, Vol. 8, 2015. 9. 27.
2. "Chaim Weizmann", ChemEurope.com Encyclopedi
3. "Chaim Weizmann Joins British Admiralty", Center for Israel Education.
4. Ettay Nevo, "The Scientific Context of the Balfour Declaration", Davidson Institute of Science Education, Weizmann Institute, 2016. 11. 7.
5. Fred Glueckstein, "Churchill and Dr. Chaim Weizmann : Scientist, Zionist, and Israeli Statesman", International Churchill Society, 2015. 12. 3.
6. Michael Freemantle, "The Weizmann contribution", *Chemistry World*, Royal Society of Chemistry, 2017. 7. 5.
7. Preben Krabben, "Acetone Production During the First World War", Microbiology Society, 2014. 5. 29.

8. Richard Rhodes, *The making of the atomic bomb*, Simon & Schuster, 1986.
9. 기타 정보 : 위키피디아.

독일과 화약·비료의 주요 원료인 질소

두 차례의 세계대전은 장기간 국력을 총동원하여 싸운 전쟁이었기에 선진국들도 큰 애로를 겪었다. 가장 중요한 전쟁물자인 화약부터 문제가 되었다. 제1차 세계대전에서 영국은 처음에는 대포 장약인 코다이트의 제조에서 애로를 겪었고 곧이어 TNT와 같은 일반 폭약 분야에서도 부족현상[19]을 겪었다. 화약 부족문제는 모든 참전국들에게서 유사하게 나타났는데, 특히 독일은 유럽 내륙에 있기 때문에 해양 수송로가 봉쇄되는 것이 문제였다.

화약의 기본 원료에는 질소 성분이 반드시 포함된다. 중국에서 처음 발명된 흑색화약은 숯, 유황과 염초焰焇, potassium nitrate, KNO_3 3가지 원료로 만들어졌는데 이 중 염초는 유황과 숯이 빨리 연소(폭발)하도록 산소를 제공하는 역할을 한다. 이러한 염초는 화장실 바닥이나 퇴비 더미 등의 유기물을 긁어낸 후 이를 끓여내는 어려운 공정을 거쳐 생산되었다. 19세기 후반에 개발된 TNT 등 현대식 화약은 질산과 황산 혼합액 속에서 톨루엔Toluene에 이산화질소NO_2를 붙여(Nitro화) 제조하였는데, 이산화질소의 핵심 원료로 칠레 초석(구아노[20])이 사용되었다. NO_2 성분을 만들어내는 질산나트륨$NaNO_3$을 인공적으로 합성하는 기술이 개발되지 않았기 때문이었다. 칠레 초석은 질소 비료의 주원료이기도 하여 19

19. 1915년 5월, 영국에서는 포탄 부족이 "Shell Crisis"로 정치 문제화되어 자유당 내각이 붕괴되고 새로운 자유-보수 연립 내각에서 탄약 장관(Minister of Munitions)이라는 장관 자리가 신설될 정도였다.
20. 바닷새 등의 배설물이 장시간 동안 쌓여 화석화된 것. 칠레, 페루, 에콰도르 등에서 많이 채취된다. 화장실 바닥이 아니라 새가 배설한 것이 뭉쳐져 만들어진 광물을 사용하는 셈이다.

세기에 늘어난 인구를 지탱하기 위한 농업에도 반드시 필요한 자원이었다. 따라서 제1차 세계대전 전에는 모든 선진국들이 칠레 초석을 대량으로 수입하고 있었다.

표 2-3 1913년 칠레 초석의 국가별 수입 비중[1]

(단위 : %)

순위	국가	비중
1	독일	32.6
2	미국	23.0
3	프랑스	12.8
4	벨기에	12.5
5	네덜란드	6.4
6	영국	5.0
7	이탈리아	2.0
8	이집트	1.0
9	스페인	0.5
10	오스트리아–헝가리	0.3
11	덴마크	0.4
12	기타	0.4
합계		100.0

주 : 1) 칠레는 1913년에 약 305만 톤을 생산하여 301만 톤을 수출하였고, 이 중 2/3는 질소 비료의 원료로, 1/3은 화약제조를 포함한 화학 산업의 원료로 사용됨.

출처 : Grinnel Jones, "Nitrogen : Its Fixation, Its Uses in Peace and War", *The Quarterly Journal of Economics* ,Vol. 34, No. 3, Oxford University Press, 1920. 5., pp. 391~431.

제1차 세계대전이 발발하자마자 칠레 초석을 놓고 양측이 대치한 것은 당연한 수순이었고, 개전 초기인 1914년 12월 8일 영국 해군이 남대서양의 포클랜드 해전에서 독일 해군을 격파[21]하자 독일은 수입이 막혀버렸다.

화약과 비료를 자국 내에서 생산하지 못했다면 제1차 세계대전은 독일이 오래 버티지 못하고 항복하는 것으로 끝날 수도 있었을 것이다. 그러나 1914년 8월 개전부터 1918년 11월 종전까지 만 4년이 지나도록 독일이 화약을 조달하는 데 큰 문제가 없었고 큰 식량난도 발생하지 않았다. 이것이 가능했던 이유는 독일이 탁월한 화학공업을 갖고 있었기 때문이다. 특히 프리츠 하버Fritz Haber, 1868~1934라는 뛰어난 화학자가 있었는데 그의 활약이 컸다.

프리츠 하버는 지금은 폴란드 땅이 된 프러시아 Breslau의 부유한 유대인 집안에서 태어났다. 당시 프러시아는 유대인을 자국 시민으로 대우하였기에 하버는 자신을 유대인이라기보다 독일인으로 의식하고 있었다. 그는 베를린대학(당시에는 Technische Hochschule Charlottenburg)을 졸업하고 군 복무를 한 후 1891년에 베를린훔볼트대학에서 화학공학으로 박사학위를 받았다. 그리고 개신교로 개종하고 1892년 11월에는 세례도 받았다. 이후 칼스루헤대학에 취직하여 1898년에 교수가 되었으며, 여기에서 재직하는 동안에 대기 중의 질소를 고정하는 방법을 개발하였다.

새똥의 퇴적물은 유한하기 때문에 비료나 화약 생산에 한계가 있을 것이라는 논의는 19세기부터 있었다. 이러한 고민의 결과로 다른 방법들이 개발되기 시작하여, 20세기 초에는 질소 성분을 산업적 규모로 생

21. 이 해전에서 독일제국이 의화단 사건 이후 중국 청도항을 조차하여 배치하였던 동아시아 함대가 궤멸했다.

산하는 방법으로 크게 3가지가 운용되었다. 첫 번째는 앞서 언급했던 칠레 초석을 사용하는 방법, 두 번째는 석탄을 건류하여 제철소의 연료인 코크스coke를 제조하는 공정에서 나오는 가스에서 암모니아를 회수하는 방법副生法[22], 세 번째는 공기 중에 거의 80%가 포함되어 있는 질소를 포집하는 방법이다. 이 중 두 번째인 부생법은 1870년대에 상용화되

표 2-4 1913년 주요 국가별 부생 암모니아 생산 규모

(단위 : 톤)

순위	국가	생산량
1	독일	605,163
2	영국	484,532
3	미국	190,922
4	프랑스	82,121
5	오스트리아 – 헝가리	38,580
6	스페인	16,535
7	러시아	15,222
8	이탈리아	14,802
9	캐나다	10,607
10	일본	8,818
11	네덜란드	7,716
12	호주	6,048

출처 : Grinnel Jones, "Nitrogen : Its Fixation, Its Uses in Peace and War", *The Quarterly Journal of Economics*, Vol. 34, No. 3, Oxford University Press, 1920. 5., pp. 391~431.

22. 우리나라에서도 포항제철에서 연료로 사용되는 코크스를 제조할 때 나오는 가스를 이용하여 암모니아를 생산하는 방법을 개발했다는 KIST의 연구결과가 보도된 바 있다("제철소 코크스 가스로 암모니아 양산 가능", 중앙일보, 1983. 3. 29.).

어 제1차 세계대전 이전에 독일, 영국, 미국 등 선진국들이 특히 비료 생산에 적극 활용하고 있었다. 다만 이 방법에는 근본적 한계가 있었는데, 그것은 석탄 건류의 주목적이 코크스 생산에 있었다는 것이었다. 코크스의 수요에 따라 석탄 가스 생산이 운영되다 보니 암모니아 생산을 독립적으로 늘리기는 어려웠다. 따라서 1913년에 부생법으로 생산된 암모니아의 총량은 칠레 초석 방식에 비해 약 60% 수준에 불과했다.

세 번째 방법인 공기 중의 질소를 고정하는 방법은 매우 어려웠다. 지구 대기의 약 80%는 질소로 이루어져 있기에 이를 뽑아내면 좋겠다는 생각은 진작부터 있었다. 문제는 대기 중의 질소가 분자 상태인 N_2로 존재하는데, N_2에서는 질소 원자 2개가 삼중 결합으로 단단하게 붙어 있고 매우 안정적이라 외부와 잘 반응하지 않는다는 것이었다. 자연에서는 번개가 칠 때 강력한 에너지와 열이 주변 공기 중 질소에서 N_2의 분자결합을 깰 수 있고 이는 다시 주변의 산소와 결합되어 NO_2를 만든다. 이 NO_2가 빗물에 녹아 질산, 또는 아질산 형태로 땅에 내리면 질산염을 만들어 식물이 양분으로 흡수할 수 있게 된다. 옛 사람들이 번개가 많이 치면 풍년이 든다고 했던 것이 이러한 이유 때문이다. 따라서 번개만큼 강력한 에너지 또는 열이 가해지면 공기 중의 질소를 뽑아내어(고정하여) NO_2를 제조할 수 있겠다는 생각은 일찍부터 있었고, 실제로 20세기 초에 다음과 같은 몇 가지 방법이 상용화되었다.

(1) 전기 아크 공정

자연에서의 번개를 산업적으로 재현한 것이다. 1794년에 영국의 헨리 캐번디시Henry Cavendish[23]가 실험으로 확인한 방법을 1903년에 노르웨이의 과학자이자 기업가였던 크리스티안 비르셸란Kristian Birkeland이 동업자인 Sam Eyde와 함께 발전시켜 산업적으로 쓰일 수 있게 하였다. 이 공정에서는 전자석으로 형성한 자기장 속에 전극을 놓고 여기에 교류 5,000볼트를 가해 아크를 만들어 공기 중에 있는 질소 분자의 결합을 깨고, 여기서 얻어진 질소 산화물이 섞인 공기를 더 많은 산소와 함께 물 속에 통과시켜 질산을 얻어낸다. 상식적으로 생각을 해보아도 인공적으로 만든 전기불꽃 사이에서 생성되는 산화질소 가스로부터 수천, 수만 포대의 고체 비료를 만들어내려면 긴 시간이 소요될 뿐만 아니라 전기 에너지도 많이 소모될 것이라는 건 자명한 사실이다. 따라서 수력 발전 전력이 매우 값싸고 풍부한 노르웨이는 이 방식을 개발하여 사용하였으나 다른 나라들은 적극적으로 나서기 어려웠다[24]. 비료와 화약을 생산하려는 노력의 일환으로 프랑스, 이탈리아, 오스트리아가 소규모 전기 아크 방식 공장을 1개씩 건설하였으나 이 나라들을 모두 합쳐

23. 1731~1810, 영국의 과학자로서 수소의 발견, 지구 질량과 밀도의 측정, 전기의 특성 연구 등으로 유명. 케임브리지대학에는 그의 이름을 붙인 물리학 실험실인 Cavendish Laboratory가 있으며, 막스웰, JJ 톰슨, 러더포드, 채드윅, 브락 등 20세기 초반을 주름잡은 대학자들을 배출함.

24. 노르웨이는 피요르드 지형으로 인해 수력 발전에 매우 유리하여 제1차 세계대전 직전에 노르웨이 질소 생산 공장이 지불하는 전력 요금은 미국 나이아가라폭포 발전소 요금의 1/3 수준이었다(출처 : Grinnel Jones, "Nitrogen : Its Fixation, Its Uses in Peace and War", *The Quarterly Journal of Economics*, Vol. 34, No. 3, Oxford University Press, 1950. 5., pp. 391~431). 2021년에도 1,681개 수력 발전소가 전체 발전량의 약 88%(154.2 TWh 중 136.4 TWh)를 차지한다(출처 : Electricity Production : Energifakta Norge).

도 생산량은 그리 많지 않았다. 제1차 세계대전 이후 전기 아크 방식은 시장에서 밀려나게 된다.

(2) 시안아미드Cyanamid 공정

1895년부터 1899년간 독일의 화학자인 Adolph Frank1834~1916와 Nikodem Caro1871~1935[25]는 공동으로 공기 중의 질소를 고정하는 방법을 연구하였다. 그들은 원래 금 제련을 위한 시안화물로서 시안화나트륨Sodium cyanide, NaCN을 제조하기 위한 방법을 연구하고 있었는데, 이 과정에서 탄화칼슘CaC_2(칼슘카바이드 또는 카바이드로도 불린다)을 질소 가스와 함께 반응로에 넣고 약 1,100℃로 가열하여 석회질소$CaCN_2$(칼슘 시안아미드로도 불린다)와 탄소를 얻어내는 방법을 개발하였다.

$CaCO_3$(탄산칼슘(석회석)) 고온 가열 → CaO(생석회) + CO_2(이산화탄소)

CaO(생석회) + 3C(탄소) 고온 가열 ↔ CaC_2(카바이드) + CO(일산화탄소)

CaC2(카바이드) + N_2(질소) 고온가열 ↔ $CaCN_2$(석회질소) + C(탄소)

석회질소는 땅에 뿌리면 물 및 이산화탄소의 작용에 의해 요소로 변화하여 식물에 흡수될 수 있어 바로 비료로 쓰일 수 있다. 공업적으로는 압력을 준 상태에서 수증기와 알칼리를 가하여 암모니아를 생산할 수 있었다.

25. 두 사람은 모두 유대인 과학자로서, Adolph Frank는 독일 작센-안할트 지역의 상인 집안에서 태어났고, Nikodem Caro는 폴란드-실레지아 지방의 유력 가문에서 태어났다.

$$CaCN_2(\text{석회질소}) + 3H_2O(\text{수증기}) \leftrightarrow CaCO_3(\text{탄산칼슘}) + 2NH_3(\text{암모니아})$$

공기 중의 질소를 고정하여 석회질소를 만들어내는 공정은 프랑크-카로Frank-Caro 공정으로도 불리게 되었고 1905년에는 첫 번째 대규모 공장이 독일과 이탈리아에 설립되었으며, 이후 1908년에는 노르웨

표 2-5　제1차 세계대전을 전후한 시기의 주요국 석회질소 생산

(단위 : 톤)

국가명	1913년	1914년	1915년	1916년	1917년	1918년	
						실제 생산량	건설 중인 것을 합칠 경우
독일	26,455	(39,683)	(551,150)	(551,150)	440,920	330,690	(661,380)
오스트리아-헝가리	8,267	(26,455)	(26,455)	(26,455)	26,455	26,455	(33,069)
프랑스	8,267	(8,267)	(88,184)	(110,230)	110,230	110,230	(330,690)
이탈리아	16,515	17,147	27,879	27,673	13,558	16,534	(88,184)
노르웨이	24,372	16,171	27,557	29,111	220,460[1]	220,460[1]	(220,460[1])
스웨덴	20,229	(19,841)	(18,037)	19,841			
스위스	8,267	(8,267)	(13,779)	(32,518)	44,092	44,092	(71,650)
캐나다	52,910	(63,933)	(63,933)	(63,933)	63,933	63,933	(63,933)
일본	7,716	12,314	33,375	36,885	55,999	55,115	111,999
합계	172,999	(212,079)	(850,351)	(897,797)	975,648	867,509	(1,581,365)
질소환산치 합계	31,140	(38,174)	(153,063)	(161,603)	175,617	156,152	(284,646)

주　: 1) 노르웨이와 스웨덴을 합쳐서 계산함.

출처 : Grinnel Jones, "Nitrogen : Its Fixation, Its Uses in Peace and War", *The Quarterly Journal of Economics*, Vol. 34, No. 3, Oxford University Press, 1920. 5., pp. 391~431.

이에 큰 공장이 지어지고 이후에는 프랑스, 스위스, 폴란드, 독일 등에서 다른 공장들이 가동되기 시작하였다. 그러나 시안아미드 공정은 에너지를 많이 소모한다는 것이 단점이었다. 일단 공정 자체가 공기 중의 질소를 바로 고정하는 것이 아니라 탄소를 카바이드를 거쳐 잡아내는 것인데, 카바이드를 제조하는 데 쓰이는 탄소는 코크스 형태로 필요하고 이를 제조하려면 에너지가 필요하다. 따라서 암모니아를 만드는 데 소요되는 에너지는 아크 공정에 비해 1/4 정도였으나 그래도 큰 규모였다. 또한 생산되는 암모니아를 비료 용도 외에 화약 제조를 위한 질산으로 변환시키려면 별도의 공정이 더 필요했다. 그럼에도 불구하고 대규모 전력이 필요한 것은 아니었기에 아크 공정과 비슷한 시기에 개발된 시안아미드 공정은 여러 선진국들에서 빠른 속도로 확산되었다(〈표 2-5〉 참조).

(3) 하버-보쉬 공정

19세기 말에는 주요 선진국에서 향후 비료 부족으로 인한 식량난이 발생할 가능성에 대한 우려를 들어 질소를 값싸게 고정할 수 있는 방법을 개발해야 한다는 목소리들이 나오기 시작하였다. 1898년 9월, 영국의 유명한 화학자이자 물리학자인 윌리엄 크룩스 경1832~1919은 영국과학협회British Associaton의 회장으로서 연설을 통해 모든 문명국에게 기아에 처할 위험을 지적하고 공기 중의 질소를 값싸게 고정할 수 있는 기술을 화학자들이 개발해야 한다고 주장하였다. 한편 독일에서는 보어전쟁을 계기로 영국에 대한 반감이 높아져 가고 있었는데, 유명한 과학자였던 빌헬름 오스트발트1853~1932가 영국과의 전쟁이 발생한다면 영국 해군이 독일의 칠레 초석 수입을 막을 것으로 예상되니 비료와 화약의 원료를 독자적으로 만들 방법을 개발해야 한다고 예견하고서 이를 BASF, Hoechst 등 주요 화학 기업에게 설명하기 시작하였다. 그리고 자신은 촉매를 사용하여 암모니아를 산화시켜 화약 제조에 필요한 질산을 만드는 법오스트발트 법[26]을 고안하여 1900년에 특허출원을 하고 1901년 11월에 Hoechst사에게 넘겼는데, BASF사가 나중에 이를 산업적으로 쓰일 수 있도록 발전시키게 된다.

공기 중 질소를 고정하여 수소와 바로 결합시켜 암모니아NH_3를 값싸게 인공적으로 만드는 방법을 개발하려는 노력이 여러 곳에서 이루어졌는데, 이를 성공시킨 사람이 프리츠 하버였다. 하버는 1904년 여름에 비엔나 소재 화학 회사의 요청을 받아 암모니아 합성 방법을 들여다보기 시작했는데, 훗날 자신이 노벨상 수상 연설을 할 때 이야기한 것처럼 "매우 간단해 보이지만($N_2 + 3H_2 \rightleftarrows 2NH_3$) 엄청 어려운 일('19세기 후반 50년 동안 수백 가지 시도가 있었다')"에 도전해야 했다. 그는 우선 촉매 환경에서 암모니아의 고온 특성을 살펴보기 시작했으나 큰 성과를 얻지 못하여 연구가 더 이상 진전되지 않고 있었다. 한편, 1907년에 독일의 유명한 화학자인 헤르만 네른스트Hermann Walther Nernst, 1864~1941가 자신의 열역학 이론을 검증하는 방법으로 하버가 1905년에 발표한 암모니아 생성에 대한 논문을 재현해 보았는데, 75기압으로 압력을 올려 실험

26. 암모니아를 공기나 산소와 혼합하고 900℃ 정도의 온도에서 촉매를 사용하여 반응시켜 일산화질소(NO)를 얻고, 냉각 후 이것을 다시 산화하여 이산화질소(NO_2)로 만든 후 이를 물에 흡수시켜 질산을 제조한다.
$4NH_3 + 5O_2 \rightarrow 4NO + 6H_2O$,
$2NO + O_2 \rightarrow 2NO_2$,
$2NO_2 + 1/2H_2 \rightarrow HNO_3 + NO$

했었다. 그런데 얻어진 암모니아 생성량을 하버의 원래 실험에서와 같이 1기압 상태로 환산해보니 하버의 실험에서보다 1/4밖에 생성되지 않는 결과가 나왔다. 하버는 자신의 원래 결과가 맞다는 사실을 입증하려고 하였고 암모니아 생성 실험을 여러 가지 압력, 온도와 촉매 조건 하에서 보다 면밀하게 수행하기로 하였다. 이러한 노력 끝에 하버는 암모니아를 효과적으로 생산할 수 있는 조건을 찾아내고 1908년 10월에 암모니아 합성에 대한 특허를 출원하였다. 압력이 17.7~20.2MPa(약 17~20기압), 온도는 550~600℃에서 적절한 촉매를 쓰면 암모니아가 효과적으로 생산된다는 것을 찾아냈고, 촉매로는 주기율표에서 6족, 7족, 8족 및 10족에 속하는 금속 촉매(크로뮴, 망간, 철, 니켈)가 적합할 것이라고 예측하였는데, 곧 8족 원소인 오스뮴이 가장 적합한 촉매라는 것을 찾아내고 이를 1909년에 특허로 출원하였다. 더 좋은 촉매를 찾는 연구를 계속하여 질화우라늄uranium nitride ; UN을 촉매로 사용하는 데 대한 특허를 출원하였다. 그리고 높은 압력(100기압), 높은 온도 및 촉매 환경 하에서 암모니아를 생산하는 공정에 대한 특허도 1909년 9월에 출원하였다.

또한 같은 해에 BASF사와 상용화 연구를 위한 계약을 체결하였는데, 당시 BASF사는 앞서 설명했던 전기 아크 공정이 더 나은 방법이고 하버의 방법은 대량생산에는 적합하지 않다고 보고 있었다. 이때 BASF의 직원이면서 세계적인 화학자였던 보쉬Carl Bosch, 1874~1940[27]가 나섰다. 그는 하버 연구팀과의 1909년 3월 회의에서 BASF 실무진이 100기

27. 자동차 와이퍼나 스파크 플러그로 유명한 보쉬사는 그의 삼촌인 Robert Bosch가 설립한 회사이다.

압 정도로 높은 압력을 가둬놓아야 하는 공정은 공장 설비로 구현하기 어렵다는 의견을 내자 그런 일은 철강업계가 해결할 일이라고 말하면서 장비를 제작하도록 했었다.

보쉬는 쾰른의 배관 및 가스 관련 기기 업체를 운영하던 부친에게서 6남매 중 맏아들로 태어났다. 하버와 같은 베를린대학에 하버가 졸업하고 3년 이상 늦은 1894년에 입학했는데 전공은 금속·기계공학이었고, 이후 라이프치히대학으로 옮겨 박사과정을 밟으면서 전공을 유기화학으로 바꾸었다. 1898년 박사학위를 취득하고 약 1년간 연구실에 조교로 남아있다가 1899년에 BASF에 입사하였다. 보쉬의 첫 과제는 오스트발트가 제안했던 촉매 기반 암모니아 합성법의 개발이었다. 처음에는 아크 공정에 몰두했으나 에너지 소모가 너무 크다는 점 때문에 시안화바륨Barium Cyanide, $Ba(CN)_2$, 티타늄질화물Titanium nitride, TiN, 질화규소Silicone Nitride, Si_3N_4를 이용한 암모니아 생산방법을 개발하려 노력하였다. 그러나 이 방법은 모두 수율이 좋지 못했다. 이러던 차에 하버가 BASF를 접촉하여 매우 좋은 수율로 암모니아를 생산하는 공정을 개발했다고 알려온 것이었다.

보쉬가 하버의 발명이 상용화시킬 만하다고 말함에 따라 BASF사는 1909년에 바로 보쉬에게 전권을 주고 관련 설비를 개발하고 공정을 정립할 수 있도록 해주었다. 이에 따라 1910년부터 하버의 실험실 공정을 공장 크기로 확대하는 작업이 강관 업체인 만네스만Mannesmann이 제작한 강철 튜브를 사용하여 시작되었다. 처음에는 고압을 가한 후 80시간 만에 폭발하는 등의 문제가 나타났는데, 보쉬가 금속공학에서도 전문가였던 점이 도움이 되었다. 관을 이중화시키고 수소 취성을 극복하는 방법을 개발하는 등의 노력 끝에 하버의 기술을 대량생산 공정으로 만들어내는 데 성공하였다. 1914년, 독일 의회에서는 암모니아 생산 공정을 하버-보쉬 공정Haber-Bosch Verfahrern-Haber-Bosch process이라고 부르기 시작했고, 오늘날까지도 질소 고정 방법은 하버와 보쉬, 두 사람의 이름을 모두 따서 불리고 있다.

그 다음 과제는 효율적이면서도 가격이 싼 촉매를 찾아내는 것이었다. 여기에는 BASF에서 근무하던 미타쉬Alwin Mittasch가 기여했다. 라이프치히대학에서 빌헬름 오스트발트의 지도를 받아 물리화학 분야에서 1901년에 화학공학 박사학위를 받았던 미타쉬는 하버의 실험 장치를 소형화하여 많이 만든 후 여기에 다양한 종류의 촉매들을 적용하여 이들의 암모니아 생산량을 확인하는 시스템적 방법으로 최적의 촉매를 찾아내려 하였다. 특히 값싼 소재인 철에 기반한 촉매를 찾아내려 하였는데, 그 결과 스웨덴산 마그네타이트Fe_2O_4가 발견되었다. 이후 약간의 첨가물을 더하는 실험을 통해 혼합물 촉매 기술을 확립하고 특허를 1910년 1월에 출원하였다.

상용화로 가기 전 또 다른 문제는 반응로에 주입할 가스를 만드는 방법이었다. 특히 수소를 값싸게 만드는 방법이 필요했는데, 이 문제는 1911년에 헤르만 네른스트의 제자였던 빌트Wilhelm Wild, 1872~1951가 수증기와 일산화탄소를 촉매 하에서 반응시켜 이산화탄소와 수소가스를 만들어내는 방법을 개발하면서 해결되었다. 이 방법은 빌트와 보쉬가 1912년에 특허로 출원하였다.

합성된 암모니아를 비료 또는 화약의 재료인 질산으로 만들기 위해서는 오스트발트가 발명했던 암모니아 산화 방법을 상용화하였다. 오스트발트 공정에서 매우 비싼 백금을 촉매로 써야 한다는 것도 상용화의 또 다른 걸림돌이었는데, 이 역시 체계적으로 다른 촉매를 찾아내려는 연구를 진행한 끝에 1914년 2월에 벡Christoph Beck, 1887~1960이 혼합 촉매를 찾아내어 하버-보쉬 공정이 비료와 화약의 원자재를 생산하는 모든 분야에서 완성되게 되었다.

이러한 기술발전에서 마지막 단계였던 암모니아 산화 공정의 촉매를 찾아낸 시기가 제1차 세계대전이 개전되기 바로 직전이라는 점에 주목할 필요가 있다. BASF사는 하버-보쉬 공정에 의한 암모니아 생산용 파일롯 공장을 1910년부터 가동하기 시작하였고, 당시 있었던 네른스트와 하버 간의 특허 분쟁도 노련하게 중재하여 해결하였다. 1912년 5월부터는 최초의 대규모 암모니아 공장을 오파우Oppau에서 건설하기 시작했고 이 공장은 1913년 9월부터 암모니아를 합성하기 시작하였다. 이 암모니아가 이전에 다른 방법으로 생산하던 것보다 훨씬 순도가 높아 공장 운영상의 문제도 절감시켜 준다는 것을 알게 되자 BASF사는 공장 확장을 시작했고 이 작업이 1914년 여름에 거의 완료되었는데, 바로 이 시기가 제1차 세계대전이 시작된 때였다. 마침 이때 질산 생산 공정도 완성됐던 터라 전쟁이 시작되자 오파우 공장에서 생산하는 암모니아는 비료 생산에 사용하려던 원래 목적으로부터 대부분 화약 제조 쪽으로 전환되었다.

제1차 세계대전이 시작되고 나서 얼마 되지 않아 칠레 초석을 가져오지 못하게 된 독일에게는 하버-보쉬 공법이 큰 도움이 되었다. 이 덕분에 독일은 비료와 화약을 계속 생산할 수 있었다. 이 공법이 없었다면 독일은 제1차 세계대전에서 1916년 이전에 패배했을 것이라는 평가도 있다. 전쟁 직전인 1913년에 독일은 칠레 초석의 총 수출량인 301만 톤의 32.6%인 약 98만 톤을 수입했다. 이것은 질소환산량으로 약 15만 톤

표 2-6 1913년 칠레 초석의 대 독일 수출량

(단위 : 톤)

칠레초석의 총 생산량	총 수출량	독일 수출량 (32.6%)	질소 환산량 (15.65% 기준)
3,055,808	3,015,479	983,046	153,846

출처 : Grinnel Jones, "Nitrogen : Its Fixation, Its Uses in Peace and War", *The Quarterly Journal of Economics*, Vol. 34, No. 3, Oxford University Press, 1920. 5., pp. 391~431.

표 2-7 제1차 세계대전 기간 중 독일의 공정별 질소 생산량

(단위 : 톤)

연도			1914	1915	1916	1917	1918
공정	부생 가스	황산 암모늄	456,173	456,173	456,173	456,173	456,173
		질소 환산량	96,708	96,708	96,708	96,708	96,708
	시안 아미드	석회질소	39,683	551,150	551,150	440,920	330,690
		질소 환산량	7,143	99,207	99,207	79,366	59,524
	하버-보쉬	황산 암모늄	66,000	165,000	331,000	551,000	1,013,570
		질소 환산량	14,000	34,000	68,000	113,000	215,000
질소 환산량 합계			117,851	229,915	263,915	289,074	371,232
(하버-보쉬법) 비중			(11.9%)	(14.8%)	(25.8%)	(39.1%)	(57.9%)

출처 : Grinnel Jones, "Nitrogen : Its Fixation, Its Uses in Peace and War", *The Quarterly Journal of Economics*, Vol. 34, No. 3, Oxford University Press, 1920. 5., pp. 391~431.

에 해당한다.

독일은 전쟁 중인 1914~1918년간 부생가스법, 시안아미드법과 새롭게 시작한 하버-보쉬법을 모두 동원하여 총 질소 생산량을 11만 7천 톤에서 37만 1천 톤으로 3배 이상 증가시켰다.

특히 하버-보쉬 공법에 의한 암모니아 제조 공장을 계속 건설하여 대전 말기인 1918년에는 공법을 처음 시작했던 1913년에서보다 16배 많은 21만 5천 톤의 질소를 하버-보쉬 공법에 의해 생산하게 되었고 이는 전체 질소 생산량 중 57.9%에 달했다.

표 2-8　하버-보쉬 공법에 의한 독일의 질소 생산

(단위 : 톤)

연도	황산암모늄	질소 환산량
1913	33,000	7,000
1914	66,000	14,000
1915	165,000	34,000
1916	331,000	68,000
1917	551,000	113,000
1918	1,013,570	215,000

출처 : Grinnel Jones, "Nitrogen : Its Fixation, Its Uses in Peace and War", *The Quarterly Journal of Economics*, Vol. 34, No. 3, Oxford University Press, 1920. 5., pp. 391~431.

영국과 프랑스는 칠레 초석 수입을 늘렸다. 제1차 세계대전 중 칠레는 초석 수출의 가장 큰 수입국이었던 독일[28]에게 수출하지 못하게

28. 제1차 세계대전 직전인 1913년에 칠레 초석 수출의 국가별 비중은 1위 독일(32.6%), 2위 미국(23.0%), 3위 프랑스(12.8%), 4위 벨기에(12.5%) 순이었다(〈표 2-3〉 참조).

되어 초기에 감소한 수출량을 극복하고 후에는 오히려 증가하였다(〈표 2-9〉 참조).

표 2-9 제1차 세계대전을 전후한 시기의 칠레와 인도의 질소 수출

(단위 : 톤)

연도	칠레					인도
	생산량		질산나트륨 수출	수출세 수입 (US$)	칠레 재정 수입 중 비중(%)	초석 (질산칼륨) 수출
	질산나트륨	질소 환산량 (15.65% 함량 기준)				
1913	3,055,808	478,234	3,015,479	32,896,947	48	17,062
1914	2,715,047	424,905	2,034,374	23,751,756	52	15,998
1915	1,935,143	302,850	2,227,599	24,564,128	59	23,442
1916	3,210,008	502,366	3,280,660	36,599,903	59	27,158
1917	3,319,918	519,567	3,055,180	38,892,824	50	28,860
1918	3,170,106	496,122	3,289,325	40,333,936	44	26,296

출처 : Grinnel Jones, "Nitrogen : Its Fixation, Its Uses in Peace and War", *The Quarterly Journal of Economics*, Vol. 34, No. 3, Oxford University Press, 1920. 5., pp. 391~431.

하버-보쉬 공법이 급속히 성장한 이유는 이 공정이 질소 고정을 하는 데 에너지가 가장 덜 드는 방법이기 때문이었다. 질소 1톤을 고정하는 데 필요한 에너지를 비교하면 하버-보쉬 공법이 전기 아크 공정에 비해서는 1/20, 시안아미드 공정에 비해서는 1/5밖에 되지 않았다. 따라서 제1차 세계대전이 끝나자 많은 나라들이 하버-보쉬 공법을 도입하게 되었고, 이를 통한 질소 비료의 생산 증대는 농산물 수확의 증가, 그리고 세계 인구의 획기적 증가를 가져왔다(1900년 16억 명 → 2018년

77억 명). 2018년에 이르러서는 하버-보쉬 공법으로 매년 2억 3천만 톤의 암모니아를 생산하게 되었고, 질소 비료의 총 생산량 중 40%가 하버-보쉬 공법으로 만들어지게 되었다. 그리고 현대인의 신체 조직에 포함된 질소 중 거의 50%가 하버-보쉬 공법으로 만들어진 것이라고 한다. 이러한 업적을 평가받아 이 장에서 언급된 여러 학자들이 노벨상을 받았고, 특히 프리츠 하버는 하버-보쉬법의 개발을 인정받아 노벨상을 받았다.

빌헬름 오스트발트 : 1909년 노벨 화학상
프리츠 하버 : 1918년 노벨 화학상
헤르만 네른스트 : 1920년 노벨 화학상
칼 보쉬 : 1931년 노벨 화학상

그리고 모든 선진국들은 제1차 세계대전 때의 경험을 거울삼아 암모니아와 질산을 자체적으로 생산하는 능력을 갖추려 노력하였다. 일단 독일에 대한 전리품으로 하버-보쉬법을 배워가려 노력하였고 이 밖에 다른 방법들도 추가적으로 개발되었는데, 이탈리아의 루이지 까살레 Luigi Casale, 1882~1927가 개발한 암모니아 제조 공법이 그중 하나이다.

일본에서는 도쿄대 전기공학과 출신으 기업인인 노구치 시타가우野口遵, 1873~1944가 1921년에 까살레를 만나 기술도입 계약을 체결하고 자신이 쿠마모토에서 시안아미드 공법으로 운영해 오던 암모니아 공장에서 대량생산에 적합하도록 개선한 후 황산암모늄과 함께 합성섬유와 다이너마이트를 모두 생산하는 거대 기업을 만들었다. 그는 1926년에는

"조선수전주식회사"라는 기업을 설립하여 부전강, 장진강에 역류식 수력 발전소를, 압록강에 수력 발전소를 건설하고 여기로부터의 전력을 이용하여 1927년에 "조선질소비료"를 홍남에 건설하였다. 홍남의 질소비료 공장은 당시 앞서 설명됐던 독일 BASF의 오파우 공장에 이어 세계에서 두 번째로 큰 화학 공장이었다.

프리츠 하버에 대하여 이야기를 마치려면 그 전에 질소 고정 이외의 활동에 대해서도 다루지 않을 수 없다. 하버는 1911년에 설립된 KWI 물리화학·전기화학 연구소Kaiser-Wilhelm Institute for Physical Chemistry and Electrochemistry ; KWI에서 1912년에 초대 소장이 되었다. 하버는 스스로 매우 애국적인 독일인이라고 생각했으며, 전쟁이 일어나자 연구소장으로서 조국의 승리를 위해 자신의 지식을 사용하려 노력하였다. 그는 화학무기 포탄을 금지한 헤이그 협정[29]의 회피 방법으로서, 염소 가스통을 전방에 가져간 후 밸브를 열어 가스가 적군 방향으로 흘러가게 하는 방법을 제안하였다. 이 방법에 의한 첫 공격은 1915년 4~5월에 벌어진 제2차 이프르 전투에서 벌어져 67,000여 명의 전상자를 냈으며, 이후 모든 교전국들이 경쟁적으로 화학무기를 사용하는 한편 염소가스보다 더 강한 화학무기(예를 들어 머스타드 가스)를 개발하는 계기가 되었다. 다른 학자들은 하버의 이러한 행동을 심하게 비난하였으며(그러나 연합국의 화학자들도 화학무기 개발에 적극적이었다는 점을 참고할 필요가 있다), 1918년에 노벨상을 받을 때에도 이에 대한 논란이 있었다고 한다.

하버는 제1차 세계대전 패전 후에도 KWI 소장으로서 연구 활동을

29. Hague Convetion(IV, 2) : Declaration concerning the Prohibition of the Use of Projectiles with the Sole Object to Spread Asphyxiating Poisonous Gases, 1899. 7. 29.

계속하였다. 독일에게 부과된 막대한 전쟁 배상금을 충당하기 위해 바닷물에서 금을 뽑아내는 연구를 하다가 포기하기도 하였다. 개인적 생활은 그리 행복하지 않았다. 그는 유대인 화학박사인 클라라 임멜바르와 결혼했는데, 약혼 기간 중 개신교로 개종시킨 후 1901년에 결혼하고 1902년에는 아들 헤르만을 얻었다. 그런데 클라라는 전쟁 중인 1915년 5월에 하버와 다툰 후 남편의 권총으로 가슴을 쏴서 자살하였다. 하버의 화학무기 관여를 반대한 것이 자살의 원인이라는 관찰도 있다. 하버는 1917년에 재혼하여 1남 1녀를 얻었으나 아내와 자주 다툰 끝에 1927년에 이혼하였다.

하버에게 가장 큰 시련은 말년에 닥쳤다. 나치당이 1933년에 정권을 잡고 공공기관에서 바람직하지 않은 인사를 해고하는 법을 제정하자 KWI의 유대인들도 제거 대상이 되었다. 하버는 개신교로 개종했었고 제1차 세계대전 중 열렬하게 애국 활동을 했음에도 원래 유대인이라는 이유로 공격받았을 뿐만 아니라 KWI의 유대인 과학자들을 모두 해고하라는 지시를 받게 되자 같은 해 4월 30일 연구소장직에서 사직하였다. 그는 독일을 떠나 스페인, 프랑스, 영국 등을 유랑하였으나 모두 환영하는 것은 아니었고[30] 건강도 매우 나빠지게 되었다. 영국에 머무를 때 앞에서 다뤘던 하임 바이츠만이 팔레스타인에 새롭게 설립되는 다니엘 시프 연구소의 초대 소장으로 부임해줄 것을 하버에게 요청하였고, 하버

30. 케임브리지의 캐번디시 연구소에 있던 유명 물리학자 어니스트 러더포드는 하버를 독가스 문제 때문에 매우 싫어했으며 악수도 거부했다고 한다 러더포드의 애제자이자 1915년 노벨상 후보자였던 헨리 모즐리가 제1차 세계대전에 참전했다가 갈리폴리에서 전사한 사실을 알면 악수 거부를 이해할 수 있을 것 같기도 하다.

는 이를 수락하여 1934년 1월에 팔레스타인으로 출발하였다. 그러나 이동 도중인 1934년 1월 29일 스위스 바젤에서 심장마비로 65세를 일기로 사망하였다. 그의 유해는 첫 부인이었던 클라라와 함께 바젤에 묻혔다.

제2차 세계대전이 끝난 1953년, KWI 물리화학·전기화학 연구소는 직제와 이름을 바꾸어 독립 비영리 연구기관의 연합회인 막스 플랑크 협회Max Planck Society 소속의 프리츠 하버 연구소Fritz Haber Institute로 재출범하였다.

[참고문헌]

1. "전우용의 현대를 만든 물건들-화학비료", 『한겨레신문』, 2019. 8. 13.
2. Barbara Molony, "Noguchi Jun and Nitchitsu : Colonial Investment Strategy of a High Technology Enterprise", *Managing Japanese Enterprise : Cases from Japan's Prewar Experience*(W. D. Wray (Ed.)), Council on East Asian Studies, Harvard University, 1989. 11. 20.
3. Erik Sass, "German Chemists Invent a Lifeline", Mental Floss, 2013. 9. 9.
4. Gilbert King, "Fritz Haber's Experiments in Life and Death", *The Smithsonian Magazine*, 2012. 6. 6.
5. Grinnell Jones, "Nitrogen : Its Fixation, Its Uses in Peace and War", *The Quarterly Journal of Economics*, Vol. 34, No. 3, Oxford University Press, 1920. 5., pp. 391~431.
6. G. J. Leigh, *The World's Greatest Fix : A History of Nitrogen and*

Agriculture, Oxford University Press, 2004. 8.

7. Manuel Bastias Saavedra, "Nitrate", International Encyclopedia of the First World War(WW1), 2014. 10. 8.
8. Mike Sutton, "Chemists at war", Chemistry World, Royal Society of Chemistry, 2014. 7. 24.
9. "Shitagau Noguchi–The Father of Modern Nobeoka", Asahi Kasei, 2003.
10. THE STORY OF CASALE–The Story of Casale and the development of Synthetic Ammonia, https://www.casale.ch
11. Vaclav Smil, V, *Enriching the Earth–Fritz Haber, Carl Bosch and the Transformation of World Agriculture* The MIT Press, 2001.
12. Valera Medina, Agustin and Roldan Alberto, "Ammonia from steelworks", *Sustainable Ammonia Production(Green Energy and Technology)*, Springer, 2020, pp. 69~80.
13. Venkat Pattabathula and Jim Richardson, "Introduction to Ammonia Production", *CEP Magazine*, American Institute of Chemical Engineers(AIChE), 2016. 9.
14. 기타 자료 : 위키피디아.

냉전 시대 서방 기술의 공산권 이전

"자본가는 자기 목을 매달 밧줄도 판다"

20세기 초반에 세계 최초의 공산주의 국가로 출범한 소련은 1928년 제1차 경제개발 5개년 계획을 시작할 무렵에는 공업과 군사력이 제정 러시아 시절보다도 약해졌을 정도로 서방 국가들에 비해 뒤처져 있었다. 소련은 서방으로부터 기술을 도입하려 했고 서방 정부들은 이를 막으려 했는데, 일부 서방 기업들은 소련과 적극적으로 협력하기도 했다. 소련은 제2차 세계대전 이후 냉전 시대에서도 선진 기술들을 도입하려는 노력을 계속했다. 이때 서방 정치권이 소련에 협력하는 기업을 비난하면서 레닌이 말했다는 아래 문구를 자주 활용하였다.

"자본가들은 자기 목을 매달 밧줄도 판다"

그런데 이 말을 레닌 어록에서 찾기 어려워서 실제로 레닌이 그런 말을 했었는지 알아보려는 노력이 있었다. 1987년 4월 12일, 미국의 유명한 칼럼니스트인 윌리엄 사파이어는 자신의 조사 결과를 정리한 칼럼을

뉴욕 타임즈 매거진에 게재했는데[31], 레닌의 초상화를 그렸던 화가이자 작가인 유리 아넨코프Yury Pavlovich Annenkov, 1889~1974가 1966년에 발간한 책인 *A Journal of My Meetings*[32]에 나온 내용이 "레닌의 밧줄"의 의미에 가장 근접한 것이라고 설명했다. 칼럼에 따르면 레닌이 죽고 3년 후에 소련 당국이 아넨코프에게 레닌 화보집을 만들게 하면서 레닌의 원고 파일을 보게 해주었는데, 그때 아넨코프가 레닌의 원고 중 아래와 같은 문구를 옮겨 기록했고 이를 1966년에 발간한 책에 포함시켰다고 한다.

▲ 유리 아넨코프가 그린 레닌과 트로츠키의 초상화

▲ 1966년에 발간된 유리 아넨코프의 책

31. William Safire, "ON LANGUAGE", *The New York Times Magazine*, 1987. 4. 12., https://www.nytimes.com/1987/04/12/magazine/on-language.html
32. 1966년에 뉴욕에서 *DNEVNIK MOIKH VSTRECH: TSIKL TRAGEDIY*(A Journal of My Meetings. Cycle of Tragedies)(Inter-Language Literary Associates, 1966)라는 두 권의 책으로 발간되었다. 막심 고리키, 프로코피에프, 톨스토이, 보리스 파스테르나크 등 당대의 유명 문화계 인사들과 레닌, 트로츠키 등 정치가들에 대해 초상화와 함께 자신의 기억을 기록했다.

"전 세계의 자본가들과 그들의 정부는 소련의 시장을 차지하기 위해 헐떡거리면서 그들 자신을 귀머거리, 벙어리이면서 장님으로 만들고 있다. 그들은 우리가 활용할 자산을 제공할 것이고... 스스로의 자살을 준비하기 위해 노력할 것이다."

실제로 일부 서방 기업들은 자신들의 이익을 위해 소련에게 첨단 물자를 수출하고 기술을 이전하여 소련의 국력 강화에 도움을 주었다. 자동차 왕이라고 불리던 헨리 포드는 자신이 노조를 극도로 혐오하였고 공공연한 반유대주의자로서 유대인들과 국제 공산주의자 간의 연계를 의심했음에도 1929년 5월에 소련이 자동차 공장을 새롭게 짓는 것을 도와주었다. 1928년까지 소련은 자동차가 2만 대밖에 없었고[33] 트럭 생산 공장은 1개뿐이었기에 당시 세계 최고의 생산성을 자랑하던 포드와 협력을 희망했었는데, 포드가 평소의 태도와는 달리 이 요청에 응한 것이다. 당시 미국과 소련 간에 외교관계가 없던 것도 상관하지 않았다.[34]

헨리 포드는 소련의 첫 번째 자동차 공장인 GAZ[35]를 니즈니 노브고

33. 미국에서는 1925년에도 포드 자동차 단독으로 모델-T 승용차를 매년 200만 대씩 생산하고 있었다.

34. 헨리 포드의 소련 영업에서 1929년의 자동차 수출이 처음은 아니었다. 시골 농부의 아들이었던 헨리 포드는 초창기부터 농업용 트랙터를 개발하려 했고, 1907년부터 개발 과정을 거쳐 1917년에 "Fordson"이라는 상표로 판매하기 시작했다. 1919년에 포드는 소련에 Fordson 트랙터를 수출하는 계약을 체결했으며 1921년부터 1927년 사이에 25,000대 이상이 수출되었다. 소련은 다른 분야에서 그랬던 것처럼 Fordson도 복제하여 1924년부터 Fordson-Putilovets(Фордзон-путиловец)라는 상표로 생산하기 시작했으나, 기어 등의 금속 열처리가 미국 수준에 못 미쳐 품질 문제가 많았고, 이 문제는 1930년대 공업화가 진행된 이후에야 고칠 수 있었다.

35. 지금도 군용 트럭으로 유명하다. 포드와의 최초 계약 당시 회사 이름은 NAZ였으나 1933년에 공장 소재지 명칭이 막심 고리키로 바뀌면서 회사 이름이 GAZ로 바뀌었다. 여담으로 하노이

로드 인근에 건설하는 일에 지원하기로 계약하였다. 우선 초기 4년 동안에는 승용차와 트럭 72,000대(3천만 달러 규모)에 해당하는 부품을 녹다운 조립을 위해 제공하고, 이후에는 소련산 부품을 사용하여 차량을 조립하는 것으로 바꾸어 가기로 했다. 그리고 미국 포드의 기술자들을 소련에 파견하여 장비 설치 및 근로자 교육을 지원하는 한편 미국 공장에 소련 기술자들을 100명 이상 받아들여 포드의 생산과 조립 방식을 익히게 하였다. 포드의 결정은 제2차 세계대전의 향방에도 영향을 미치게 되는데, 소련이 군용 트럭 생산능력을 갖추게 된 것이 독일을 물리치는 데 큰 도움이 되었기 때문이다. 스탈린이 1944년 미국 상공회의소로 보낸 서신에서 헨리 포드가 세계에서 가장 위대한 사업가 중 1인이며 신의 가호를 빈다고 썼을 정도였다.

소련은 1929년부터 제1차 경제개발 5개년 계획에서 다른 여러 서방 기업과도 계약을 했다. 미국에서는 제네럴 일렉트릭GE, RCA와 웨스턴 전기Western Electric, 독일에서는 AEG와 지멘스, 영국에서는 메트로폴리탄-비커스(重電氣 기업. 현재 영국 GEC의 모태이다), 스웨덴에서는 ASEA(ABB의 모태 기업 중 하나이다)와 에릭슨, 프랑스에서는 TSF(Thomson-CSF의 모태 기업이다) 등과 계약을 체결했다. 계약 내용은 모두 포드와의 계약과 유사하여 처음에는 서구 기업 제품의 라이센스 생산으로 시작하고 기술자 상호 파견 및 교육 등 기술 이전을 병행한다는 내용이 포함되어 있었다. 마침 서구에서는 경제 대공황에 강대국간 군축 합의가 겹쳐져 대형 방산 기업들의 경영이 어려워진 상황이었

호치민 기념관에 전시된 차량 3대 중 한 대가 GAZ-M20 Pobeda 세단이다.

기에 이들에게는 소련의 협력 제안이 달콤할 수밖에 없었다.

대기업이 자기 이익을 위해 스스로 소련을 도와준 것도 있지만 우수한 방산 기술을 자국 정부가 채택해주지 않아 소련에 판매한 경우도 있었다. 대표적인 사례가 제2차 세계대전에서 소련을 상징하는 무기였으며, 한국전쟁에서도 우리에게 쓰라린 기억을 남겨준 T-34 전차에 사용된 서스펜션 기술이다.

세계 최초로 전차를 개발한 영국이 이를 제1차 세계대전에서 처음으로 실전 투입한 것은 1916년 9월이었다. 곧이어 프랑스와 독일도 전차를 개발하고 투입했으며 늦게 참전한 미국도 전차 개발을 추진했다. 미국의 자동차 경주 선수이고 발명가이자 공학자인 J. 월터 크리스티John Walter Christie, 1865~1944도 전차 개발에 참여했다. 그는 1919년 말에 개발한 M1919 전차와 후속 M1921 전차를 미군에게 제안하여 시험하게 했는데 내부 공간이 좁고 주행 성능이 좋지 않다는 이유로 채택되지 못했다. 이후 그는 서스펜션이 빈약하여 야지 주행 성능이 좋지 않았다는 점을 인정하고 완전히 새로운 서스펜션 시스템을 개발하여 M1928 전차를 만들었다. M1928 전차는 무게 9톤의 경탱크였는데 서스펜션 덕분에 시속 68km라는 고속 주행이 가능했다. 이것은 현대의 전차와도 비슷한 성능이다. 이 서스펜션을 채택한 전차는 주행 바퀴가 매우 크고 궤도가 느슨한 외관을 갖고 있다. 이 기술은 1931년에 특허로 등록되었고 "크리스티 서스펜션"이라고 불리게 되었다.

1928년에 M1928 전차가 미 육군 수뇌부 앞에서 시연을 보였고 충분히 만족스런 평가를 받았다. 그러나 육군 전차위원회Tank Board는 전차의 역할에 대해 다른 생각을 갖고 있었다. 그들은 자신들의 제1차 세계대전 경험에 근거하여 전차는 기본적으로 보병의 참호전 돌파를 지원하는 도구가 되어야 한다고 생각하고 있었다. 전차위원회는 적군의 사격에 대응할 수 있도록 두꺼운 장갑과 강한 화력을 바라고 있었는데, 크리스티의 M1928 전차는 빠르기는 했으나 장갑이 너무 얇아 보였다. 결국 육군성은 M1928의 대량생산을 거부했다. 여담으로, 당시 전차위원회 안에서 M1928과 같은 고속 전차가 기병 전차로서 유용하다는 소수 의견을 냈던 사람이 이후 제2차 세계대전에서 전차를 이용한 진격으로 유명해지게 된 조지 패튼George S. Patton, 1885~1945 중령이었다.

한편 크리스티의 발명품은 1929년에 폴란드 국방기술 연구소에 알려졌고, 깊은 인상을 받은 폴란드 측은 1930년 2월에는 대표단을 방미시켜 M1928 전차 1대를 수입하는 계약을 체결하고 선금까지 지불하였다. 그러나 얼마 안 되어 크리스티는 계약을 파기하고 돈을 돌려주었다.

소련은 전차의 필요성을 절실히 느끼고 있었다. 제정 러시아는 1917년 3월에 혁명이 일어나고 1918년 3월에는 독일과 단독 강화를 하게 되는 바람에 탱크를 개발하고 실전에 투입해 볼 기회가 없었다. 처음으로 개발한 자국산 전차 T-18[36]은 전혀 만족스럽지 못했다. 더군다나 제1차 세계대전 이후 독립하여 잠재 적국이 되어버린 폴란드가 전차 개발을 추진 중이라는 소식도 있었다.

미 육군이 크리스티의 신제품을 거부할 무렵, 소련은 미 육군 내의 비밀 정보원을 통해 크리스티의 전차 개발 상황을 인지하고 있었다. 소련은 미국과 외교관계가 없어 군사 장비를 수입할 수 없는 점을 감안하

36. 1917년에 나왔던 프랑스의 경전차 르노 FT 전차를 모방하여 개발했고 1928~1931년 동안 생산되었다.

여 소련 인민위원회의 소속 통합국가정치부OGPU의 대외무역 창구인 뉴욕 소재 AMTORG 무역회사에 파견된 정보원들이 나서서 1929년부터 크리스티와 협의하게 했다. 크리스티가 폴란드와 계약한다는 소식은 소련 측을 더욱 급하게 만들었고, 결국 1930년 4월 28일, 크리스티는 AMTORG에게 M1931 전차[37](M1928의 개량형) 2대를 6만 달러에 판매하는 계약을 체결했다. 부품 값은 별도로 4천 달러였고 기술 권리와 특허의 사용을 위해 10만 달러를 추가로 지불했다. 소련 측은 M1931에서 가장 매력 있는 부분이 서스펜션이라는 점에 착안하여 전차의 포탑은 분리해내고 샤시만 사기로 했다. 소련을 더 기쁘게 한 건 크리스티가 소련에게 설계와 관련한 모든 기술적 자료를 주는 것은 물론 전차 생산시설을 만드는 것도 도와주기로 했다는 것이었다. 거기에 더해 전차에 장착된 리버티 엔진도 함께 주었는데, 나중에 소련은 이를 복제하여 다른 이름으로 생산하게 된다. 또한 향후 10년간 소련 내에서 이 전차를 생산·판매하고 사용하는 권한도 함께 주었다. 포탑이 분리된 전차들은 농업용 트랙터로 위장한 후 육군성이나 국무성의 사전 허가 없이 수출되었다.

1930년 하반기부터 소련은 포탑이 제거된 M1931 전차 2대를 가지고 자체적으로 가혹한 주행시험을 시작했다. 이 시험에서 나온 결과를 토대로 소련은 최초로 대량생산된 자국산 전차를 설계하게 되는데, 이것이 바로 BT(러시아어로 bystrokhodny tank고속 전차) 시리즈이다. 이 모델이 나오면서 소련의 최초 전차인 T-18은 생산이 중단되었다. 소련은

37. M1931 전차는 1931년 미국 육군이 실시한 주행시험에서 시속 167km의 순간 최고 속도를 기록했는데, 이것은 지금까지도 전차 속도의 최고 기록이라고 한다.

하르코프에 소재한 전차 공장에 크리스티 서스펜션을 채택한 BT 전차의 생산을 지시했고, 이 전차는 제2차 세계대전 중 가장 많이 사용되었다. 그러나 크리스티 서스펜션을 가장 유명하게 만든 전차는 BT 전차의 후계 모델인 T-34 전차이다. 이 전차는 제2차 세계대전에서 독일군이 부러워하던 소련 무기 중 대표적인 것이고, 많은 전문가들이 제2차 세계대전에서 최고의 전차라고 인정하는 물건이다. 제2차 세계대전이 끝나고 5년이 지난 후인 한국전쟁에서도 개전 초기 미군이 투입했던 전차들이 T-34를 감당하기 어려워 M-26 퍼싱 전차를 투입했어야 할 정도였다.

◀ T-34 전차(궤도 속에 모두 큰 바퀴들만 배치한 크리스티 서스펜션의 특성을 볼 수 있다)

◀ M-48-A2 전차(궤도 윗부분에 지지용 작은 바퀴들이 보인다)

◀ M-107 175mm 자주포와 K-9 자주포(M-107은 크리스티 서스펜션을 사용했으나 K-9은 궤도지지바퀴가 적용된 것을 볼 수 있다)

▲ 소련의 T-34 전차와 미국의 M-4 전차(M-4 전차로는 T-34를 상대하기 어려웠다)

[참고문헌]

1. Alexander Vershinin, "Christie's chassis : An American tank for the Soviets", Russia Beyond, 2015. 5. 18.
2. "Ford Motor Company signs agreement with Soviet Union", *THIS DAY IN HISTORY, MAY 31 1929*, 2010. 1. 27, history.com

3. Jonathan A. Grant, *Between Depression and Disarmament : The International Armaments Business, 1919~1939* : Chapter 5-Soviet Rearmament, Great Depression, and General Disarmament, 1930~1933, Cambridge University Press, 2018.

4. Lenin 1870~1924 Russian revolutionary. Oxford Refernce.

5. Robert D. Atkinson, "Today's "Useful Idiots for the CCP", ITIF(Information Technology and Innovation Foundation), 2021. 9. 7.

6. William Safire, "ON LANGUAGE", *The New York Times Magazine*, 1987. 4. 12.

7. 기타 정보 : 위키피디아.

미국 B-29 폭격기와 핵폭격기 Tu-95

▲ Tu-95 폭격기(출처 : 영국 Royal Air Force, 23, April 2014)

2019년 7월 23일, 중국의 H-6 폭격기 2대가 우리 남해안을 돌아 동해상의 KADIZ에 진입하고 러시아에서는 Tu-95 폭격기 2대가 A-50 조기경보통제기 1대와 함께 동해로 남진하여 두 나라의 군용기들이 함께 비행하였다. 이 중 A-50은 독도 인근 한국 영공을 침범하기도 하였다. 당시 우리 공군에서는 F-15K와 KF-16이 차단 기동에 나섰는데, 무전으로 수십 차례 경고를 한 후 기관포로 경고사격을 하였다. 이와 관련하여 러시아 국방부는 성명을 발표하여 자국의 군용기들이 중국의 장거리 군용기들과 함께 아태지역에서는 처음으로 "공동초계비행"을 하였다고 확인하고, 한국 측이 자국의 "전략 미사일 운반 비행기"의 진로를 가로지르는 등의 비전문적 행동을 함으로써 그들의 안보를 위협했다고 주장했다.[38]

38. "Warplanes from four countries face off in Asian confrontation," CNN, 2019. 7. 24.

Tu-95 폭격기는 65년 전인 1956년에 취역한 프로펠러로 추진되는 비행기이기에 원자탄을 탑재할 수 있는 "전략폭격기"라는 사실을 간과하기 쉽다. 그러나 Tu-95는 최고 속도 925km/h, 항속거리 15,000km, 순항고도 13,716m에 달하는 훌륭한 폭격기이다[39]. 거의 비슷한 시기에 취역한 미국의 B-52와 마찬가지로 환갑이 넘은 나이에도 불구하고 전략폭격기로서의 역할을 잘 수행 중이고 앞으로도 한동안 그럴 것으로 예상된다. 미국은 현재 B-1B, B-2와 B-52의 3종류 폭격기를 운용 중인데, 이 중 B-1B 폭격기는 2010년 미·러 간의 New Start 협정 이후 핵무장을 하지 않고 있다. 러시아도 현재 Tu-95 외에 Tu-22M 백파이어, 그리고 Tu-160 블랙잭 등 총 3종의 폭격기를 운용하는데 이들은 모두 핵무기를 탑재할 수 있다. 이러한 이유로 러시아 국방부가 동해에 진입했던 폭격기를 "전략미사일 운반기"로 표현한 것으로 보인다.

그런데 제2차 세계대전까지도 비행기 제조기술이 그다지 좋지 않던 소련이 어떻게 전후 10년도 되지 않은 시점에 대륙간 공격이 가능한 4발 폭격기를 개발할 수 있었을까?[40] 제2차 세계대전 중 엔진 4개를 붙인 대형 폭격기를 제작하고 대량으로 운용한 나라는 미국과 영국밖에 없었고[41] 독일조차도 그러지 못했는데 말이다. 정답부터 말하자면, Tu-

39. 2021년 현재 우리가 해외여행을 갈 때 타는 일반적인 여객기가 제트엔진으로 추진됨에도 불구하고 순항속도 871km/h, 항속거리 13,450km, 최대고도 12,500m 수준이다(에어버스 A-330-200 기종 기준).

40. Tu-95는 취역한 것은 1956년이나 최초 비행은 제2차 세계대전이 끝난 지 7년밖에 안 된 1952년이었다.

41. 영국은 1942년 5월 30일에 소위 "1,000대 폭격기 공습"의 첫 번째로 쾰른을 야간 폭격한 이후 계속 이런 야간공습을 계속하였으며, 미국은 유럽에서 한 번에 300~600대의 4발 폭격기로 주간공습을 수행하다가 종전이 가까워진 1945년 2월 3일에는 약 1,000대의 B-17 폭격기

95 폭격기 기술의 원조는 미국이고 유명한 폭격기인 B-29가 할아버지뻘이 된다.

▲ B-29 폭격기

러시아는 역사적으로 거인 비행기를 만드는 데 일가견이 있었다. 현재도 상업적으로 쓰이는 비행기 중 세계에서 가장 큰 것은 제트엔진이 6개 달린 안토노프-225AN-225이다.[42] 그러나 제2차 세계대전 중 소련의 항공기 수준은 원천 기술과 생산 기술 모두 미국, 영국이나 독일에 비해 한 수 낮았다. 미국과 영국에게서 무기 공여Lend-Lease 프로그램의 일환

를 한꺼번에 동원하여 베를린을 공습했다.

42. 1913년, 이고르 시코르스키(나중에 헬리콥터로 유명해짐)가 세계 최초의 4발 비행기이자 여객기를 만들었고 이것은 제1차 세계대전에서 폭격기로 전용되었다. 1930년에는 4발 폭격기 TB-3가 만들어졌고, 1934년에는 튜볼레프사가 6개 엔진을 장착한 당시 세계 최대 비행기인 "막심 고르키"를 개발했으나 모두 양산되지는 않았다. 현재의 최대 수송기인 AN-225도 한 대만 생산되었다.

으로 비행기를 2만 대 가까이 원조받은 것을 보면 이를 짐작할 수 있다.

표 2-10 제2차 세계대전 중 미국과 영국이 소련에게 Lend-Lease 등을 통해 공여한 비행기 현황

(단위 : 대)

증여 국가	미국		영국	
기종	기종명	공여 대수	기종명	공여 대수
전투기	Bell P-39 Airacobra	5,007	Hawker Hurricane	2,952
	Bell P-63 Kingcobra	2,421		
	Curtiss P-40 Kittyhawk /Tomahawk	2,425	Supermarine Spitfire	1,331
	North American P-51 Mustang	소수		
	Republic P-47 Thunderbolt	195		
폭격기 /공격기	Douglas A-20 Havoc	2,771	De Havilland Mosquito	?
	North American B-25 Mitchell	862	Handley Page Hampden	23
정찰기 /초계기	Consolidated PBY /PBN Catalina	186		
	Curtiss O-52 Owl	19		
	Vought OS2U Kingfisher	20		
수송기	Curtiss C-46 mando	1	Armstrong Whitworth Albemarle	12
	Douglas C-47 Skytrain	707		

훈련기	North American T-6 Texan	82		
합계		14,696 +		4,318 +

미국이 공여한 비행기들은 주로 P-39 에어라코브라, P-40 키티호크와 같이 미군의 주력기보다 한 등급 떨어지는 기종이거나 C-47 쌍발 수송기처럼 30년대에 개발되었던 기종에 집중되었으나 P-51 머스탱, P-47 썬더볼트와 같은 신기종들도 일부 제공했었다. 그러나 미국과 영국은 4발 폭격기는 제공하지 않았다. 소련이 대형 폭격기를 사용해야 할 정도로 장거리 폭격을 할 필요가 없었던 것도 원인이겠지만 자국만이 갖고 있던 최신 기술을 소련에 넘겨줄 리는 만무했다.

B-29 폭격기는 크기는 물론이고 속도, 고도, 항속거리, 폭장량 등 모든 성능 면에서 이전까지 있던 어떤 폭격기보다도 우월했다.[43] 전투 성능뿐만 아니라 인간공학적 측면에서도 큰 발전이 이루어져 B-29는 여압與壓 비행실pressurized cabin을 갖추고 냉난방이 제공되어 고공 작전도 산소마스크 없이 일반 전투복만 입은 상태에서 ("shirt-sleeve" 환경) 비행할 수 있었다. B-17 폭격기 승무원의 상당수가 동상을 입었고 일부는 산소마스크 고장으로 부상하는 등 비전투 손실을 많이 겪은 경험

43. B-29의 성능 :
최고속도 : 357mph(575km/h, 310kn), 순항속도 220mph(350km/h, 190kn)
항속거리 : 3,250mi(5,230km, 2,820nmi), 순항고도 31,850ft(9,710m)
폭장량 : 5,000lb(2,300kg)(고고도에서 작전반경 2,600km 경우)
12,000lb(5,400kg)(중고도에서 작전반경 2,600km 경우)
20,000lb(9,100kg)(최대 폭장량, 저공으로 단거리 작전 시)

에서 나온 설계였다. 근무 공간 전체에 대한 여압 기능은 군용기로는 최초였다. 소련은 미국에게 B-29를 공여해 달라고 두 차례나 요청했으나 미국은 첨단 폭격기를 넘겨줄 의사가 전혀 없었고 실제로 거절했다. 그런데 어떻게 소련이 B-29 기술을 획득한 것일까?

소련이 자국 내에 불시착한 몇 대의 B-29를 미국에 돌려보내주지 않았기 때문이었다. 소련은 이 기체들을 완전히 분석하고 역설계하여 소련 최초의 4발 대형 폭격기인 Tu-4 폭격기를 제작하는 데 성공했다. 소련이 동맹국인 미국의 비행기를 돌려주지 않아도 된 것은 제2차 세계대전의 복잡성 때문이었다. 소련은 종전 직전까지 일본과 교전하는 상태가 아니었다. 1939년 5월에서 8월까지 소련과 일본은 몽골과 만주국의 국경 지대에서 할힌골 전투(일본군은 노몬한 사건이라고 불렀다)로 불리는 국지전을 벌였고 일본군이 참패했는데, 1936년 일본과 방공협정[44]을 체결했었던 독일은 일본을 도와주지 않았고 오히려 자신의 폴란드 침공(1939년 9월)을 위해 8월 23일에 소련과 불가침 조약을 체결하였다. 일본도 마찬가지였다. 일본은 자국의 동남아 진출을 지원받기 위해 1941년 4월 13일에 소련과 중립조약을 체결했는데 이를 근거로 하여 독·일 방공협정에도 불구하고 바로 두 달 뒤인 6월 22일 독일이 소련을 침공했음에도 독일을 도와 소련을 동쪽에서 공격해주지 않았다. 결국 소련이 1945년 8월 8일 일본에 선전포고를 할 때까지 일본과 소련 양국은 중립상태였고 소련은 태평양 지역 전투에서는 미국, 영국을 지

44. 1936년 10월 25일 독일과 일본이 코민테른과 소련에 대항하기 위해 맺은 협정. 독일이나 일본이 소련의 침략을 받을 경우 양국 모두의 이익을 보호하기 위해 특별한 조치를 취한다는 내용을 담았다.

표 2-11 B-17 폭격기와 B-29 폭격기의 비교

구분	B-17G 플라잉 포트리스 (Flying Fortress)	B-29 슈퍼 포트리스 (Superfortress)
동체 높이	5.82m	8.46m
날개 길이	31.62m	43.05m
동체 길이	22.86m	30.18m
승무원 수	10명	11명
순항속도	293km/h	350km/h
항속거리	3,219km	5,230km
순항고도	10,850m	9,710m
최대이륙중량 (MTOW)	29,700kg	60,555kg
무장	50구경 기관총 13정, 폭탄 약 2톤	50구경 기관총 10정, 50 2정 + 20mm 기관포 1문(후미) 폭탄 최대 9.1톤

원하지 않고 있었다. 그런데 1944년 중반부터 미국이 중국 기지로부터 B-29를 발진시켜 일본과 만주를 폭격하게 되면서 이 중 4대가 기계적 고장 등으로 인해 소련 영내에 불시착하게 되었다. 소련에게는 하늘이 내려준 기회였다. 소련은 일본과의 중립조약을 구실로 불시착하는 폭격기들을 소련 전투기들이 경고사격한 후 블라디보스토크 인근 군 기지로 유도하여 착륙시켰고 승무원들은 연해주 지역으로부터 수천 km 떨어진 중앙아시아 지역 타슈켄트의 수용소로 이동시킨 후 전쟁 포로처럼 열악한 수준으로 감금했다. 이들은 두 달 이상 수용 생활을 하다가 미국의 외교적 노력 끝에 1945년 1월 이란 테헤란으로 송환되었다.

승무원들에게 이럴 정도니 기체를 미국에게 돌려줄 리가 만무했다. B-29 중 수리가 가능했던 3대는 모스크바로 옮겨 비행기 제작사인 튜볼레프Tupolev에서 연구하게 하였는데, 1호기는 완전 분해하여 분석하고 2호기는 비행시험과 훈련에 썼으며 3호기는 비교용 모델로 남겨두었다고 한다. 4호기는 소련이 일본에 선전포고를 하면서 미국에 반환했다.

스탈린은 튜볼레프사에게 자사의 기존 설계방식을 고집하지 말고 B-29를 그대로 베끼라고 지시했다. 그 결과 2년 만에 복사판 B-29를 20대 만들어냈고 Tu-4라고 명명되었다. 일부 설계가 변경된 부분이 있었는데, Wright R-3350 엔진이 사용된 B-29와 달리 Tu-4에서는 Shvetsov ASh-73 엔진이 사용되었다. 다만, 이 엔진도 미국제 Wright R-1820 엔진[45]을 면허 생산한 Shvetsov M-25 엔진을 개량한 것이기는 했다. 기총 부분은 소련산 총기에 적합하게 바뀌었고 무전기나 아군기

▲ Tu-4 폭격기

45. 보잉 B-17, 더글라스 DC-3 등에 사용된 1930년대의 유명한 항공기 엔진이다.

식별 장치도 바뀌었다. 그러나 전반적으로 Tu-4는 B-29보다 전체 중량의 1%도 되지 않는 340kg 정도 더 무거울 뿐 그 외 부분은 똑같았다.

Tu-4는 1947년 5월 19일에 처음으로 비행하였다. 이로써 소련은 미국과 마찬가지로 대륙간 폭격을 할 수 있는 비행기를 보유하게 되었다고 선전했으나 이것은 편도로만 가능했다. 당연히 소련은 진정한 대륙간 폭격을 위한 후속 연구를 시작하였고 후속기로서 Tu-80을 거쳐 보다 강력해진 엔진과 효율화된 날개로 12,000km를 날 수 있는 Tu-85가 1951년에 생산되기 시작했다. 그러나 한국전쟁에서 Mig-15 제트 전투기들이 미 공군의 B-29들을 쉽게 격추시키게 되자 소련 스스로 B-29와 유사하다고 생각했던 Tu-85의 대량 투입을 포기하게 되었고 더 성능이 좋은 후속 폭격기를 개발하려 하였다.

이렇게 해서 개발된 폭격기가 Tu-95Bear이다. 설계 목표는 무급유 작전거리가 8,000km, 폭장량이 11,000kg 등이었다. 엔진으로는 Kuznetsov NK-12 터보프롭 엔진이 채택되었다. 이 엔진은 1951년 최초 도입 시에도 출력이 12,000 마력이었다. 제트엔진도 고려되었으나 연비 등을 생각하여 터보프롭 엔진이 채택되었다.

Tu-95의 외형을 보면 어딘가 B-29와 비슷하다는 느낌이 든다. 그것은 Tu-95의 동체 설계가 B-29를 그대로 베꼈던 Tu-4로부터 물려받은 것이기 때문이다. 일단 동체 단면이 B-29와 같이 원형이다. 여압 부분은 날개보다 앞에 있고 두꺼운 주익 접합부는 동체 아래쪽에 붙어 있으며 그 뒤에 폭탄고가 있다. 주익 뒷부분은 이전 기체들의 외형을 그대로 따라하여 후미 기관총좌까지 거의 유사하게 되어 있다. Tu-95의 외형이 확실하게 달라진 부분은 직선익을 후퇴익으로 바꾼 것과 엔진을 터보프롭으로 바꾸고 반전 프로펠러를 설치한 것 정도이다.

Tu-95는 1951년에 처음 구상되었고 최초 비행은 1955년에 있었다. 마하 0.87의 속도는 당시 대부분의 요격기들을 뿌리칠 수 있는 수준이었고 항속거리도 우수했다. Tu-95는 현재도 미국의 B-52와 함께 "최초 비행사의 손자들이 조종하는 폭격기"로 활동하는 중이다. 운 좋게 입수한 기술도 이런 명품을 개발하는 데 유용했다.

[참고문헌]

1. Ben Westcott, Brad Lendon and Yoonjung Seo, "Warplanes from four countries face off in Asian confrontation", CNN, 2019. 7. 24.
2. Brian Benchoff, "STOLEN TECH : THE SOVIET SUPERFORTRESS", HACKADAY, 2016. 3. 10.
3. B-29, Tu-4, Tu-85, Tu-95 등 : 위키피디아.
4. Carlo Kopp, "Tupolev Bear", Australian Aviation, 1987. 11.
5. Ilya Muromets, "Unbelievably large : Gigantic aircraft of Russia and the USSR", Russia Beyond, 2018. 8. 7.
6. Michael Heberling and Jack Schaefer, "Superfort Crew's Siberian Odyssey", Aviation History, 2010. 11.

영국 롤스로이스의 제트엔진과 소련의 미그-15 전투기 : "도대체 어떤 바보가 우리에게 자기 비밀을 팔겠어?"

▲ 미그-15 전투기(용산 전쟁 기념관에 전시된 이 기체는 복좌 훈련기이다.)

1950년 6월 25일 북한의 남침으로 한국전쟁이 시작되었다. UN군이 참전하면서 공군이 F-51 무스탕, F4U 콜세어, 호커 시 퓨리Hawker Sea Fury 등 제2차 세계대전 후반기에 명성을 날렸던 프로펠러 전투기들을 고참 조종사와 함께 투입한 결과, Il-10, Yak-9P 등 소련제 프로펠러 전투기로 구성된 북한 공군은 금방 궤멸당하고 UN군이 제공권을 장악했다. 이어서 F-80, F9F, 글로스터 미티어 등 초기형 제트전투기가 투입되면서 B-29와 같은 프로펠러 폭격기도 한반도 전역에서 마음대로 작전을 할 수 있었다.

그러나 1950년 11월 1일에 북한 공군기의 빨간 기수 마킹을 한 미그-15 전투기들이 북한 상공에 나타난다. 실제로 소련 조종사들이 몰았던 미그-15 중 8대가 미군의 F-51D 무스탕 15대로 이루어진 편대를 공격하여 1대를 격추시켰고, 3대는 10대로 구성된 F-80 제트전투기 편

▲ F-51 무스탕 전투기

대를 공격하여 1대를 격추시켰다. 미 공군은 자신들이 입은 피해가 적군의 신형 전투기에 의한 것이라는 사실을 인정하지 않고 대공포에 당했다고 발표했으나 결국 그때의 UN군 제트전투기로는 미그-15를 상대하기 어렵다는 점이 인정되었다. UN군에게 다행스럽게도 미국은 미그-15와 매우 비슷한 형상에 성능도 유사한 F-86 세이버 전투기를 개발하여 본토에 배치해놓고 있었기에 미 공군은 12월 초에 이들을 한국

▲ F-86 세이버 전투기

에 파견했다. 그러나 미 공군은 미그-15를 계속 과소평가하다가 "검은 목요일Black Thursday"이라고 부르게 된 1951년 4월 12일에 큰 피해를 보았다. 성능이 떨어지는 F-80 전투기와 F-84 전투기가 100대나 동원되어 호위하던 48대의 B-29 폭격기 편대를 30대의 미그-15가 공격했다. 3대의 B-29가 격추되었고 7대가 파괴되었는데 미그-15의 피해는 전혀 없었다. 이후 미 공군은 주간 폭격은 포기하고 야간에만 소규모 편대로 폭격하게 되었으며 미그-15와의 공중전은 F-86 세이버가 전담하게 되었다.

제2차 세계대전 중에는 미국과 영국으로부터 무기 공여 프로그램으로 전투기를 수천 대씩 받아쓰던 소련이 어떻게 5년도 되지 않아 서방보다 우월한 제트 전투기를 양산할 수 있게 되었을까? 물론 제2차 세계대전 종전 후 나치 독일의 연구결과를 가져간 것도 도움을 주었지만 핵심 원인은 1946년에 영국 정부가 소련에게 롤스로이스 제트엔진인 넨Nene 엔진과 더웬트-VDerwent V 엔진을 매입할 수 있도록 허가했기 때문이었다.

제2차 세계대전에 참전한 제트전투기로는 독일의 메서슈미트 Me-262 제트전투기가 유명하고 세계 최초의 제트기도 독일의 하인켈 He-178[46]이지만, 제트엔진을 먼저 개발한 나라는 영국이었다. 영국 공군 장교인 프랭크 휘틀Frank Whittle, 1907~1996이 1920년대부터 제트엔진에 대한 구상을 하다가 1930년에 이를 특허로 등록했고 1937년에는 제트엔진 시제품을 개발하였다. 독일의 한스 오하인Hans Joachim Pabst von Ohain,

46. 1939년 8월 27일 처음으로 비행했다.

1911~1998이 만든 제트엔진보다 5개월 빨랐다. 제2차 세계대전 중 영국은 휘틀의 제트엔진을 개량하여 글로스터 미티어, 드 하빌랜드 뱀파이어[47]와 같은 전투기로 만들어 실전 배치하였다. 미티어에는 휘틀이 개발한 Power Jets W.1 엔진이 장착되었고 후기 모델에는 롤스로이스의 더웬트-V 엔진이 장착되었다.

한편 독일의 제트전투기 Me-262는 영국의 글로스터 미티어보다 비행 성능이 우수했는데, 융커스사의 Jumo 004 엔진 출력이 더 강했기 때문이다. 엔진 구조에서 제트엔진 입구 쪽의 공기 압축기로 독일은 축류 압축기axial compressor를 썼고 영국은 원심 압축기centrifugal compressor를 사용했다.[48] 그러나 전투기의 운용 성능은 Me-262가 더 나빴는데 그 이유는 Jumo 엔진의 신뢰도가 낮았기 때문이었다. 독일에서 전쟁 말기에 부족했던 니켈, 코발트, 몰리브덴 등 전략광물을 덜 쓰는 방법으로 부품을 만들었기에 Jumo 제트엔진은 설계기준으로 30~50시간마다 터빈 블레이드를 교환하는 주요 정비를 받아야 했는데 현장에서의 실제 정비주기는 10시간에 불과했다. 상대적으로 글로스터 미티어에 사용된 엔진은 당시의 기술로 품질관리가 쉬웠던 원심 압축기[49]를 채택하고 있

47. 이 전투기들은 좋은 평가를 받아 전후에도 지속 개량되고 수출도 되었으며 한국전쟁에서도 사용되었다.
48. 현재 제트비행기에 사용되는 제트엔진은 대부분 축류 압축기를 사용하는데, 엔진을 홀쭉한 형상으로 만들기 쉬워 고속 비행 시 공기 저항을 줄이는 데 유리하기 때문이다. 원심 압축기는 원심 효과를 내려면 임펠러의 폭이 넓어야 하기 때문에 엔진이 상대적으로 뚱뚱해지게 되나, 대신 길이를 줄일 수 있다. 그래서 원심 압축기 방식의 제트엔진은 헬리콥터의 로터를 돌리는 터보샤프트 엔진으로 많이 제작된다.
49. 원심 압축기는 프로펠러 항공기나 내연기관용 과급기(turbo charger)에서 이미 많이 사용되고 있었다.

었고 "Nimonic"[50]이라고 하는 고급 소재를 블레이드에 사용하여 정비 주기가 180시간이었다.

소련은 제2차 세계대전 중에 제트기 개발 프로그램을 운영하기는 했으나 결과는 전혀 내지 못했다. 대전이 끝난 후 소련도 다른 승전국들처럼 독일의 제트기 기술을 자국으로 가져가 참고하려 하였고, 특히 제트엔진에서 Jumo 004는 물론이고 이와 경쟁했던 BMW 003도 모두 가져가 모방하려 하였다. 그러나 당시 소련의 금속 기술로는 고온에서의 크립creep[51] 성능이 좋은 터빈 블레이드 소재를 만들지 못하고 있었다. 1946년 초가 되자 독일에서 가져온 엔진 기술만 가지고는 소련이 원하는 시속 1,000km 이상의 속도를 내는 제트기를 목표 시간 내에 만들 수 없다는 것이 분명해졌다.

1946년 4월, 이 문제를 논의하기 위한 회의가 스탈린의 주재 하에 열렸다. 이 회의에서는 제트엔진의 최고 선진국인 영국에 접근하여 제트엔진을 수입하고 이를 기초로 개발을 해보자는 의견이 제시되었다. 소련 정보당국이 수입 대상으로 롤스로이스 넨 엔진과 더웬트 V 엔진을 추천하였다. 이에 스탈린은 다음과 같이 냉소적으로 말했다고 한다.

"도대체 어떤 바보가 우리에게 자기들의 비밀을 팔겠어?"

50. 1940년대 초 영국에서 프랭크 휘틀의 제트엔진 개발을 지원하는 과정에서 개발된 특수합금으로서, 니켈 50%, 크롬 20%에 티타늄과 알루미늄을 섞어서 만든다. 고온 환경에서 크립(Creep)이 적은 특성이 있어 가스터빈의 부품이나 고성능을 요구하는 내연기관에 사용된다.
51. 탄성 범위 이내의 응력(스트레스)만 받고 있는데도 장시간이 지나면 영구 변형이 이루어지는 현상

그럼에도 불구하고 스탈린은 협의해보라고 지시하였다. 1946년 5월, 런던 주재 소련 무역사무소가 롤스로이스와 접촉하여 엔진 수출과 면허 생산이 가능한지 타진했다. 긍정적 반응을 받자 1946년 6월에 소련 각의는 더웬트 엔진과 넨 엔진을 각각 10대씩 구매하는 계획을 승인하였다.

이제 생각이 복잡해진 쪽은 영국 정부였다. 제2차 세계대전에서 소련과 영국이 연합국이었어도 소련은 경계 대상이었다. 제트엔진 분야에서 소련과 영국의 기술 격차가 5년인데 롤스로이스 엔진을 판다면 그 격차가 1년으로 줄어드는 것과 같다는 군수 보급부Ministry of Supply의 분석도 있었다. 영국 정부는 일단 롤스로이스 측에게 면허 생산은 허가할 수 없다고 통보했고, 1946년 7월에는 엔진 수출도 추가 검토를 위해 중지시켰다.

검토 과정에서 찬반 양론이 서로 엇갈렸다. 물론 군부에서는 반대했고 외교부도 반대했다. 찬성한 측은 산업통상 부문이었다. 1945년 초 종전이 되기 전부터 영국은 전쟁에서 이기면서도 경제적으로 엄청난 어려움에 빠져있었다. 한 세대 동안 두 차례의 대전을 치르고 나니 나라에 돈이 없어 전후 복구는 물론이고 주택, 의료, 연금 등을 해결하기 어려웠다. 이는 유럽 종전 직후 총선에서 노동당이 압승한 배경이다. 사정이 이러다 보니 영국은 돈이 될 만한 것들은 모두 내다 팔려 하였고, 공군성은 수출허가 조건 하에 제트기와 제트엔진을 판매상품 목록에 올렸었다.

소련과는 다른 사안도 걸려 있었다. 당시 영국은 소련으로부터 곡물과 목재를 수입하고 있었는데, 마침 1946년에 식량 사정이 매우 좋지 않아 제2차 세계대전 중에도 하지 않던 빵의 배급제를 시작하게 될 정도였다.[52] 그리고 건축 재건사업에는 소련의 목재가 절실했다. 제트엔진을 판매하자는 측에서는 수출을 거부할 경우 곡물과 목재 수입에 올 수 있는 나쁜 영향을 경계했다. 그러면서 롤스로이스 제트엔진을 이미 프랑스에는 판매하고 있어 조만간 소련이 프랑스 내 공산주의자들을 통해 엔진 정보를 취득할 테니 지금 팔아도 상관없다고 주장했다.

그리고 1946년 중반만 하더라도 소련의 위협을 구체적으로 인식하지 못한 점도 있었다. 윈스턴 처칠 같은 정치가는 1946년 3월 5일에 "철의 장막" 연설을 통해 소련의 야심을 예견하였으나, 이때는 대부분의 사람들이 체코슬로바키아 좌우 연립정부의 전복(1948. 2.), 베를린 봉쇄(1948. 6.~1949. 5.) 등을 겪기 전이었다. 또한 롤스로이스가 1945년부터 축류 압축기를 사용하는 차세대 제트엔진(AJ65 모델)을 개발 중이었기 때문에 소련이 요청하는 엔진은 이미 구식이 되었다는 생각도 있었다. 터빈 블레이드 제작에 사용되는 Nimonic 합금의 생산 기술만 지키면 된다는 주장도 있었다. 결국 1946년 9월에 애틀리 총리는 엔진 판매를 승인하였다.

같은 달에 소련 측 대표단이 롤스로이스를 방문하여 엔진 시험시설과 교육훈련 센터를 시찰하였다. 또한 11월에는 넨 엔진, 더웬트 엔진과 이들이 장착된 비행기들도 점검하였다. 12월에는 소련 기술자들이 영국을 방문하여 엔진과 비행기 동체 공장들을 한 달 동안 시찰하였다. 기술자들은 Nimonic 합금에 많은 관심을 보였는데, 대표단 중 엔진 설계 전

52. 1946년 7월 21일부터 1948년 7월 24일까지 2년간 영국 정부는 빵, 밀가루와 과자에 대한 배급제를 실시했다.

문가였던 블라디미르 클리모프Vladimir Yakovlevich Klimov, 1892~1962[53]는 밑창이 말랑말랑한 신발을 신고, 터빈 블레이드를 깎고 있는 선반 주변을 발을 끌고 걸으며 선반에서 튀어나온 절삭 칩들을 밑창에 붙여 나오는 방법으로 시료를 확보했다고 한다.

엔진 판매는 순조롭게 진행되어 1947년 3월에 1차 물량인 넨 엔진 10대(단가 7,300파운드)와 더웬트 엔진 10대(단가 6,050파운드)가 소련으로 선적되었다. 2차 물량에서는 넨 엔진 15대(그중 5대는 개량형인 넨-II 엔진)와 더웬트 엔진 20대가 수출되었다. 후속 수출은 그 사이에 가격이 올라 무산되었다. 소련은 수입한 영국 엔진들을 바로 공장으로 보내 역설계 작업을 시작하도록 하였다. 이 과정에서 넨 엔진은 RD-500, 더웬트 엔진은 RD-45라는 이름의 소련제 엔진으로 탄생되었다.

미그-15 전투기 중 가장 유명한 모델인 Mig-15 bis에 탑재된 엔진은 클리모프(영국산 합금의 절삭칩을 끈끈이 신발창에 붙여 가져온 인물이다) 엔진사에서 제작한 VK-1이다. VK-1의 개발은 영국산 엔진이 소련 땅에 도착하기 전인 1946년에 시작되었었는데 클리모프는 영국 넨 엔진에 관해 공개된 모든 자료를 참고하여 자체 설계를 시작하였고 영국 엔진보다 30% 더 강력한 출력을 목표로 잡았었다. 1946년 12월에 영국 공장들을 방문했을 때 클리모프는 엔진설계를 대략 완성해 놓고 있었으나 직접 제조 현장을 보고, 나중에 넨 엔진을 받아보자 일부 설계를 수정할 수 있었다.

53. 클리모프는 1930년대부터 항공기용 엔진을 만들고 있었으며 지금도 그의 이름을 붙인 회사(Klimov United Engine Company, https://www.klimov.ru/)가 상페테르부르크에서 제트엔진을 만들고 있다.

영국 덕분에 가장 큰 발전을 이룬 부분은 소재였다. 영국의 Nimonic 80 합금과 대등한 성능을 내는 KhN-80T 합금을 국산화시켜 엔진이 100시간 무정비 운전 시험을 통과하도록 했다. 클리모프는 원래 독일 제트엔진에 쓰였던 Tindur 합금[54]을 블레이드 소재로 사용할 계획을 세웠었다. 그러나 100시간 운전시험을 통과하지 못하게 되자 이를 새로 개발된 KhN-80T 합금으로 바꾸었고 시험을 통과했다.

한편, 엔진개발과 병행하여 진행된 제트 전투기 개발 계획은 1947년에 MiG 설계 부서에 하달되었는데, 처음에는 영국 엔진을 붙여 시험기를 만들었다. 1947년 12월 30일에 첫 비행을 한 1호 시제기부터 3호 시제기까지 넨-II 엔진이 장착되었다. 1948년 말에 출고된 1호 양산 시험기에는 RD-45가 장착되었다. 1949년 출고된 MiG-15 bis 모델은 VK-1 엔진을 장착했고 1950년 중반부터 양산되기 시작하였다. 몇 달 되지 않아 이 전투기는 한반도 상공에 나타나 미국의 최신 전투기를 본국으로부터 불러내게 되었다. 소련에 제트엔진의 핵심 기술을 전달해 준 영국은 미티어(호주 공군이 한국전쟁에 투입) 또는 시-뱀파이어(영국 해군) 수준의 전투기만 갖고 있어 미그-15와는 상대하지 못했고, 계속 발전하는 소련 공군기의 수준을 다시 따라잡는 데에는 긴 시간이 걸렸다. 미국의 F-86F 세이버 전투기도 미그-15보다 크게 우수한 것은 아니었다. 기체와 엔진에서 나오는 비행 성능, 예를 들어 가속 능력이라든지 최대 속도와 고도 등은 미그-15가 더 우수했다. 다만 제2차 세계대전에 참전했던 미국의 베테랑 조종사의 기량이 더 우수했고 미국의 조준

54. 독일에서 1936년에 개발된 티타늄-니켈의 합금으로 고온에서의 특성이 우수하여 Jumo-4 제트엔진에 사용됨. 취성이 강해 가공하기 어려우며 용접이 불가능한 단점이 있었음.

경 성능이 훨씬 좋았기에 미국이 공중전에서 우세를 유지할 수 있었다.

표 2-12　　MiG-15 bis와 F-86F 세이버 전투기의 성능 비교

		Mig-15 bis	F-86F
일반 사양	승무원 수	1명	1명
	길이	10.10m	11.30m
	날개 길이	10.09m	11.91m
	높이	3.7m	4.29m
	총 중량	5,044kg	6,894kg
	최대 이륙 중량	6,106kg	8,234kg
	엔진	Klimov VK-1 원심 압축기 터보제트 (추력 26.5 kN)	General Electric J47-GE-27 축류 압축기 터보제트 (추력 26.3 kN)
비행 성능	최대 속도	1,005km/h	972km/h
	항속 거리	2,520km	2,454km
	최대 고도	15,500m	15,100m
	상승 속도	51.2m/s	46m/s
	추력/중량 비	0.54	0.42
무장	조준경	ASP-1N 자이로 안정 조준경	A-1CM 및 A4 레이더 거리측정 조준경
	기총	23mm 기관포 2문 37mm 기관포 1문[1)]	12.7mm M3 기관총 6문
	무장장착 포인트	2개	4개
	폭탄	100kg 폭탄 2개	총 2,400kg 장착 가능

주　1) 미그-15의 기총이 F-86보다 대구경인 것은 이 전투기가 원래 B-29와 같은 대형 폭격기를 요격하는 용도로 설계되었기 때문이다.

한편 소련은 영국에서 받은 제트엔진 기술을 계속 활용하거나 발전시켰는데, 1947년에 개발한 쌍발 폭격기 Tu-12는 넨 엔진을 두 개 붙여 만들어졌고, RD-500 엔진은 RD-500K로 개량된 후 KS-1 Komet이라고 하는 초기형 크루즈 미사일에 장착되어 1969년까지 사용되었다. VK-1 엔진은 1952년부터 개선된 VK-1A 엔진으로 생산되었고, 1953년부터는 애프터버너가 장착된 VK-1F가 생산되기 시작했다. 이 엔진을 장착한 군용기로는 미그-15, 미그-17 전투기와 쌍발 폭격기인 Il-28이 있다. 이 세 기종은 북한이 아직도 사용 중인 것으로 보도되며, 중국은 Il-28을 도입한 후 국산화하여 H-5 폭격기로 생산했었다. 러시아는 지금도 이 엔진을 트럭이나 기차에 장착하여 제설 또는 제빙용으로 사용한다고 알려져 있다.

넨 엔진과 더웬트 엔진을 소련에 매각하고 영국이 받은 돈은 모두 364,000파운드였고 현재의 가격으로는 약 7,000만 파운드로 추정된다. 판매 당시 롤스로이스가 IP 보호를 철저히 하지 않은 덕분에 1950년대 중반에 이미 두 엔진의 불법 복제품이 중국에서 제작되고 있었고 롤스로이스가 소련 당국에게 2억 파운드 이상의 손해배상을 요구했으나 받아내지는 못했다.

영국이 소련에게 엔진을 매각한 것만으로 기술이 바로 이전된 것은 아닐 것이다. 준비되지 않은 국가나 개인은 아무리 좋은 기술을 갖게 되더라도 이를 잘 사용할 줄 모를 가능성이 크다. 이 기술을 기초로 하여 자국 산업을 육성하는 것은 더 말할 나위도 없다. 그러나 자체적으로 열심히 연구 개발을 하고 있는 개인이나 국가에게는 아주 작은 정보나 지식이라 하더라도 큰 도움이 될 수 있다. 공부를 잘 하는 학생이 과외 공부를 하고, 유명 가수가 보컬 코치를 받고, 프로 골프 선수가 스윙 레슨을 받으면 바로 효과가 나는 것과 마찬가지이다. 소련은 원래 수학, 물리, 화학 등의 원천 과학기술 기반이 튼튼한 나라인 데다가 자체적으로 열심히 연구 개발을 하고 있었기에 관련 전문가들이 영국을 시찰하고 실제 물건을 손에 넣자마자 바로 큰 성과를 낼 수 있었다고 생각된다. 이러한 사례는 앞으로 우리도 어떻게 기술 보호를 해야 하는지에 대해 많은 시사점을 준다.

[참고문헌]

1. Blake Stilwell, "The USSR won an advanced jet engine from Rolls-Royce in a bet", from *We Are The Mighty*, 2019. 9. 12.
2. Ina Zweiniher-Bargielowska, Nuffield College, Oxford, "Bread Rationing in Britain July 1946~July 1948", *Twentieth Century British History*, Vo. 4, No. 1, 1993, pp. 57~85.
3. Klimov, Vladimir Yakovlevich : 위키피디아(러시아어).
4. Marco Wyss, "Revisiting the 'Nene Blunder' : Western Aviation Technology Transfers to China", LSE IDEAS Today, 2011, pp. 16~18.
5. Tinidur 합금 : SecondWiki.
6. 기타 Mig-15, Nemonic 합금, Me-262 Junkers Jumo-004 등 : 위키피디아(영문판).

도시바 공작기계와 소련 핵잠수함

1980년 미국 대통령 선거에서 공화당의 로널드 레이건 후보는 국방력을 대폭 증강시키겠다는 공약을 내놓았고 취임한 후에는 600척의 대형 함대를 구축하는 계획을 실행하였다. 이러한 분위기 속에서 군사 추리소설이 나오게 되는데 그것이 바로 톰 클랜시Tom Clancy, 1947~2013의 *The Hunt for Red October*이다. 1984년 10월 1일 발간된 이 소설은 소련이 특수 추진장치를 적용하여 거의 소음이 나지 않는 잠수함을 비밀리에 개발하였는데, 체제에 불만을 가졌던 함장과 장교들이 처녀 출항한 이 잠수함을 가지고 미국에 귀순하려는 것을 CIA의 분석관인 잭 라이언이 알아낸 후 돕는다는 내용이다. 이 소설은 로널드 레이건 대통령이 애독자라고 자칭하면서 인기가 더해져 베스트셀러가 되었고 1990년에 숀 코너리가 라미우스 함장으로 출연하는 영화로 제작되어 큰 성공을 거두었다. 그리고 톰 클랜시는 군사 추리소설 분야에서 세계적 유명 작가가 되었다. 그런데 1986년에 실제로 소설 속 상황이 발생했다. 소련이 신형 잠수함을 현장에 배치하였는데, 미국 해군은 이 잠수함을 추적하기가 쉽지 않았다. 원래 소련 잠수함은 물 속에서 큰 소음을 발생시키고 다녀서 찾기 쉬웠는데 새 모델은 훨씬 조용했기 때문이다.

핵잠수함은 냉전 시대에 미국과 소련이 유지하던 최종 병기였다. 상대측이 선제공격을 하여 지상발사 대륙간 탄도탄과 핵무장 폭격기들이 모두 파괴되더라도 대양 속에 흩어져 숨어 있는 미사일 잠수함 중 1

척이라도 남으면 상대국에게 충분히 보복할 수 있기 때문이다.[55] 이러한 이유로 지금도 핵 잠수함의 3각 핵전력Nuclear Triad에서 상호확증파괴Mutually Assured Destruction ; MAD는 마지막까지 보장되는 전력이다. 핵전쟁 상황이 아니더라도 핵잠수함은 매우 유용하다고 평가된다.[56] 따라서 미국, 소련 양국은 상대국의 핵잠수함이 출항한 직후부터 계속 밀착 마크하여 유사시에는 바로 격침시킬 수 있도록 노력 중이나 잠수함을 탐지하는 것은 쉽지 않다. 잠수함 탐지에는 음파 탐지기sonar를 이용하는데, 강한 음파를 쏘아 그 반사음을 듣는 능동형 탐지기[57]는 탐지하려는 자의 존재와 위치를 상대측에게 노출시키는 단점이 있어 교전 시 외에는 사용하기 어려워 탐지 및 추적 목적으로는 주로 수동형Passive 탐지기를 사용한다. 수동형 탐지기는 기본적으로 고성능 수중 마이크로폰(하이드로폰)인데, 적 잠수함이 내는 소음을 듣고 추적한다.[58] 잠수함이 내는 소음에는 엔진 등 기계 소음과 함내 승무원이 내는 생활 소음 등도 있지만 가장 중요한 소음은 스크류 추진기에서 발생한다. 현재도 잠수함 설계

55. 1981년에 최초로 취역한 미국의 오하이오급 탄도미사일 잠수함은 트라이던트 미사일을 24발 장착하는데, 각 미사일에는 100kt(히로시마 원폭(15kt)의 6배 이상)의 파괴력을 가진 W76 핵탄두가 8개씩 달려있어 총 192개의 핵탄두를 적국에 날릴 수 있다.
56. 1982년 영국과 아르헨티나 간의 포클랜드 전쟁에서 개전 초기에 영국의 핵잠수함 콩쿼러가 아르헨티나의 순양함 헤네럴 벨그라노를 격침시켜 버리자 아르헨티나는 보유하고 있던 항공모함을 잃게 될까봐 투입하지 못하게 되었고 결국 지구 반 바퀴 거리(약 13,000km)에서 반격해 온 영국군에게 패배하고 말았다.
57. 제2차 세계대전의 잠수함을 배경으로 하는 영화에서 흔히 들을 수 있는 "핑-핑" 소리가 이것이다.
58. 미국에서 수중 음향학은 최고 비밀 기술로 분류되어 있으며 대학에서도 수중 음향학을 연구하는 실험실은 외국인 유학생은 물론이고 자국민도 보안 허가(security clearance)가 없으면 출입 자체를 못한다.

자들은 소음을 줄이기 위해 함내의 주요 장비들을 방진 마운트 위에 설치하고, 배관 연결부를 신축 가능한 구조로 바꾸며, 함 표면을 방진 타일로 도배를 하는 등 모든 방법을 동원하고 있지만 스크류 소음을 줄이는 것은 쉽지 않다. 스크류의 구조상 가장 바깥 쪽의 직선 속도가 뿌리 부분보다 빠른데, 일정 회전 속도 이상이 되면 스크류 끝단에 접한 물의 압력이 낮아져 기화되게 된다. 캐비테이션Cavitation이라고 부르는 이러한 현상이 발생하면 공기 거품이 스크류 주변에 생겨나게 되고 소음을 발생시킨다. 작전 상황에서 고속주행을 하게 되면 이 문제는 더욱 두드러지게 된다. 공기거품이 깨지면서 발생하는 응력은 장기적으로 스크류 표면에도 곰보 같은 흠집을 낼 정도인데, 이렇게 되면 캐비테이션이 더 잘 일어나고 소음도 더 커지는 악순환이 일어난다.

▲ 캐비테이션으로 발생하는 기포
(출처 : Creative Commons)

▲ 캐비테이션으로 인한 스크류 손상
(출처 : Creative Commons)

잠수함 설계자들은 캐비테이션 소음을 줄이기 위해 스크류의 형상을 복잡하게 만든다. 예를

▲ 스페인 S-81 잠수함

▲ 독일 Type 212 잠수함의 스크류(스크류가 가려져 있다)

들어 좌측 사진에 나온 일반 수상 선박의 스크류처럼 넓은 날개가 3~4장 달린 것이 아니라 폭이 좁고 초승달처럼 휜 형상의 날개를 7장 이상 붙여 만드는 것으로 알려져 있으며, 모양 자체를 비밀로 분류하여 잠수함의 진수식에서도 스크류 부분은 가림막을 씌워 보이지 않게 하는 경우가 많다.

소련은 1970년대까지 잠수함의 속도나 잠항 심도에서는 지속적으로 성과를 거뒀으나 캐비테이션 소음의 감소에는 별로 신경을 쓰지 못했던 것으로 보인다. 미국 해군은 이러한 허점을 이용하여 소련 잠수함의 음문sound pattern을 모두 기록할 수 있었고, 소련 잠수함이 대양으로 진입하는 주요 지점의 해저에 하이드로폰[59]을 설치하는 한편 공격형 핵잠수함이 소련 군항 앞에서부터 감시하게 함으로써 소련의 핵잠수함을 지속적으로 추적할 수 있었다고 한다. 그런데 1986년에 소련이 투입한

59. Sound Surveillance System(SOSUS)이 GIUK(그린랜드-아이슬랜드-영국) 등 소련 잠수함의 대서양 진입 통로에 설치되었다고 한다.

표 2-13 로스앤젤리스급 잠수함과 아쿨라급 잠수함의 성능 비교

	로스앤젤리스급 잠수함	아쿨라급 잠수함
형식	원자력추진 공격잠수함	원자력추진 공격잠수함
건조기간	1972~1996년	1983~1999년
사용기간	1976년~현재	1984년~현재
총 건조량	62척	15척
현재 운용규모	28척	4척(추가로 6척 개수 작업 중)
배수량	수상 6,082톤, 수중 6,927톤	수상 8,140톤, 수중 8,470톤 (최신 Akula III형은 수상 12,770톤, 수중 13,800톤으로 대형화)
길이	110m	110.3m(최신 Akula III형은 113.3m)
선폭	10m	13.6m
추진기관	S6G 원자로(150~165MW)	OK-650 원자로(190MW) (7엽 프로펠러 사용) OK-300 원자로(70~90MW) (20% 농축우라늄 사용) 2기 (저속(5노트) 정숙항해 추진기용)
속도	수상 : 20노트 수중 : 20노트 (공식 자료, 실제로는 33노트 이상으로 보도됨)	수상 10노트 수중 28~35노트
작전 기간	90일	100일
잠항심도	290m	480m(최신 Akula III형은 600m)
승무원 수	129명	73명(최신 Akula III형은 62명)
무장	어뢰 발사관 4개, 어뢰, 토마호크 함대지 순항미사일, 하푼 대함 미사일, 기뢰 등	어뢰 발사관 총 8개, 대공 미사일 발사대, Granat(지금은 Kalibr) 순항 미사일 등

"아쿨라"[60] 잠수함은 수중 소음의 발생 수준이 이전 모델들보다 획기적으로 낮아졌다. 미국 공격용 핵잠수함의 주축을 이루던 로스앤젤리스급 잠수함과 대등한 수준으로 조용해졌다는 평가도 있었다.

그때까지 속도와 잠항심도에서만 우월하던 소련 잠수함이 정숙도에서도 미국과 대등해졌다는 것은 미국에게 좋지 않은 소식이었다. 우선 미국은 소련이 어떻게 이런 성과를 거둘 수 있었는지에 대해 알아보기 시작했고 곧 놀라운 사실을 발견했다. 우방 국가인 노르웨이의 수치제어장치가 같은 우방 국가인 일본이 생산한 첨단 공작기계에 장착되어 소련으로 수출되었고, 소련이 이를 이용하여 복잡한 형상의 잠수함 스크류를 깎아냈다는 것이었다.

앞서 설명한 대로 고급 잠수함의 스크류는 블레이드가 초승달 모양의 복잡한 3차원 형상을 하고 있는데, 스크류의 대략적 형태는 황동[61]을 주물로 부어 만들지만 밸런싱을 잡고 물의 저항과 소음을 감소시키는 한편 수명을 길게 하기 위해서는 표면을 매끈하게 깎아야 한다. 이 작업을 제대로 쉽게 하려면 다축Multi-axis 가공이 가능한 컴퓨터수치제어Computer Numerical Control ; CNC 공작기

▲ 일반 대형선박용 스크류의 절삭가공

60. Akula는 나토측이 부르는 이름으로, 러시아어로 상어라는 뜻이다. 소련은 Project 971, Shchuka(꼬치고기)-B라고 불렀다.

61. 바닷물로 인한 부식 위험을 줄이기 위해 배의 스크류 소재로는 주로 황동을 사용한다.

계가 필요하다. 그리고 잠수함 스크류가 대형이기 때문에 통상의 것보다 훨씬 큰 CNC 밀링머신이 필요하다.

당시 소련은 컴퓨터 응용기술이 부족했기에 도면에서 정해놓은 3차원 형상을 자동적으로 쫓아가며 절삭가공을 할 수 있는 공작기계가 없었다. 서방 국가들은 이러한 성능을 가진 공작기계를 생산하고 있었으나 공산권 국가들에게 수출하는 것은 코콤협력 체제를 통해 집단적으로 막고 있었다. 이에 소련은 KGB의 무역조직인 Tekmashinimport를 내세워 대형 CNC 밀링머신을 서방에서 몰래 도입하는 방안을 추진하게 되었다. Tekmashinimport는 1979년 말에서 1980년 초 사이에 와코 코에키和光交易株式会社라고 하는 일본 중소 무역회사의 모스크바 사무소와 접촉하여 초대형 CNC 머시닝센터 수출을 타진하였다. 와코 코에키 측은 도시바 기계東芝機械株式會社[62]와 접촉하였다. 도시바 기계는 공작

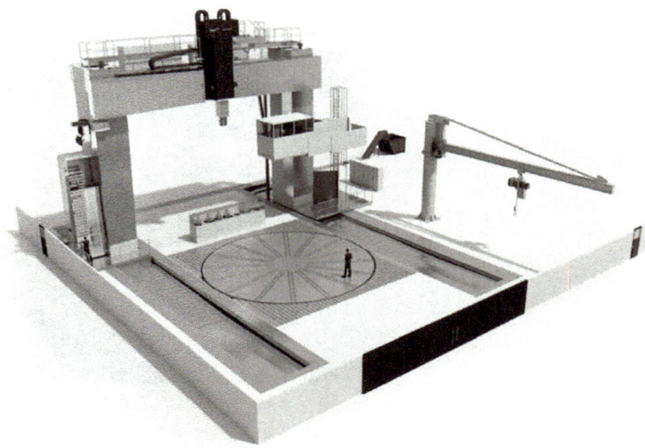

▲ 잠수함 스크류 가공용 쌍주형 5축 머시닝 센터의 크기를 보여주는 그림
(출처 : 2021년 호주 해군에 납품된 독일 Starrag사의 Droop+Rein Gantry 110TT 모델)

62. 2020년 4월 1일부터 회사명을 시바우라 기계주식회사(芝浦機械株式會社)로 변경했다.

기계 업계에서 현재 세계 40위권의 업체이며 일본 내에서도 선두 기업군에 속하지는 않지만 당시 쌍주雙柱형 구조Gantry type를 가진 대형 머시닝 센터로 유명했다. 소련의 제안을 전달받은 도시바는 모스크바에 임원을 파견하여 협의하게 하였는데, 소련 측은 MBP-110이라고 하는 쌍주형 밀링머신에 관심을 보였다. 1대의 가격이 4백만 달러에서 5백만 달러 정도인 이 밀링 머신은 3차원 형상의 가공을 위해 절삭 공구와 공작물 모두를 컴퓨터가 제어하는 9개의 모터로 움직이는 구조(9축 동시제어)로 되어 있었고, 거대한 크기 덕분에 직경이 9m 이상 되는 스크류 프로펠러도 가공할 수 있어 소련의 다양한 잠수함에 사용되는 스크류들을 모두 가공할 수 있었다. 그러나 도시바는 소련 측에게 공산권 국가에게는 2축 동시제어 공작기계까지만 수출할 수 있어 9축 동시제어가 가능한 MBP-110은 수출할 수 없다고 설명했다. 그러면서 내부적으로는 MBP-110을 통관 전에 다운그레이드시켜 통제를 회피할 수 있도록 만들어놓고 수출한 후 소련에서 공작기계를 설치할 때 다시 고급 기능을 회복시키는 방안을 검토하기 시작했다.

도시바는 자사가 CNC 제어장치[63]까지 한꺼번에 소련에 공급할 수 있다고 제안했으나 소련은 이를 거부했고 도시바 측에게 노르웨이의 Kongsberg와 협업할 것을 권유했다. 소련은 CNC 제어장치와 공작기계를 별도로 구입하는 것이 보안 유지와 서방 제재 회피에 유리하다

63. 일반적으로 CNC 제어장치라고 하면 CNC 공작기계에서 전통적 의미의 공작기계를 뺀 나머지 부분이 모두 해당되는데, 두뇌 기능을 하는 CNC 컨트롤러, 구동용 전기 서보모터, 여러 작업 순서를 관리하는 PLC(programmable logic controller)들이 포함되며 대개 한 업체가 일괄 제작하여 공급한다.

고 보았을 수 있다. 이미 1974년부터 Tekmashinimport가 CNC 제어장치를 제조하는 노르웨이의 Kongsberg와 거래 실적을 쌓아오고 있었기 때문이었다. 나중에 노르웨이 경찰이 발표한 수사 결과에 따르면 Kongsberg는 처음에 CNC-300 제어장치를 스웨덴과 프랑스 업체가 생산한 공작기계에 장착하여 소련에게 팔기 시작했었다. CNC-300은 코콤이 제재하지 않는 낮은 수준의 제어장치였고 소련은 Kongsberg와 합법적으로 거래한 실적을 남겼다. 1977년 이후 Kongsberg는 고급형인 NC-2000 제어장치를 서독, 이탈리아, 프랑스와 일본의 공작기계에 붙여 판매했는데, 이때는 제재 대상이 되는 고급 기능은 빼고 수출한다고 신고했다.[64]

1980년에 Tekmashinimport는 Kongsberg의 영업이사인 베른하트 그린Bernhard John Green, 1937~2016[65]과 도시바의 9축 동시제어 머시닝 센터에 적합한 CNC 제어장치 구입을 협의하기 시작했다. 결국 도시바의 MBP-110 머시닝 센터에 Kongsberg의 NC-2000 CNC 제어장치를 장착한 기계를 총 4대 구입하기로 하고, 1981년 4월 24일 모스크바에서 머시닝 센터와 CNC 제어장치 구입에 대해 각각 계약이 체결되었다. 첫 번째 계약은 소련 Tekmashinimport와 도시바 기계의 해외 판매를 대리하던 일본의 유명 종합상사인 이토츄 상사 간에 체결되었다. 도시바

64. 실제로는 1987년 10월에 노르웨이 경찰이 발표한 수사 결과에 따르면 NC-2000을 동구 국가에 수출할 때 장비 사양을 속이거나 허가 없이 수출하는 등의 방법으로 총 76건의 불법 수출이 발생했다고 한다.

65. 1975년부터 노르웨이에 거주하던 영국인인 그린은 미국 측으로부터 소련 스파이로 의심받았으나 노르웨이 당국은 동의하지 않았고 1988년에 노르웨이 법원이 수출 정보 허위기재로 집행유예 2년을 선고했다.

측은 구입 후 5년간 부품 공급과 사후관리도 해주기로 했다. 계약금액은 17,435,000달러였다. 처음에 소개를 맡았던 와코 코에키는 소개료만 받고 빠졌다.[66] 두 번째 계약은 Kongsberg로부터 NC-2000 CNC 제어장치를 구매하는 건으로 서비스를 포함한 가격은 200만 달러였다.

계약이 끝나자마자 도시바와 Kongsberg 측은 자국의 정부를 속이기 위한 작업을 시작하였다. 그들도 이번 계약이 코콤 통제 위반이라는 것을 알고 있었기 때문이었다. 우선 Kongsberg는 자사의 CNC제어장치를 일본으로 보내면서 이 장치의 실제 성능을 허위로 기재하였다. 그리고 완성된 공작기계를 소련으로 보낸 후 현장에서 설치할 때 Kongsberg 측의 기술자들이 기능을 원상태로 복귀시키기로 하였다.[67] 그리고 도시바 기계는 1981년 5월 19일에 일본 통상산업성에 TDP 70/110이라고 하는 공작기계에 대한 수출허가를 신청하면서 2축 동시 제어만 가능하여 코콤 규제에 걸리지 않는다고 신고했다. 그런데 TDP 70/110은 도시바의 과거 영업 자료에는 없던 모델명이었다. 또한 최종 사용자에 대해서도 민수용 목적으로 레닌그라드의 전력회사가 사용할 것이라고 허위 신고하였다. Kongsberg에서는 베른하트 그린이 1982년에 노르웨이 무역부Ministry of Trade로 동구권 국가에 대한 CNC 제어장치 수출허가 신청서를 제출했다. 그러면서 이 제어장치는 동구권 국가 수

66. 나중에 미국 측은 이토츄 상사는 일상적 계약 대행만 하여 의심할 부분이 없다고 보았으나, 와코 코에키가 빠진 것은 불법 거래를 은폐하기 위한 노력이라고 보았다.
67. 현재 많이 사용되는 CNC 제어장치도 구매 가격에 따라 각각 다른 기능이 제공되나 제품 외형은 고급 기능 제품과 저기능 제품 간에 전혀 차이가 없다. 출고할 때 제작사가 제어장치 내 소프트웨어의 설정을 바꾸는 방법으로 기능의 수준을 선택하도록 되어 있고 나중에라도 추가 비용을 지불하면 고급 기능을 살릴 수 있다.

출용으로 2축 또는 3축 밀링머신에만 사용될 수 있도록 다운그레이드시켜 특별 제작한 것이라고 설명했다. 그러나 나중에 노르웨이 당국이 조사한 바에 따르면 베른하트 그린이 실제 수출 물품은 9축 동시제어 머시닝 센터에 사용되는 CNC 제어장치가 될 것이라는 이면계약을 소련측과 구두로 했다고 한다.

계약물량 중 첫 번째 공작기계는 1982년 12월에 선적되어 소련으로 수출되었다. 1983년 여름까지는 총 4대의 수출이 완료되었고 미국 정보당국은 이들이 발트해 연안의 조선소에 설치되었다고 추정했다. 도시바와 Kongsberg는 1983~1984년간 수차례에 걸쳐 기술자를 레닌그라드에 파견하여 공작기계와 제어장치를 설치해주었으며 소프트웨어 업그레이드와 조정 등을 해주었다. 이들은 KGB의 감시 속에서 작업했다고 나중에 진술했다.

도시바와 소련 간에 공작기계 거래가 또 있었다는 것은 잘 알려지지 않은 사실이다. Tekmashinimport와 거래가 진행되는 동안, 도시바는 소련의 다른 수입 업체인 Prommashimport로부터 스크류 가공 밀링머신을 수입하겠다는 제안을 받았다. 소련은 5축 동시 가공이 가능한 MF 모델에 관심을 보였는데, 역시 코콤 체제에서 대공산권 수출이 통제되는 품목이었다. 이 거래에는 노르웨이 Kongsberg가 개입되지 않았다. 그럼에도 불구하고 앞서 진행된 거래에서와 거의 같은 기만술이 사용되었다. 코콤 통제를 받지 않는 낮은 사양의 다른 모델(이번에는 모델명으로 DFC-2022를 제출했다)을 수출한다고 일본 정부에 신고하고 수출허가를 받아내 4대의 MF 머시닝 센터를 총 1,072만 달러를 받고 소련에 넘겼다.

도시바가 불법 수출에 적극 나서게 된 계기를 살펴보기 위해서는

1974년으로 거슬러 올라가야 한다. 그 때 도시바는 소련으로부터 선박용 스크류 가공이 가능한 공작기계 2대를 수출할 수 있는지에 대해 문의를 받았다. 이미 2축 동시제어 기능만 가지고 스크류를 가공하는 공작기계 2대를 소련에 수출한 실적이 있던 도시바는 이전 거래에서와 같은 기종을 제시하면서 그 이상의 기능을 갖춘 공작기계는 코콤의 통제 대상이라는 점을 재차 설명했다. 소련 측은 자신들이 더 높은 수준의 기계를 원한다고 말했고 결국 도시바는 수주에 실패했다. 그런데 나중에 도시바는 프랑스 Forest Line이라고 하는 업체가 다축 동시제어 공작기계를 소련에게 판매했다는 것을 알게 됐다.[68] 프랑스가 코콤 체제의 회원국인데도 소련에 통제 대상 기계를 판매한 것을 알게 된 도시바의 직원들은 일본에만 수출통제를 엄격하게 집행한다고 생각하게 되었고, 앞으로 소련과의 거래를 성사시키려면 코콤의 요건을 위반할 수 밖에 없다고 결론지었다고 한다.

도시바와 Kongsberg의 불법수출 사실은 여러 경로를 통해 발각되었다. 1985년 4월, 일본 와코 코에키의 모스크바 사무소장이 갑자기 사직하면서 첫 번째 불법 수출에 대한 정보를 코콤 사무국에 알렸다. 일본 측 설명에 의하면 본사 및 도시바가 자신에게 충분한 돈을 주지 않으면 불법 수출 사실을 폭로하겠다고 협박했고, 돈을 받지 못하자 프랑스 파리에 있는 코콤 사무국으로 편지를 보냈다고 한다. 이에 따라 일본 정부

68. 도시바 기술자들이 1983~1984년간 9축 동시제어 공작기계를 설치하러 레닌그라드 조선소를 방문했을 때 프랑스의 스크류 가공 공작기계들이 설치된 것을 목격했었다(주 : 〈표 2－12〉(노르웨이 경찰의 발표자료)에서 프랑스 Forest가 1975~1976년간 5축 동시제어 공작기계를 소련에 공급한 실적 참조).

표 2-14 Kongsberg CNC 제어장치를 설치하고 공산권 국가에 수출된 공작기계의 국가별 규모

국가명	공작기계 수출대수
스웨덴	1
프랑스	45
서독	62
이탈리아	25
일본	9
영국	2
합계	144

는 조사를 하게 되었는데, 도시바를 초치하여 설명을 듣기는 했으나 최고 경영진과 실무진이 함께 불법 수출을 모의했던 마당에 진실을 알기는 어려웠다. 일본 정부는 도시바의 해명을 수용하고 수출통제 위반이 없다고 일단 결론지었다. 미국의 설명은 조금 다른데, 코콤 사무국이 편지를 받은 일은 없고 자국이 스스로 수집한 여러 정보들을 맞추어 보니 사건을 파악하게 되었고 이를 일본에게 통보해 줬다는 것이었다. 특히 해군에서 소련 잠수함들이 갑자기 조용해진 것을 의아하게 생각하여 조사하게 되었다고 주장했다.

1987년 3월에 미국의 워싱턴 타임즈가 도시바가 소련에 불법으로 공작기계를 수출했다는 특종 기사를 내면서 상황이 완전히 바뀌었다. 도시바는 해명 보도자료를 배포하는 등의 방법으로 상황을 피해보려 하였으나 결국 1987년 4월 말에 일본 경찰이 기업인들을 소환하기 시작했다. 5월 초에 일본 경찰은 방미를 앞둔 나카소네 총리에게 상황 보고를 한 후 도시바 기계 본사를 압수수색했다. 5월 15일, 일본 정부는 도시바 기계에 대해 14개 공산권 국가에 대한 모든 수출을 1년간 금지하는 명령을 내렸다. 도시바 기계는 이 조치가 약 3,500만 달러의 손해를 줄 것으로 추정했으며, 같은 날에 도시바 기계의 이무라 카즈오 사장이 사임했다. 일본 경찰은 이토츄 상사도 조사했으며, 정부는 이토츄 상사에게도 공산권 국가에 대한 공작기계 수출을 1987년 5월 22일부터 3개월간 금지하는 명령을 내렸다. 와코 코에키에게는 거래에 개입되었다는 이유로 경고가 내려졌다. 5월 27일에는 도시바 기계의 임원 2명(공작기계 부서장인 하야시 유조, 공작기계 수출 담당인 타니무라 히로아키)이 외환법 위반 등의 혐의로 구속되었다. 도시바 기계에서는 문책 인사가 계속되어 6월 6일에는 1982년 당시의 해외사업 본부장과 공작기계 부서장이 모두 사임했다.

일본 정부는 외환법도 손을 보아 코콤 제재를 어기는 기업에 대한 처벌을 강화했고, 첨단기술 제품 수출을 검토하는 고위급 전략물자 수출통제위원회를 구성하기로 했다. 여기에 더해 많은 일본 기업들은 자사의 수출이 코콤 제재를 위반하는지에 대해 심층 조사를 할 수 있는 외부 전문인력을 채용하기 시작했다. 미국과는 수출통제 전문가 간의 교류를 강화하여 일본 제도의 수준을 미국과 같게 올리는 노력을 하기로 했다.

노르웨이 정부는 동 사건을 인지하자마자 유감을 표명하고 문제를 해결하겠다고 발표했다. 사실상 국영기업이던 Kongsberg가 사건에 개입된 사실을 알게 된 후에는 Kongsberg의 무역 본부 처리를 위해 모스크바 지사는 물론 본부 자체도 폐쇄했으며 이미 소련 측에 인도한 하드웨어와 소프트웨어에 대한 후속 지원을 종료시켰다. 또한 동 거래에 개입되었던 Kongsberg의 임직원들 모두를 해고하고 다시는 Kongsberg에 취업할 수 없도록 했다. 수사에 착수한 경찰은 베른하트 그린을 체포했다. 그러나 노르웨이 법률에서 전략물자 무허가 수출의 공소시효가 2년으로 되어 있어 1982년에서 1983년 사이에 발생한 CNC 제어장치 수출계약은 공소시효가 지났기에 그린은 8월에 일단 석방되었고 공소시효가 5년인 수출신고 서류 정보 허위기재로만 기소되었다.

노르웨이 정부는 1970년 이후 Kongsberg에게 발급된 모든 수출허가들을 재검토하였다. 또한 전면 강화된 수출통제법의 제정을 추진하였는데, 기업 내 절차에 대한 정부의 무작위 감사, 허가 담당 공무원의 50% 증원, 세관 공무원의 선적물 검사 권한 강화 등을 포함시키겠다고 하였다. 그리고 새 법에서는 전략물자 무허가 수출의 공소시효를 2년에서 10년으로 늘리고, 기업과 개인에 대한 벌금을 올렸으며 수출통제의 적용범위 제품 외에 서비스 및 기술의 이전으로 확장시켰다.

미국에서는 도시바와 Kongsberg에 대해 독자적인 보복 조치들이 추진되었다. 일단 Kongsberg에 대해서는 미국 국방부가 당시 협의 중이던 펭귄 대함 미사일[69]을 포함하여 모든 구매 협의를 중단하기로 했다. 도시바에 대해서도

▲ 도시바의 T-3100 랩탑(1986년)

69. Penguin 공대함 미사일은 결국 1994년에 AGM-119라는 미군 호칭을 달고 미국 해군에 도입된다.

구매 협의를 모두 중단시켰는데, 특히 미국 공군이 1억 달러어치의 도시바 랩탑 PC[70]를 구입하려던 것을 중단시켰다.

그러나 더 큰 상황은 미국 의회에서 벌어졌다. 마침 그때가 미국과 일본 간에 무역 전쟁이 심할 때였다. 1985년에는 엔화를 절상시킨 플라자 합의가 있었고, 1986년에는 미·일 반도체협정이 체결되었다. 그럼에도 불구하고 1987년 3월 말에는 일본 정부가 이전 1년 동안 1,010억 달러의 무역흑자를 냈다고 발표했다. 이 기간 중 미국의 무역적자는 1,670억 달러였고, 이 중에서 일본에 대한 적자가 580억 달러였다. 미국 정부는 3월에 일본 후지츠가 미국 페어차일드 반도체를 인수하려는 것을 저지했고, 4월에는 로널드 레이건 대통령이 반도체를 포함한 3억 달러 상당의 일본 수출품에게 100%의 관세를 부과하는 무역 제재를 명령했는데, 제2차 세계대전 이후 일본에게 처음으로 부과한 무역 제재였다. 의회는 상호주의와 "평평한 운동장"을 강조하면서 2,000쪽 분량의 보호무역 법안을 준비 중이었고 자국 시장이 닫혀 있는 국가의 기업은 미국에 투자하는 것을 제한하겠다는 내용도 포함하려 했다. 이 법안이 일본을 특별히 겨냥한 것이라는 사실은 분명했다.

미국 사회가 전반적으로 소위 "Japan Bashing"을 하고 있을 때 "악의 제국"[71]인 소련의 잠수함 전력 강화를 우방인 일본의 기업이 첨단 장

70. 원래 전기·전자 분야에서 유명했던 도시바가 1986년에 출시한 휴대용 랩탑 PC는 당시 군사용으로 사용되던 가스 플라스마 디스플레이 패널을 장착하여 매우 뛰어난 화면 해상도를 제공했었다. 필자도 1987년에 미국 조지아텍에서 연구소에 근무할 때 옆 방에 들어온 T-3100을 보고 부러워했던 기억을 갖고 있다.

71. 로널드 레이건 미국 대통령이 소련을 이 이름으로 지칭하여 유명해진 표현이다. 그는 1982년 6월 영국 하원 연설에서 소련의 성격을 "evil"로 규정한 후 1983년 3월 플로리다의 종교단체 집회에 참석하여 처음으로 소련을 "evil empire" 라고 불렀다.

비를 제공하여 도와주었다는 것은 정치적으로 매우 좋은 소재였다. 의원들은 국방성 측이 이번 사건 이후 미 해군이 전력 우위를 회복하려면 최소 300억 달러가 필요할 것이라고 추정한 것에 주목했다.[72] 1987년 7월 1일, 미국 의원 8명은 의회 앞 잔디밭에 나와 "자본가들은 자기들의 목을 매달 밧줄도 판다"라는 유명한 문구[73]를 쓴 포스터를 옆에 세워두고 도시바의 스테레오 카세트 라디오를 망치로 때려 부수는 퍼포먼스를 보여주었다.

▲ 미국 의원들의 도시바 라디오 부수기 퍼포먼스(AP Photo/Lana Harris)

같은 날, 미국 상원은 일본의 무역을 제재하는 옴니버스 법안을 통과시키면서 도시바와 Kongsberg의 미국 내 영업을 최대 5년간 금지하는 내용도 포함시켰다. 도시바에게는 그룹의 총 매출 227억 달러 중 15%가 미국에서 나온다는 점에서 큰 타격이 되는 조치였다. 이 외에도 의회에서는 도시바와 Konsberg를 제재하는 내용이 담긴 여러 법안들을 논의하였다.

72. 추정치에 대한 연구 보고서를 주도적으로 제시한 사람이 당시 국방성 국제전략 담당 차관보였고 대표적 네오콘으로 꼽히는 리처드 펄(Richard Perle, 1941~)이다.
73. 레닌이 말한 문구라고 알려져 있으며 "The Capitalists will sell us the rope with which we will hang them." 등 여러 버전이 있으나 정확한 근거는 없다고 한다.

이에 도시바는 의회와 행정부 모두에 대해 엄청난 로비 활동을 전개했다. 미국 행정부는 도시바와 Kongsberg에 보복하는 법안에 반대하는 입장이었다. 레이건 대통령이 1987년 초에 상무부의 수출통제 부서Bureau of Industry Security ; BIS를 차관급 조직으로 격상하면서 초대 수출통제 담당 차관이 된 Dr. Paul Freedenberg는 의회가 법안을 통과시킨 직후인 1987년 8월에 동 법안에 대한 반대 입장을 개진했다. 국무부와 국방부도 일본과 노르웨이의 수출통제 위반에 대해 비판은 하되 경제 보복을 한다면 코콤 체제에서의 협력이 약화될 수 있으니 함께 제도 개선을 하여 재발을 방지하는 방안을 추구해야 한다고 주장했고, 백악관 또한 보복 법안에는 거부권을 행사하겠다는 위협을 하였다.

도시바가 특별히 공략한 법안은 상원의원 E.J Garn(1932~)의 수정법안인 옴니버스 무역·경쟁력법Omnibus Trade and Competitiveness Act of 1987[74] 이었다. 도시바는 공화당의 유력 인사들을 로비스트로 고용했고 이에 최소 300만 달러를 지불했다. 미국에서도 유명 전자 기업들이 나서서 제재법의 발효를 저지하려고 했다. 기업들이 제시한 논리는 "도시바를 벌주면 미국 기업과 노동자도 다친다"는 것이었다. 실제로 도시바는 반도체, 소형 모터 등 다양한 전자제품을 공급하고 있었기에 제재받을 경우 미국 기업이 공급망 관리에서 피해를 받을 수 있었다.

결국 1988년 7월과 8월에 미국 하원과 상원을 모두 통과한 옴니버스 통상 및 경쟁력법Omnibus Foreign Trade and Competitiveness Act of 1988[75]에

74. Export Administration Act(1979) 및 Export Administration Amendments Act(1985)을 수정하는 법안

75. 레이건 대통령이 1988년 5월 24일에 거부권을 행사했고 상원 재의결이 실패하여 의회가 법

서 당초 도시바와 Kongsberg에게 5년간 미국 시장 진입을 봉쇄하여 연간 25억 달러의 손실을 주려고 했던 것이 3년간 연방정부 조달에서만 배제시키는 것으로 바뀌었고, 도시바가 감수해야 할 피해는 연간 2억 달러로 줄어들었다. 이 법은 1988년 8월 23일 레이건 대통령이 서명하여 발효되었다.

이 법이 외국 기업인 도시바와 Kongsberg를 3년간 연방조달에서 배제시킬 수 있었던 이유는 코콤 통제를 위반하여 동서 진영의 전략적 균형에 영향을 주게 된다면 어떤 외국인이라도 2년에서 5년 사이의 벌칙을 줄 수 있도록 하는 조항이 포함되었기 때문이다. 다만 고의성이 없고 당사국 정부가 효과적인 수출통제 시스템을 갖추었을 경우에는 대통령이 벌칙을 유예할 수 있도록 하였다. 민사적으로는 코콤 통제 위반으로 균형이 깨진 후 미국의 군사적 대응 능력을 회복시키는 데 드는 비용을 배상하도록 미국 법무장관이 외국 위반자들을 고소할 수 있게 하는 조항도 포함되었다.

일본과 노르웨이의 정부 모두 상황을 해결하기 위한 조치를 시작하였다. 두 나라 모두 자국의 수출통제 제도를 재검토하는 한편 코콤 통제 위반 사례를 적발하는 능력을 강화시키겠다고 공언하였다. 특히 일본은 전략물자수출위원회를 새로 설립하였고 수출허가 담당 직원 규모를 2배로 늘렸으며 이전까지 큰 액수가 아니었던 코콤 분담금 납부 규모도 늘렸다. 또한 미국으로부터 수출통제 전담 공무원을 초빙하여 자국의 수출통제 제도 선진화를 돕도록 했다. 그리고 1989년에는 통상산업성

안을 수정하였다.

유관기관으로서 CISTEC一般財団法人 安全保障貿易情報センター이라고 하는 센터를 새로 설립했다. 이 센터는 민간 기업이 자율적 수출통제 관리 시스템을 갖추고 운영할 수 있도록 지원하고 컨설팅을 해주고 있으며, 해외 최신 정보를 취합·분석하고 정리하여 기업에게 전달하는 활동을 하고 있다.

2022년 현재, 도시바-Konsberg 스캔들이 폭로되고 나서 35년의 세월이 흘렀다. 그러나 지금도 이 사건은 많은 사람들에게 기억되고 있다. 최근 미국과 중국 간에는 경제통상, 기술 패권 등의 이슈에서 갈등이 있는데 2019년에 미국 *Fortune*지는 미·중 간의 첨단기술 패권 갈등이 새로운 것이 아니며 1987년의 교훈을 제대로 기억하지 못했기 때문이라는 기사를 게재했다. 이후 몇 명의 다른 전문가들이 도시바 사건을 미·중 간의 최근 갈등에 비유하는 기고문을 냈으며, 2020년 9월에는 중국도 영문 Global Times에 "Lessons from Toshiba, Alstom : how U.S. suppresses foreign rival companies to maintain tech hegemony"라는 기사를 게재했다.

현재의 상황에 잘 대응하려면 과거도 잘 아는 것이 유리하다. 우리처럼 세계 10대 경제 강국에 가장 늦게 합류한 국가는 선진국으로서 과거 경험이 별로 없을 수밖에 없지만, 그럼에도 불구하고 이러한 사례들을 계속 조사하고 정리하여 국제 전선에 나서는 사람들을 지원하는 것은 언제나처럼 유용하다.

[참고문헌]

1. Adam Thierer, "'Japan Inc.' and Other Tales of Industrial Policy Apocalypse", *Discourse Magazine*, 2021. 6. 28.
2. Caleb Larson, "Russia's Akula-Class Submarines Were Stealth Sharks(Thanks to Japan)", *The National Interest*, 2020. 3. 25.
3. Clyde H. Farnsworth, "Sanctions On Toshiba Face Veto", *The New York Times*, 1988. 3. 31.
4. Congressional Record, PROCEEDINGS AND DEBATES OF THE 100th CONGRESS, FIRST SESSION, United States of America SENATE, Tuesday, 1987. 6. 23.
5. David E. Sanger, Clyde Haberman and Steve Lohr, "A BIZARRE DEAL DIVERTS VITAL TOOLS TO RUSSIANS", *The New York Times*, 1987. 6. 12.
6. David E. Sanger, "Japan Protests Trade Sanctions in the Bill", *The New York Times*, 1988. 8. 4.
7. David Walton, "THE NEW DILEMMA IN US-JAPAN RELATIONS : THE ROLE OF HIGH TECHNOLOGY COMPETITION IN CONTEMPORARY RELATIONS", *Policy Organisation and Society*, Winter 1991.
8. George R. Packard , "The Coming U.S.-Japan Crisis", *Foreign Affairs*, Winter 1987.
9. Henry Scott Stokes, "Japan's Press Buzzing a Soviet Carrier", *The New York Times*, 1979. 6. 26.
10. Huang Lanlan and Li Qiao, "Lessons from Toshiba, Alstom :

how US suppresses foreign rival companies to maintain tech hegemony", Global Times, 2020. 9. 28.

11. Jere W. Morehead, "Controlling Diversion : How Can we Convert the Toshiba-Kongsberg Controversy into a Victory for the West", *Northwestern Journal of International Law & Business*, Vol. 9, Issue 2, Fall 1988.
12. Joseph Edward Gregory, "Controlling the Transfer of Militarily Significant Technology : COCOM After Toshiba", *Fordham International Law Journal*, Article 6, Volume 11, Issue 4, 1987.
13. Kyle Mizokami, "How the Soviet Union 'Defeated' the Best Navy Submarine Ever", *The National Interest*, 2021. 6. 5.
14. Mario Daniels and John Krige, "The Fight Over High-Tech Supremacy Isn't New. We Just Haven't Learned Our Lesson", *Fortune*, 2019. 2. 13.
15. "NORWAY WILL FREE PROBE FIGURES", *The Washington Post*, 1987. 8. 24.
16. Oswald Johnston, "Senate Votes to Ban All Sales by Toshiba in U.S.", *The Los Angeles Times*, 1987. 7. 1.
17. "Pentagon Claims Export Controls Save Billions", *Science*, 1985.
18. "Police arrest two Toshiba executives on charges linked to technology sales to Soviets", UPI, 1987. 5. 27.
19. "Quiet Soviet Subs Prompt Concern", *Science*, Vol. 243, No. 4899, 1989. 3. 31, pp. 1653~1654.
20. ROBERT A. ROSENBLATT, "Toshiba : Soviets Already Had Technology : French Submarine Equipment Found in USSR,

Company Claims", *The Los Angeles Times*, 1987. 9. 10.
21. Sebastien Roblin, "Silent and Deadly : Why Russia's Akula-Class Attack Submarines Still Matter", *The National Interest*, 2020. 3. 18.
22. Sebastien Roblin, "Why Russia's Akula-Class Submarines Are Big (Silent) Threat", *The National Interest*, 2021. 4. 16.
23. Sherry Sontag, Christopher Drew and Annette Lawrence Drew, *Blind Man's Bluff : The Untold Story of American Submarine Espionage*(ISBN 0-06-103004-X), Public Affairs, 1998.
24. Shibaura Machine-History, https://www.shibaura-machine.co.jp/ en/company/enkaku.html
25. "Soviet Acquisition of Militarily Significant Western Technology : An Update", CIA, 1985. 9.
26. Stuart Auerbach, "JAPAN TRIES TO BLUNT TOSHIBA SCANDAL", *The Washington Post*, 1987. 9. 3.
27. Stuart Auerbach, "SENATE APPROVES 2-YEAR BAN ON TOSHIBA'S SALES IN U.S.", *The Washington Post*, 1987. 7. 1.
28. Susan Chira, "Japan's Efforts to Soften U.S. Anger on Toshiba", *The New York Times*, 1987. 7. 18.
29. The Toshiba-Kongsberg case, King's Colleg London, 2014. 9. 22.
30. Tom Harper, "The legacy of the past strengthens China's resolve in the trade war", China Global Television Network, 2019. 7. 19.
31. Tom Harper, "The Trade War is a Game that has been Played Before : Against Japan", Al Mayadeen, 2021. 9. 2.
32. Toshiba-Kongsberg scandal, from Wikipedia.
33. "Wider Sale To Soviet Disclosed", *The New York Times*, 1987. 10.

23.

34. World Top 100 Machine Tools Company 2017.

35. Wrubel, Wende A., "The Toshiba-Kongsberg Incident : Shortcomings of Cocom, and Recommendations for Increased Effectiveness of Export Controls to the East Bloc." *American University International Law Review*. 4, No. 1 (1989) : 241-273.

36. 기타 개인 및 기업 정보 : 위키피디아 등 인터넷 상 자료.

1980~1990년대 서방 기술의 중국 이전

2000년대 초반에 독일표준협회DIN의 임원들과 만나는 기회가 여러 차례 있었다. 2002년 초에 독일표준협회 임원진과 오찬을 하면서 중국 고속철 사업에 진출한 것을 축하해주었는데 독일 측 반응이 의외였다. 지식재산권에 대한 중국 측 요구를 너무 많이 수용해주었기에 앞으로 좋지 않은 결과가 나올 것이 우려된다고 말하는 것이다.

중국은 2003년에 베이징-상하이 고속철도 건설 계획을 수립했는데, 어떤 방식의 기차를 도입할 것인지 고민하고 있었다. 독자 개발을 시도한 결과가 만족스럽지 못하자 중국 국무원은 외국 기술 도입을 지시하였다. 이 과정에서 중국은 서방의 고속철도를 경쟁시켜 고속철 기술을 중국에 이전해주게끔 하는 전략을 구사했고, 자국 시장이 거대하다는 점과 중국식 기술요건 도입을 협상 카드로 사용했다. 2004년 6월, 중국 철도부는 시속 200km로 달릴 수 있는 고속철 200 세트 구매 사업의 입찰을 개시했고, 선진 외국 기술을 확보한 중국 기업만 참여할 수 있게 했다. 외국 기업 중에서는 지멘스(독일), 알스톰(프랑스), 카와사키(일본), 봄바디에(캐나다)의 4개사가 관심을 보였다. 이때 지멘스는 최고 속도가 350km/h로 경쟁 기종 중 가장 빨랐던 Velaro E 모델을 제안했는데, 대당 가격도 비쌌지만 기술 이전 비용도 비싸게 불렀다. 이에 중국은 지멘스를 떨어뜨리고 구입 규모를 160세트로 조정하여 알스톰, 카와사키, 봄바디에 3개사에 배분하였다. 3개사는 모두 가격(차량 한 세트당 3.5억 위안 및 기술 이전 3.9억 위안), 차량 개조(중국 기준 충족)와 차량 조립(중국 내 합작법인에서 하거나 중국 기업과 협력하여 생산) 조건에 동의했다.

입찰에서 떨어진 지멘스는 협상팀을 도두 교체하는 등 절치부심했고, 중국 철도부가 300km/h 속도의 고속철을 새로 입찰하게 되자 다시 참여했다. 중국 측이 가격과 기술 이전에서 더 높은 수준의 조건을 걸었음에도 지멘스는 이를 수용하였고 당산궤도객차유한책임공사唐山轨道客车有限責任公司, Tangshan Railway Vehicle Co., Ltd.와 협력하기로 했다. 이러한 과정을 통해 중국은 세계 최고 수준인 4개 기업으로부터 고속철도 기술을 도입해 자국 기준에 맞추어 생산하여 중국 고속철도의 1세대 제품들을 만드는 데 성공했다.

표 2-15 1세대 중국 고속철도 기관차와 이의 기반이 된 외국 모델

원래 기종		중국 적용 기종	
Bombardier Regina		CRH1	
카와사키 E-2		CRH2	
지멘스 Velaro		CRH3	
알스톰 New Pendolino		CRH5	

중국은 이 경험을 바탕으로 하여 독자적인 고속철도 기술개발사업을 철도부-과학부 공동 사업 등으로 추진하였으며 최고 속도 등의 기술수준도 단계적으로 높여 나갔다. 그러면서 전국적인 고속철도망을 건설하고 자체 개발한 기관차와 열차들을 투입해 나갔다. 중국은 2011년 1월에 이미 시속 200km 기준으로 고속철도망 총 길이가 세계에서 가장 긴 나라가 되었고, 2020년 말 현재 총 길이가 38,000km로 세계 고속철도 길이의 2/3가 중국에 있을 정도이다.

이후 중국은 고속철도를 건설하려고 하는 모든 나라의 입찰에 참여하여 인도네시아, 태국, 러시아 등에서는 수주에 성공하기도 하였다. 심지어 독일에서도 철도공사Deutsche Bahn ; DB가 중국산 고속 기관차를 구입하는 방안을 검토한다는 뉴스가 보도되기 시작했다. 2015년부터 DB는 비용 절감을 위해 지선 장비를 중심으로 중국산 철도 부품을 구매하기 시작했고 고속철도 사업에도 자국산 제품이 비싸 중국산을 구매할 수 있다는 입장을 내놓았다. 2000년대 초반에 독일표준협회 임원진들이 말한 우려가 15년도 되지 않아 현실이 된 것이다.

독일이나 일본만 중국에게 기술을 내어준 것은 아니었다. 1980년대에는 미국을 포함한 서방 국가들이 적극적으로 중국에게 첨단 무기를 판매하고 개발을 지원한 사례가 여럿 발견된다.

표 2-16 1980년대 서방 국가의 대중국 무기 판매 현황

국가명	주문 대수	품목명	무기 용도	주문 연도	인도 연도	인도 수량	비고
캐나다	3	Challenger 601	수송기	(1985)	1986	3	VIP용
	2	Challenger 601	수송기	1988	1988~1989	2	총 금액 3,500만 달러, VIP용
프랑스	16	SA-321H Super Frelon	헬리콥터	(1976)	1977~1978	(16)	해군용. 중국 기종명은 Z-8
	8	SA-342L Gazelle	헬리콥터	1987	1988~1989	(8)	평가용. HOT 미사일을 포함한 총 거래규모 2,970만 달러. 중국 모델(EC-120(P-120L)) 개발지원 포함
	1	AS-365N Dauphin II	헬리콥터	1980	1982	1	면허생산 참고용. 중국 생산 기종명은 Z-9 Haitun
	6	AS-332 Super Puma	헬리콥터	(1984)	1985~1986	(6)	
	2	Crotale Naval Launcher	함대공 미사일 발사대	1986	1990	2	루후급 구축함 1대 및 루다급 구축함 1대용. 크로탈 발사대 및 미사일을 포함, 총 거래규모 9,150만 달러
	..	Rasit E	전장(戰場) 레이더	1986	1986	(5)	
	..	Crotale Naval	함대공 미사일	1987	1990	(32)	루후급 구축함 1대 및 루다급 구축함 1대용. 크로탈 발사대 및 레이다를 포함, 총 거래규모 9,150만 달러

	. .	HOT 2	대전차 미사일	1987	1988~1989	(96)	SA－342L 헬기 8대용. 총 거래규모 2,970만 달러
독일	4	Bo－105C	헬리콥터	1976	1976~1977	4	민수용. 16대 추가구매 옵션은 성사되지 않음
이탈리아	85	Aspide	공대공 미사일	1989	1990~1991	(55)	J－8 II(F－8 II) 전투기 탑재용
영국	. .	Watchman	공항관제용 탐지 레이더	(1986)	1987	(1)	
미국	6	CH－47D Chinook	헬리콥터	1989			1989. 6월에 수출 보류 결정
	3	Citation II	수송기	(1981)	1982	3	VIP용
	2	L－100－30 Super Hercules	수송기	1987	1988	2	China Air Cargo용. 절충교역 가능성
	3	Learjet 35A	수송기	1986	1987	3	지형 조사용
	2	Learjet 36A	수송기	(1985)	1987	2	지형 조사용. 1대는 항공기 측면 관측레이더(SLAR) 탑재
	6	Bell－206B JetRanger III	헬리콥터	1985	1985	6	
	9	Bell－212	헬리콥터	1979	1979	9	
	24	S－70	헬리콥터	1984	1984~1985	(24)	거래규모 1.4억 달러
	2	AN/TPQ－37	대포병 레이다	(1987)	1993	2	거래규모 6,200만 달러, 1989년에 수출금지 되었다가 1993년에 해제

출처 : SIPRI Research Report 11, 1995.

서방 국가들이 중국에게 무기를 판매한 것은 1969년에 중국과 소련 국경 지역인 우수리 강의 전바오 섬에서 발생했던 군사 충돌에 주목한 이후부터라고 한다. 냉전 시대 서방 국가들의 전략 중 하나는 중국을 "소련 군사력에 대한 균형추"로 만들자는 것이었고, 또한 중국에게 첨단 군사 장비를 팔고 기술을 이전해주면 역학구도를 유리하게 하는 동시에 상업적 이익도 챙길 수 있다고 생각했다. 특히 미국은 1980년대 초에 아프가니스탄에서 중국과 협력하고 있었기에 대중 수출통제를 소련과는 다르게 적용하고 있었다. 민간 분야에서는 1985년에 맥도널 더글라스사가 MD-82 여객기를 중국과 공동 생산하는 계약을 체결했다. 이 과정에서 여객기 조립에 필요한 방대한 기술과 설계 데이터가 중국으로 이관되었고 고급 공작기계도 미국의 수출통제 규정을 위반하면서 이전되었다. 또한 생산된 여객기 중 5대가 미국에 수출되면서 미국 연방항공안전청FAA의 요건을 충족시킨다는 명분으로 광범위하게 중국 항공산업의 역량 강화가 지원되었다.[76] 정부 차원에서는 로널드 레이건 행정부가 중국에 대한 FMS 방식의 무기류 수출을 시작하여, 1985년 9월 9일에 처음으로 국무부가 의회에게 500~600만 달러 상당의 신관, 뇌관의 수출과 9,800만 달러 상당의 탄약공장 건설 사업을 통보하였다. 이후에도 미국 기업들은 중국에게 전투기용 항법 장비, 대잠수함 어뢰, 해군 함정용 가스터빈, 야포 생산 기술 향상 사업 등을 포함하여 다양한 물자와 기술을 판매하였다.

76. 필자가 2000년대 초반에 만난 중국 관리 중 항공 산업에 관련되어 있던 인사가 사석에서 한 말이 기억난다. "오랜 기간 동안 여객기를 독자적으로 개발하려고 해보았으나 어려웠다. 엔진과 신뢰성이 문제였다."

나중에 이러한 거래의 문제로 유명해진 것은 미국의 S-70 헬리콥터였다. S-70은 UH-60 블랙호크 헬기의 수출용 모델인데, 1984년 미국은 S-70 24대를 1억 4천만 달러에 수출하였다. S-70은 특히 고공 비행 성능이 우수했다. 당시에도 중국은 인도와의 접경 지역에서 분쟁이 있었는데 히말라야 고산 지대의 보급과 병력 수송에 S-70 헬기는 매우 효과적이었다. 그런데 1989년 천안문 사태 이후 미국은 대중 무기수출을 중단했고, 제작사인 시콜스키도 S-70 헬기에 대한 기술 지원을 중단했다. 이에 중국은 2006년부터 10톤 짜리 중형헬기 개발 프로젝트를 시작했고, 그 결과물이 하얼빈 Z-20 헬리콥터이다. 2013년 12월 23일 최초 비행을 한 이 헬리콥터를 본 사람은 누구라도 S-70을 연상할 것이다. 소련이나 유럽산 헬리콥터에 비해 낮은 블랙호크 특유의 기체 형태, 엔진 부착 방법, 세발 자전거형 랜딩기어 등이 거의 같다. 달라진 부분은 메인로터가 블랙호크는 4장의 날개로 되어 있는데 Z-20은 5장이라는 것 정도이다.

표 2-17　　미국 UH-60 헬리콥터와 중국 Z-20 헬리콥터

미국 시콜스키 UH-60 헬리콥터	중국 하얼빈 Z-20 헬리콥터

그러나 미국의 핵심 국방기술이 중국으로 넘어갔다고 큰 문제가 된 것은 1990년대 클린턴 대통령 때였다. 이 문제가 불거지게 된 배경에는 몇 개의 연속된 사건들이 있다. 첫 번째는 1986년 1월 28일, 스페이스 셔틀 챌린저호가 발사 직후 폭발한 때로 거슬러 올라간다. 이 사고가 일어나기 전까지 스페이스 셔틀은 초대형 의성도 워낙 안정적으로 지구 궤도에 올려주고 있었기에 미국 정부와 기업들은 스페이스 셔틀을 위성 사업의 핵심 발사체로 사용하기로 결정했었다. 그러나 챌린저 사고 이후 레이건 행정부는 미국 위성 발사에 전 세계의 발사체들을 모두 활용하도록 하였다. 이때 중국은 다른 서방 국가보다 훨씬 낮은 가격을 제시하였다. 레이건 행정부는 냉전 시대 전략에 따라 중국에 위성 발사를 맡기는 것에 긍정적이었고, 1988년 8월 9일에 중국 발사체로 미국 위성을 발사하는 것에 대한 첫 번째 수출허가가 이루어지게 된다. 1989년 6월 천안문 사건으로 미국 의회가 중국을 제재했음에도 불구하고 대통령이 수출허가 금지를 유보할 수 있는 권한은 계속 유지되었고, 1999년까지 10년 동안 부시 행정부는 14개, 클린턴 행정부는 19개의 미국 위성을 중국 발사체로 올리는 사업에 수출허가를 하였다. 이 중에서 총 30개의 사업이 시행되었다. 당시 중국이 제공한 발사체는 창정 시리즈 로켓이었는데, 이 시리즈의 원조인 창정 1호Long March-1는 대륙간 탄도탄인 DF-4东风-4 탄도탄을 개량한 것이었다.

두 번째 사건은 중국의 위성발사 실패사고였다. 중국은 미국 위성 발사에서 총 3차례 실패했는데, 이 사고를 수습하는 과정에서 문제가 있었다. 당시 미국의 위성 제작사들과 보험사들은 사고 원인을 잘 분석하여 다시는 실패하지 말아야겠다는 생각을 했고, 미국 업체들은 자신들의 발사체 관련 지식과 경험을 중국 측에게 공유해 주었다. 특히 1995년의 사고는 1992년의 사고에서처럼 페어링이 잘 분리되지 않은 것이 이유로 지목되었는데,[77] 휴즈와 로랄 측의 기술자들은 자신들이 알고 있던 지식을 활용하여 중국 측에게 적극적으로 자문해주었다. 하지만 페어링 기술은 대륙간 탄도탄, 특히 다탄두 탄도탄의 탄두부를 신뢰성 높게 하는 데 매우 유용한 기술이었다.

표 2-18 중국 로켓를 이용한 미국 위성의 발사 실패

일시	발사체	위성(운영자)	위성 제작사	사고 개요
1992. 12. 21	Long March 2E (창정 2E)	Optus-B2 (호주 위성사업자)	Hughes	로켓은 성공적이었으나 비행 중에 위성덮개(페어링)가 붕괴하여 위성이 파괴됨
1995. 1. 26	Long March 2E (창정 2E)	Apstar-2 (홍콩 위성사업자)	Hughes	발사 50초 후 폭발, 지상에서 최소 6명 사망. 페어링 문제가 재차 지적됨
1996. 2. 15	Long March 3B (창정 3B)	Intelsat 708 (다국적 정부 간 콘소시움)	Loral	발사 직후 빗나가 인근 마을 추락. 중국 정부는 6명 사망 발표, 미국언론은 200~500명 사망 추정

77. 우리나라도 총 3차례 실시한 나로호 발사 중 1차(2009년), 2차(2010년) 발사시험에서 모두 페어링에서 문제가 발생했었다.

세 번째 사건은 미국 민주당 선거자금 모금 비리를 수사하는 과정에서 나왔다. 미국 법무부가 1996년 대선에서 민주당 정치자금 모금을 주관하던 중국계 인사인 자니 청Johnny Chung을 검거하였는데, 그는 검찰과 플리바게닝(유죄협상거래)을 하여 수사에 협조하였고, 이후 미국 공화당은 클린턴 행정부가 중국에게 핵 전력 향상 기술을 제공했다고 하면서 하원에 특별위원회를 구성하고 조사를 시작하게 되었다. 1998년 12월 말에 미국 의회는 콕스[78]Christopher Cox, 1952~ 특별위원회가 작성한 보고서를 여야 만장일치로 채택하고 이를 의회지도부와 클린턴 행정부에게

표 2-19 중국에 대한 인공위성/로켓 기술 이전과 관련하여 미국 기업들이 받은 처벌

확정 시기	기업명	벌금 규모	주요 혐의
2000년 6월	Lockheed Martin	1,300만 달러[1] (합의금)	소형 로켓엔진(Kick Motor) 기술 이전
2002년 1월	Loral Space & Communications	2,000만 달러[2]	1996년 사고 이후 비밀 자료를 중국에 제공
2003년 3월	Boeing Co.	500만 달러[3]	1995년 및 1996년 사고 이후 중국에게 비밀 정보를 제공할 때 국무부 허가를 받지 않음
2003년 3월	Hughes Electronics Corp.	1,500만 달러[4]	〃

주 : 1) 추가로 위성기술 수출권한을 정지하고, 합의금 중 500만 달러를 미국 정부가 LM의 수출 정보를 볼 수 있도록 하는 정보화 시스템 구축에 사용.
2) 1,400만 달러는 벌금으로 납부, 600만 달러는 향후 7년간 이행 프로그램 개선에 투입.
3) 내부 이행체제 구축비용 400만 달러 별도.
4) 내부 이행체제 구축비용 400만 달러 별도.

78. 공화당 소속으로 캘리포니아 오렌지 카운티 지역구에서 8차례 연방하원의원 역임(1988~2005).

전달하였다. 이 내용[79]은 1999년 5월에 의회가 발간한 "Cox Report"[80]에도 포함되었는데, 미국의 위성 제조업체인 휴즈Hughes Electronics Co.사와 로랄Loral Space & Communications Ltd.사가 중국의 우주 기술자들에게 기술적 데이터를 제공함으로써 중국의 탄도미사일 프로그램을 돕는 행동을 하여 미국의 국가안보에 해를 끼쳤다고 결론내렸다. 미국 기업들은 재판을 받고 무기수출통제법Arms Export Control Act 집행 역사 중 가장 큰 벌금을 내게 되었다.

미국의 수출통제 제도 운영에 대해서도 많은 논의가 있었는데, 원래 국무부가 담당하던 인공위성 해외 발사에 대한 수출허가 업무를 1996년에 상무부로 넘기고 난 이후부터 산업진흥을 중시하는 부처의 성격 탓에 제도 운영이 느슨해진 것이 아니냐는 비판이 있었다. 1998년 미국 의회는 인공위성 기술을 상무부가 통제하는 CCLCommerce Control List(이중용도 수출통제 품목 목록)에서 ITARInternational Traffic in Arms Regulations(국방물자 목록에 등재된 물자의 수출입을 규제)를 적용하는 국방물자 목록USML으로 재분류하였고, 이후 인공위성 해외발사는 국무부의 사전 승인을 받아야 하도록 바뀌었다.[81]

79. "Report on Impacts to U.S. National Security of Advanced Satellite Technology Exports to the Peoples Republic of China(PRC) and Report on the PRC's Efforts to Influence U.S. Policy", Select Committee on Intelligence United States Senate, 1999. 5.

80. "Report of the Select Committee on U.S. National Security and Military/Commercial Concerns with the People's Republic of China", SELECT COMMITTEE, UNITED STATES HOUSE OF REPRESENTATIVES, 1999. 5. 25.

81. 이것은 미국 수출통제 제도에서 지금까지도 기업과 정부, 그리고 정부 부처들이 벌이고 있는 경쟁과 관련돼 있다. 인공위성 수출통제에 적용하던 법령은 원래는 국방 분야의 ITAR였다. 이 제도가 경직되고 기업에 불편한바 인공위성 기술수출에 보다 유연하고 기업친화적 접근이 필요하다는 목소리를 반영하여 1996년에 수출통제 법령이 상무부의 EAR(Export Administration

[참고문헌]

1. Anatoly Zak, "Disaster at Xichang–An eyewitness speaks publicly for the first time about history's worst launch accident", *Air & Space Magazine*, 2013. 2.
2. Apstar 2, Intelsat 708 : Wikipedia.
3. "Arms Sale to China Near", *The Washington Post*, 1985. 9. 19.
4. "A Secret U.S. Device Missing After '96 China Rocket Crash", *The New York Times*, 1998. 6. 24.
5. Bates Gill and Taeho Kim, *China's Arms Acquisitions from Abroad–A Quest for 'Superb and Secret Weapons'*, SIPRI Research Report No. 11, OXFORD UNIVERSITY PRESS, 1995.
6. "Beijing Gets Nuclear Data From Satellites, Experts Say", *The New York Times*, 1998. 5. 22.
7. "Boeing, Hughes to Pay $32 Million for Helping China With Technology", *The Los Angeles Times*, 2003. 3. 6.
8. "China : Possible Missile Technology Transfers Under U.S. Satellite Export Policy–Actions and Chronology", CRS Report for Congress, Congressional Research Service, 2003. 10. 6.
9. "Curb on Technology for China Eased in '96, Auditor Says", *The*

Regulations)로 변경되었다. 그러나 얼마 안 되어 휴즈와 로랄이 중국에 기술을 지원한 사건이 일어났고, 미국 의회는 1998년에 「1999년도 국방수권법」을 제정하면서 인공위성을 다시 ITAR로써 통제하도록 하였다. 그러나 2014년 5월에 미국 정부는 관보를 통해 인공위성을 세부적으로 분류하여 민감하지 않은 부분에 대해서는 다시 EAR로 통제근거법령을 이관하는 조치를 발표하였다. 이후 상당 부분의 인공위성 수출통제는 상무부가 담당하고 있다.

New York Times, 1998. 6. 11.

10. Frank Sieren, “Sieren's China : A slap in the face for Siemens”, Deutsche Welle, 2015. 5. 28.
11. Gary Peters, “The importance of China's high-speed tech transfer policy”, Railway Technology, 2017. 3. 1.
12. “German firms urged to cut dependence on China”, The Reuters, 2018. 10. 31.
13. “GOP Says U.S. Gave China Nuclear Edge”, *The Washington Post*, 1998. 5. 6.
14. High-speed rail in China-Wikipedia.
15. “HOW CHINESE WON RIGHTS TO LAUNCH SATELLITES FOR U.S.”, *The New York Times*, 1998. 5. 17.
16. Jonathan D. Pollack, “Cox Report's Dirty Little Secret”, *Arms Control Today*, 1999. 4.
17. Kiyoharu Takagi, “Development of High-Speed Railways in China”, *Japan Railway and Transport Review* No. 57, 2011. 3.
18. Kris Osborn, “China's Z-20 Is a Ripoff of the Black Hawk Helicopter(But Is It Any Good?)”, *The National Interest*, 2021. 2. 12.
19. Kurtis J. Zinger, “An Overreaction That Destroyed an Industry : The Past, Present, and Future and U.S. Satellite Export Controls”, 86 U. Colo. L. Rev. 351, 353-4, 2015.
20. MATTHEW KARNITSCHNIG, “How Germany opened the door to China-and threw away the key”, *POLITICO*, 2020. 9. 10.
21. *Report on Impacts to U.S. National Security of Advanced Satellite Technology Exports to the People's Republic of China(PRC),*

and Report on the PRC's Efforts to Influence U.S. Policy, Select Committee on Intelligence United States Senate, 1999. 5.
22. "Satellite Company Faulted Over Rocket Aid to China", *The New York Times*, 1998. 12. 9.
23. "Satellite Maker Fined $20 Million in China Trade Secrets Case", *The New York Times*, 2002. 1. 10.
24. "Satellite Maker Gave Report to China Before Telling U.S.", *The New York Times*, 1998. 5. 19.
25. "Selling Spy Satellites to China", *The New York Times*, 1998. 6. 19.
26. Stephen Evans, "German firms fear China technology theft", BBC News Berlin, 2011. 2. 8.
27. "The birth and growth of Chinese-style high-speed rail", 2010. 2. 25(中国式高铁的诞生与成长, 2010年02月25日 09:51《环球》杂志, http://news.sina.com.cn/c/sd/2010-02-25/095119737027_3.shtml).
28. "THE TECHNOLOGY TRADE : A special report ; Chinese Said to Reap Gains In U.S. Export Policy Shift", *The New York Times*, 1998. 10.19.
29. "U.S. Fines Lockheed $13 Million in China Satellite Case", *The New York Times*, 2000. 6. 14.
30. "U.S. Rethinking a Satellite Deal Over Links to Chinese Military", *The New York Times*, 1998. 6. 18.
31. Washingtonpost.com : Key Stories on Chinese Missile Allegations, https://www.washingtonpost.com/wp-srv/politics/special/missile/keystories.htm

32. Zachary Keck, "Did China Just Clone a Black Hawk Helicopter?", *The Diplomat*, 2013. 12. 26.

33. 기타 인물 자료 : Wikipedia.

국가안보와 관련된
기술자와 생산역량의 역사

역사를 바꾼 기술자 / 제2차 세계대전 중 성공적 생산역량 구축 사례

3

역사를 바꾼 기술자

핵심 기술을 취득하려고 할 때에는 기술자로부터 직접 가르침을 받는 것이 가장 도움이 된다. 특히 군사기술 분야에서 동서양의 뛰어난 지도자들은 신분, 종교, 종족을 가리지 않고 기술자들을 대우하여 모셨다. 여러 가지 이유로 기술자들을 홀대하거나 심지어 추방한 국가들은 대개 쇠락했다. 이 장에서는 중세 시대 이후 서양에서 기술자들의 이동이 나라의 장래를 어떻게 바꾸었는지를 살펴보고자 한다.

중세의 대포 기술자—오스만 제국, 튜더 왕조의 영국

중세 시대에 전쟁의 양상을 혁명적으로 바꾼 것은 화약이었다. 현재까지도 재래식무기의 국제통제체제인 무기거래조약Arms Trade Treaty (https://thearmstradetreaty.org)의 통제 대상이 "화약을 사용하는 무기"火器, firearm로 정의될 정도로 화약은 총, 대포, 폭탄 등을 통해 인류의 전쟁 방식을 엄청나게 바꾸었다. 화약과 이를 이용한 화포가 개발되어 나감에 따라 이를 이용한 전투에서는 기술자엔지니어의 역할이 중요해져 갔다.[1]

1. Alfred von Martin, *SOCIOLOGY OF THE RENAISSANCE*, Translated from *SOZIOLOGIE DER RENAISSANCE* by W. L. Luetkens, London, 1944, pp. 23.

화약이 처음으로 개발된 곳은 중국이었으나 화약 제조 기술은 금방 전 세계로 전파되었고 유럽은 중동의 이슬람 국가들을 통해 이 기술을 전해 받은 것으로 생각된다. 1266년에 영국의 철학자이자 자연과학자였던 로저 베이컨Roger Bacon, 1220~1292이 화약의 제조법과 군사적 사용 가능성을 자신의 두 책(대저작大著作, *Opus Majus* 및 제3 저작*Opus Tertium*)에 기록해놓았으며, 이슬람 국가와 기독교 국가들이 서로 싸우던 이베리아 반도에서는 1331년에 대포를 사용한 공격이 기록되어있다. 비슷한 시기에 대포 기술은 영국, 프랑스 등 유럽 전역으로 확산되었고, 동쪽의 비잔틴 제국[2]은 대포를 이용하여 1396년의 콘스탄티노플 포위전에서 오스만 제국군을 물리칠 수 있었다.

비잔틴 제국의 대포로 인해 콘스탄티노플 공성에 실패한 오스만 제국은 일단 중형 크기의 대포를 구하여 1422년에 다시 공성에 나섰으나 이것으로는 굳건하기로 유명한 콘스탄티노플의 성벽을 무너뜨릴 수 없었다. 이에 오스만 제국의 제7대 술탄인 메흐메드 2세Mehmed II, 1432~1481는 공성용 초대형 대포를 만들 기술자를 헝가리에서 찾아보게 되었다. 당시 헝가리는 대포기술의 강국이었다. 성벽을 부술 수 있는 대형 돌 포탄을 날리는 대포Bombard는 헝가리에서 처음으로 개발되어 15세기 초에는 서부 유럽 국가들로 전파되어 있었다. 여기에서 나타난 기술자가 헝가리[3]의 대포 제작 기술자였던 오르반Orban이었다.

2. 동로마 제국의 연장선에 있던 비잔틴 제국은 이미 쇠락하여 콘스탄티노플(지금의 이스탄불) 일대 지역만 차지하고 있었고 오스만 제국이 1369년부터 수도로 삼았던 아드리아노플은 오히려 콘스탄티노플보다 서쪽의 유럽 지역에 있었다.
3. 오르반의 정확한 국적은 불분명하나 동부 유럽 출신인 것은 확실하다고 한다.

오르반은 서부 유럽 국가에서 연철wrought iron로 대포를 제조하던 것과는 달리 동부 유럽의 방식대로 청동을 주조하여 대포를 만들면 초대형 대포를 제작할 수 있다고 생각하였다. 오르반은 1452년에 비잔틴 제국에 먼저 찾아가서 자신의 기술을 팔겠다고 했는데, 비잔틴 측은 오르반이 요구한 보수를 줄 돈도, 대형 대포를 만들 소재 금속도 없었다.[4] 이에 오르반은 메흐메드 2세를 찾아가 자신의 계획을 설명했고 술탄은 그에게 충분한 자금과 물자를 제공해주었다. 오르반은 3개월 만에 초대형 대포를 당시 오스만 제국의 수도였던 아드리아노플에서 완성했다. "Basilica"라고 불렸던 이 대포는 길이가 8.2m였고 돌로 만든 270kg짜리 구형 포탄을 1.6km 거리까지 날릴 수 있었다. 다만 재장전에 3시간이 걸렸고 돌 포탄을 제작하기 어려워 수량이 극히 부족했던 단점은 있었다. 이 대포는 60마리의 황소와 400명의 인력이 동원되어 콘스탄티노플 앞까지 이동되었다. 메흐메드 2세는 이 대포 하나에만 의존하지 않았고, 자국인 기술진을 이용하여 제작한 중형 대포들도 함께 투입했다. 이 대포들의 공격으로 콘스탄티노플의 성벽은 깨지기 시작했다. 1453년 4월 6일 공격이 시작되고 나서 53일 만인 1453년 5월 29일에 콘스탄티노플이 함락되었는데, 이로써 1,500년 역사의 로마 제국이 사라지게 되었다. 한편, 오르반 본인은 공성 작전에서 자신의 대포를 조작하던 중에 폭발사고로 수하 직원들과 함께 사망하였다.[5]

4. 1422년의 포위전부터 콘스탄티노플에 새로 보급된 대포는 모두 서부 유럽의 기독교 군주들이 교황의 지원요청에 호응하여 원조한 것이고 스스로 제작한 것은 없었다고 한다.
5. 당시에는 대포 제조 기술자가 자신이 이끄는 팀과 함께 전투에 투입되어 대포를 조작했다. 전문 포병이 생긴 것은 좀 뒤의 일이다.

당시 오스만 제국의 술탄들은 기술과 지식에 큰 가치를 부여하는 것으로 유명했는데, 매우 실용적 태도를 견지하여 기술자라면 종교가 기독교이든 유대교이든 상관하지 않고 우대하였다. 오스만 제국은 점령지에 살던 기술자들을 징발하면서 그들에게 특혜를 주기도 하였고, 포로를 잡았을 때도 기술자들을 잘 선별하여 이들을 우대하였다. 16세기에는 우대 이민 정책을 시행하여 기술자들을 유치하려 노력하였고, 이러한 결과로 이스탄불에는 수많은 기독교 주물공과 무기 제작자들이 거주하게 되었다. 또한 스페인에서 쫓겨난 유대인[6]들도 이스탄불에 정착하여 제국의 화포류 생산에 종사하게 되었다. 기록에 따르면 1544년 당시 이스탄불에는 독일인 대포 주조 기술자가 40~50명 있었으며, 1547년 프랑스 대사는 프랑스·베니스·제노바·스페인·시칠리아 기술자들이 이스탄불의 무기창에서 일하는 것을 목격했다고 한다.

오스만 제국이 외국인 기술자만을 활용한 것은 아니었다. 비록 당시 오스만 제국의 대포 기술자 중에 유럽 출신들이 많이 있기는 했으나 이슬람교도 기술자들도 양성되고 있었고, 16세기에는 이슬람교도 기술자들의 숫자가 더 많아지게 되었다. 콘스탄티노플 함락 3년 후인 1456년의 베오그라드 공성전에 동원된 대포의 숫자가 150~300문이 될 정도로 많았다는 점은 유럽인 외에 오스만 기술자도 상당수가 있었다는 것을 의미한다. 그러나 유럽인 기술자들이 이슬람교도 기술자들을 지도하

6. 1492년에 스페인은 알함브라 칙령을 발표하여 그때까지 가톨릭으로 개종하지 않은 유대인들에게 개종을 강요하였는데, 개종을 하지 않을 경우 추방하였다. 그 결과 20만 명 이상이 개종하고 4~10만 명이 추방되었다. 추방된 유대인들은 이탈리아, 그리스 및 여타 지중해 지역 국가들로 이주하였다.

고 영감을 주어 자체적 역량을 갖출 수 있게 해주었다는 점은 엄연한 사실이다.

당시 유럽에서 무기 기술자를 국적이나 종교에 관계없이 초빙하여 활용한 것은 오스만 제국만이 아니었다. 대포 기술 강국이던 중세 헝가리에서 활동한 기술자들은 주로 독일 출신이거나 일부 이탈리아 출신이었다. 오스만 제국으로부터 도망 나온 슬라브족이나 집시족도 헝가리에 정착하여 선박, 도검, 총포, 포탄과 화약 제조를 담당하였다. 베니스는 16세기 초반에 독일 기술자들을 영입하여 포병으로 활용했다. 프랑스는 이탈리아와 리에주Liège(벨기에 지방) 출신 기술자의 도움으로 대포 주조 공장을 만들었다. 러시아는 이탈리아 기술자들을 모셔와서 자국 기술자들에게 청동 대포를 주조하는 방법을 가르치게 했었고, Tula 무기창은 Andres Vinius라고 하는 네덜란드인이 설립하였다. 영국은 대포 제작에 프랑스 기술자들의 도움을 받았다(이에 대해서는 조금 뒤에 상세히 다룰 예정이다). 스페인에서의 사정은 달랐다. 스페인은 기술자들이 워낙 부족했기에 이탈리아, 독일 및 플랑드르(지금의 벨기에 북부지역)에서 대포 기술자들을 영입해야 했고, 특히 주조 기술자들은 독일인들을 데려와야 했다. 그런데 기술자들이 이교도(개신교 신자를 포함한다)로 판명되면 모두 체포했었다.[7] 결국 스페인은 병기창에서 대포를 주조하기 위해서 인스브루크로부터 가톨릭 신자인 기술자들을 모셔와야만 했다.

이와 같이 첨단 신기술을 획득하기 위해 외국인 기술자를 영입하는 것은 모든 유럽 국가들의 공통적인 관행이었다. 다만 오스만 제국은 지

7. 스페인 왕국에서는 1478년부터 스페인 종교재판(Inquisición española)이 진행되었는데, 이슬람교도와 유대인은 물론이고 16세기에는 개신교 신자도 종교재판의 대상이 되었다.

정학적으로 "기술적 대화technological dialogue"에 유리한 위치를 잘 활용했다는 점이 달랐다. 지리적으로 중심적 위치에서 아시아와 유럽의 모든 기술자를 실용적이고 개방적 자세로 받아들여 우대하여 함께 일하게 한 것이 "기술적 대화"의 성공요인이었다.

이와 반대로 스페인은 기술자들을 우대하려 하면서도 이념적으로는 편협한 자세를 견지함으로써 신대륙 발견으로 얻게 된 부富가 있음에도 이를 첨단기술을 도입하고 발전시키는 데 적절히 활용하지 못했다. 결국 16세기가 지나기도 전에 영국과의 해전에서 스페인 무적함대가 패배하고 패권을 영국 쪽으로 넘겨주게 되었다. 그리고 이 무렵부터 영국이 기술과 기술자에 대하여 보여주는 접근 방식의 우월성이 나타나기 시작했다.

16세기 초 유럽의 최강국은 스페인이었다. 스페인은 영국 튜더 왕조의 헨리 8세(1491~1547, 재위 기간 1509~1547) 시절부터 영국과 갈등[8]을 벌여왔었다. 1588년 헨리 8세의 딸인 엘리자베스 1세 여왕(1533~1603, 재위 기간 1558~1603)이 즉위하자 스페인 국왕인 펠리페 2세[9](1527~1598, 재위 기간 1556~1598)는 영국을 침공하기로 하고 130척의 군함으로 무적함대Armada를 편성하여 1588년 5월에 영국으로 진군하였다. 전투의 결과는 스페인의 완패였다. 프랑스 칼레에 정박했던 무

8. 헨리 8세의 첫 번째 부인은 스페인의 캐서린 왕비(Catherine of Aragon)였는데, 헨리 8세가 앤 불린과 만나게 되면서 이혼당했다. 캐서린 왕비의 딸이 메리 1세 여왕이고, 앤 불린의 딸이 엘리자베스 1세 여왕이다. 헨리 8세의 이혼을 계기로 영국이 종교개혁을 추진하던 것, 스페인령 네덜란드의 반란을 영국이 지원하던 것, 그리고 스페인의 아메리카 대륙 교역을 영국과 네덜란드 사략선(私掠船, privateer)들이 집요하게 괴롭히던 것 등이 양국 간 갈등의 주요 원인이다.
9. 엘리자베스 1세 여왕의 전임 국왕이었던 메리 1세 여왕(블러디 메리로 유명)의 11세 연하 남편이기도 하다.

적함대는 8월 8일 심야에 영국 해군이 화공으로 공격하자 혼란에 빠졌고 해가 뜨면서 시작된 그레이브 라인 전투Battle of Graveline에서 참패한다. 이후 유럽의 제해권은 영국이 갖게 되었다.

영국이 무적함대를 격퇴한 전력은 강력한 함포 화력에서 나왔다. 영국은 16세기 초부터 세계 최초로 우수한 성능의 주철 대포cast iron cannons를 대량생산하고 있었다. 영국의 주철 대포는 연철을 두드려 접는 방법으로 만들던 기존의 철제 대포보다 훨씬 안전하고 신뢰성도 높았다. 주철 대포는 기존 청동 대포에 비해 생산비용이 훨씬 저렴하기 때문에 많은 수를 배치할 수 있었다. 영국은 늘어난 대포들을 효과적으로 활용하기 위하여 군함의 설계도 변경하였다.[10]

철은 대형 구조물을 주물로 만들기 쉽지 않은 소재이다. 쇳물을 주형에 부어 굳게 할 때 내부의 거품을 제대로 없애지 못하면 제품 내부가 스펀지처럼 되는데, 높은 열과 강한 충격을 견뎌야 하는 대포에서 이러한 결함은 안전을 크게 저해하게 된다. 청동의 경우는 기포를 줄이기가 상대적으로 쉬워서 많은 국가들이 청동 주물로 대포를 만들었으나 청동은 철에 비해서 10배 정도로 값이 비쌌다. 비잔틴 제국이 오르반의 거포 생산 제안을 수용하지 못한 이유 중 하나이다. 이러한 사유로 인해 초기의 철 대포는 대장장이가 연철을 두드려 만들었던 것인데, 이렇게 하면 공정 수가 많아지고 작업 시간이 늘어나 값싼 소재를 사용한 이점이 사

10. 영국은 방수가 되는 개폐식 선측 포문(watertight gunports with hinges)을 세계 최초로 도입하였다. 이에 따라 대포들이 주 갑판보다 아래쪽의 보조 갑판들에 양편을 바라보면서 일렬로 놓여졌고, 교전 시에는 적함과 평행하게 항해하면서 포문을 개방하여 최대의 화력을 투사할 수 있었다. 군함을 대형화시켜 보조 갑판의 숫자를 늘리면 탑재 가능한 함포도 함께 늘어났고 그러면서도 무게중심은 낮게 유지할 수 있었다.

라져 버린다. 따라서 청동에서처럼 주물 방식으로 철 대포를 만드는 방법을 개발하는 것이 필요했다.

영국 해군이 저가이면서도 품질이 좋은 주철 대포로 무장할 수 있게 된 데에는 3대에 걸친 영국 국왕들의 노력이 있었다. 엘리자베스 1세 여왕의 할아버지인 헨리 7세(1457~1509, 재위 기간 1485~1509)는 스코틀랜드와 전쟁을 벌이는 과정에서 화포의 필요성을 절감하고 있었다. 마침 1450년경 벨기에 나무르Namur 지방에서 개발된 고로高爐, Blast Furnace[11]를 사용하는 간접제철 방식은 제철 효율을 획기적으로 높일 수 있었는데, 1470년경에는 노르망디 지방으로 전파되어 있었고 여기서 만들어진 철 제품들이 영국으로 수출되고 있었다. 이에 헨리 7세는 프랑스에서 제철 및 대포 제조 기술자들을 영입하였고 1490년경에는 런던 남부에 있는 서섹스 지방의 벅스터드Buxted 지역에 고로를 설치하고 제철 작업을 시작하였다. 서섹스 지방은 철광석과 고로의 연료가 되는 목재자원이 모두 풍부한 지역이어서 로마 제국 시절부터 제철 작업이 진행되던 곳이었다. 헨리 7세의 아들인 헨리 8세는 스페인 출신 캐서린 왕비와 이혼하고 가톨릭과 결별한 후 외교적으로도 곤경에 빠지게 되었고[12] 프랑스의 침공에 대비하여 해안 지방에 대포를 많이 배치할 필요가 있었다. 이를 위해 헨리 8세는 네덜란드 등에 대포 발주를 대량으로 하는 한편 외국에서 기술자들을 초빙하여 런던의 런던탑에서 청동 대포를 주조하게

11. 아시아에서는 중국이 이미 BC 200년 무렵인 한나라 때 고로를 사용하였으나 유럽은 이때 도입하였다.

12. 캐서린 왕비의 조카가 스페인 국왕인 카를로스 1세(1500~1558, 스페인 국왕 재위 기간 1516~1556)였는데, 1519년 신성로마제국의 황제인 카를 5세(재위 기간 1519~1558)로 선출되어 유럽 대륙을 대표하고 있었다.

하였다. 철제 대포는 아직 연철을 두드리는 방식으로 제작되고 있었는데 이것을 총괄 지휘한 왕실의 수석 대장장이Master Smith Cornelius Johnson, 1521~1567도 외국 기술자 집안 출신이었다.

1543년, 서섹스 지방[13]에서 제철업을 총괄하던 Ralf Hogge가 헨리 8세를 만나 일괄 주조 방식으로 철제 대포를 만들 수 있다고 주장하였다. 그때까지 대포 전체를 한꺼번에 주조하여 제작하는 것은 청동으로만 가능했는데 대포 중량 100파운드당 70실링의 비용이 들었다. Ralf Hogge는 철을 주조하는 방식으로 중량 100파운드당 10실링에 대포를 만들 수 있다고 주장했다. 헨리 8세의 승인을 받자 Ralf Hogge는 서섹스 지방의 사제로서 제철소를 운영하던 William Levett을 모시고 주철 대포를 개발하기 시작했다. 헨리 8세도 자신이 런던에서 데리고 있던 프랑스 출신 청동 대포 주조 기술자였던 Charles Garrete와 Pierre Baude를 파견하여 작업을 돕도록 했다.

이들의 노력이 결실을 맺어 영국은 1543년에 세계 최초로 주철 대포를 양산하는 기술을 개발하였다. 비법은 수직 주조vertical casting 방식이었다. 영국은 발 빠르게 주요 화력을 값싸고 품질 좋은 주철 대포로 채워 나갔다. 그 결과 런던탑에 배치된 대포는 주철제가 351문, 청동제가 64문이었으며, 당시 주력 전함이었던 Harry Grace à Dieu[14]에 탑재된 대포는 주철제가 102문, 청동제가 19문이었다. 주철 대포는 엘리자

13. 당시 서섹스 지방의 Ashdown Forest 지역에는 벨기에의 부르게 출신인 Simon Forneres가 "국왕이 지정한 포탄 제조자(King's gunstone maker)"로서 1534~1539년간 운영하던 제철 시설이 있었는데, 1541년부터는 인근 Buxted 지역의 사제였던 William Levett가 운영하고 있었다.

14. 그레이트 해리(Great Harry)로도 알려진 Henry Grace a Dieu는 16세기에 영국국왕함대(King's Fleet)의 "Great Ship"이었으며, 배수량이 약 1,000톤으로 당시 세계에서 가장 큰 군함이었다.

베스 1세 여왕 시대에 들어서면서 영국의 주력 수출품이 되어 네덜란드, 독일, 프랑스 및 포르투갈에 공급되었고 서섹스 지역은 철강 산업단지가 되었다. 1549년 서섹스 지방에 고로가 20개, 대장간이 28개 있었으나 25년 후인 1574년에는 고로가 50개, 대장간이 60개로 두 배 이상 증가하였고, 1601년에는 연간 800톤의 대포가 생산되었다.

영국은 3대 국왕의 노력으로 축적한 화력을 가지고 무적함대에 맞선 것이었다. 그때까지의 해전 전술은 군함을 적함에 충돌시킨 후 보병이 넘어가 전투를 벌이는 방식이었는데, 영국은 멀리 떨어져 연속 포격으로 적함을 파괴하는 방식으로 바꾸었다.[15] 영국은 이렇게 차지한 제해권을 20세기까지 놓치지 않았다.

영국의 주철 대포가 성공한 원인에 대해서는 여러 가지 분석이 있었다. 영국 대포의 형상, 서섹스 지방의 철광석에 섞인 인燐 성분의 역할 등도 성공 요인으로 연구되었었다. 그러나 영국 튜더 왕실이 외국인 기술자들을 적극적으로 영입하고 이들을 자국민 기술자들과 협업시킨 것이 큰 효과를 냈다는 점을 잊어서는 안 될 것이다. 영국의 이러한 개방적 태도는 앞으로 다룰 사례에서도 계속 나타나 대영제국을 이루는 데 기여하게 된다.

15. 무적함대가 격파된 10년 후 임진왜란에서 이순신 장군의 조선 해군이 비슷한 형태의 전술을 사용한다.

[참고문헌]

1. Alfred von Martin, *Sociology of the Renaissance*, Routledge, 2015. 10. 30.
2. Bombard(weapon)—Wikipedia.
3. Brian Awty & Christopher Whittick, "The lordship of Canterbury, iron-founding at Buxted, and the continental antecedents of cannon-founding in the Weald", *SUSSEX ARCHAEOLOGICAL COLLECTIONS* 140 (2002), pp. 71~81.
4. Cast-iron cannon, Encyclopædia Britannica.
5. Douglas Carl Peifer, "Transfer of Military and Naval Technology 1325-1650", EGO European History Online.
6. Fall of Constantinople—Wikipedia.
7. Gábor Ágoston, "Guns for the Sultan : Military Power and the Weapons Industry in the Ottoman Empire", *The Journal of Military History*, 70.1 218-219, 2006.
8. Gunpowder artillery in the Middle Ages—Wikipedia.
9. Gunpowder weapons in the Song dynasty—Wikipedia.
10. Heilongjiang hand cannon—Wikipedia.
11. Henry Ⅷ's Ordnance, History and Hardware of Warfare, 2019. 5. 6., https://weaponsandwarfare.com/2019/05/06/henry-viiis-ordnance
12. History of Cannon—Wikipedia.
13. "History of Iron Founding in England", *The Nature*, 1938. 11. 19.
14. H. R. Schubert, "Henry VIII and cast iron cannon, History Of

The British Iron And Steel Industry From 450 B.c. To A.d. 1775", Routledge and Kegan Paul. London, 1957.

15. Joseph Needham, *Science and Civilisation in China : Volume 5, Chemistry and Chemical Technology*, Part 7, Military Technology : The Gunpowder Epic, Cambridge University Press, 1987. 1. 22.
16. J. Starkie Gardner, *Ironwork–Part III–A Complete Survey of the Artistic Working of Iron in Great Britain from the Earliest Times*, Read Books Ltd, 2017. 8. 25, p. 260.
17. Kyle Johnson, "Surpassing Xerxes : The Advent of Ottoman Gunpowder Technology in the Fifteenth and Sixteenth Centuries", Emory Endeavors in History 2013.
18. "Orban : The Man Who Brought Down the Walls of Constantinople", http://www.camrea.org/2017/09/11/orban-the-man-who-brought-down-the-walls-of-constantinople-part-i
19. Orban—Wikipedia.
20. Ralf Hogge—Wikipedia.
21. Spanish Armada–Defeat & Definition–HISTORY.COM, 2019. 9. 6.
22. Spanish Armada—Wikipedia.
23. The development of Artillery—Encyclopædia Britannica.
24. The History of Iron Working on Ashdown Forest, https://www.ashdownforest.org/enjoy/history/IronWorking.php
25. Tudor navy—Wikipedia.
26. William Levett(rector of Buxted)—Wikipedia.

중세 이후 유대인의 영국 이동

1492년 스페인은 종교재판을 강화하면서 신교도를 포함한 자국 내 모든 이교도에게 가톨릭으로 개종할 것을 강제하였다. 이에 스페인과 포르투갈에 거주하던 많은 유대인[16]들은 암스테르담으로 이주했다. 이후 16세기 후반에 네덜란드에 공화국이 설립되자[17] 이베리아 반도에 남아서 겉으로만 개종하고 비밀리에 유대교를 따르던 유대인[18] 중 상당수도 다른 유럽 국가들보다 훨씬 자유스럽던 네덜란드 공화국으로 이주하게 되었다. 이들 중 상당수는 문화·예술 분야에서 두각을 나타냈으며, 특히 사업이나 금융 분야에서 뛰어났다. 덕분에 암스테르담은 세계에서 가장 활기찬 항구도시가 되었다.

영국은 원래 유대인들을 차별했으며,[19] 1290년 에드워드 1세는 영국내 모든 유대인을 추방하기도 했었다. 스페인과 포르투갈에서 쫓겨난 유대인들 중 일부가 개종자로 신분을 위장하고 런던과 브리스톨에 정착하기도 했으나 이들도 1609년에는 추방당했다. 그러나 영국이 상업도시로 성장함에 따라 1630년 무렵부터 네덜란드의 유대인들이 다시 영국으로 조금씩 이주하기 시작했다. 17세기 중반에 벌어진 영국 내전

16. 이베리아 반도에 살던 유대인들을 Sephardic Jew라고 부른다.
17. 1579년, Groningen, Frisia, Overijssel, Guelders, Utrecht, Holland와 Zeeland 등 현재 네덜란드의 7개 지역은 스페인 대항 동맹(the Union of Utrecht)을 결성하고 1581년에는 독립을 선언했다. 이후 반란(Dutch Revolt) 과정에서 The United Provinces of the Netherlands 또는 Dutch Republic이 수립되어 1795년 바타비아 반란(Batavian Revolution) 때까지 유지되었다.
18. Marranos Jew라고 부른다.
19. 셰익스피어의 『베니스의 상인』에 유대인에 대한 일반 영국인의 시각이 잘 나타나 있다.

English Civil War(1642~1651)의 결과로 영국연방(1653~1659)이 구성되고 올리버 크롬웰Oliver Cromwell, 1599~1658, 재임 기간 1653~1658이 국가 수반인 호국경Lord Protector이 되었다. 그는 유대인을 다시 영국으로 데려올 수 있으면 재정적으로 큰 이익을 얻을 수 있을 것이라고 생각했다. 당시 영국은 네덜란드 공화국과 통상 분야에서 심한 경쟁관계였고, 1651년 10월에 보호주의적 상업정책 내용의 제1차 항해조례Navigation Act를 제정하였는데, 이러한 대내외적인 상황이 그로 하여금 네덜란드의 유대인들을 끌어올 수 있다면 그들이 네덜란드와 아메리카 대륙의 스페인 식민지 간에서 벌이던 사업을 영국으로 옮겨올 수 있을 것이라고 생각하게 만들었다. 크롬웰 측은 암스테르담의 포르투갈 출신 랍비이자 출판업자 겸 외교관이었던 Menasseh Ben Israel과 접촉하기 시작했다. 그는 1655년 런던을 방문하여 유대인들이 작성한 거주국가의 번영과 지도자에 대한 충성을 약속하며 영국 내 재정착을 요청한다는 탄원서를 크롬웰에게 제출하였다. 영국 정부가 이를 검토하고 크롬웰이 일부 성직자와 상인들의 반대를 누른 끝에 같은 해 12월 유대인들의 재입국이 허용되었다.

많은 역사학자들은 이 사건이 영국이 세계적으로 경제 권력을 갖기 시작한 계기가 되었다고 해석한다. 이후 영국은 세계 최초의 중앙은행인 영란은행Bank of England을 1694년에 설립하고 화폐 발행권 제도도 만들어내는 등 세계 경제를 선도하게 된다.

[참고문헌]

1. Lionel Gossman, "The History of Jews in Great Britain : The "Jew Bill" of 1753", https://victorianweb.org/religion/judaism/gossman4.html
2. "Oliver Cromwell–Cromwell and the Jews", The Cromwell Association.
3. Resettlement of the Jews in England—Wikipedia.
4. Sephardic Jews in the Netherlands—Wikipedia.
5. "Summary Of Geographical Movement Of European Jews in the Past 2,000 Years", Florida Center for Instructional Technology, College of Education, University of South Florida, https://fcit.usf.edu/holocaust/people/displace.htm

위그노 기술자의 이동

위그노Huguenots는 종교 개혁 이후 개신교의 정신에 투철했던 프랑스의 개신교도 그룹을 부르는 말이다. 특히 칼뱅파인 프랑스 개혁교회에 속하는 사람들이 주로 해당된다. 프랑스 동부지방의 개신교도들은 주로 루터파에 속한다.

위그노를 포함한 프랑스의 개신교 신자들은 초창기부터 가톨릭 교도들에 의해 박해를 받았으며, 대량 학살[20]을 당한 적도 있었다. 그러나 원래 위그노였다가 가톨릭으로 개종한 앙리 4세 국왕이 1598년에 낭트 칙령Edict of Nantes을 선포하여 프랑스의 국교는 가톨릭이나 개신교도들도 왕권 아래서 가톨릭 신자들과 동등한 권리를 가진다고 선언하면서 상황이 진정되었다. 그러나 앙리 4세가 사망한 이후의 왕들은 가톨릭 지배를 강화하려 했으며, 특히 1643년에 즉위한 루이 14세는 1685년 10월에 퐁텐블로 칙령Edict of Fontainebleau을 발표하여 낭트 칙령을 취소하고 개신교를 불법화하였다. 이에 많은 위그노들은 프랑스를 버리고 인근 유럽국가와 북아메리카로 이주할 수밖에 없었다.

위그노들이 프랑스 사회에서 중요한 직업과 지위를 차지하고 있었기에 이들이 떠난 프랑스에서는 두뇌 유출 상황을 맞게 되었다. 상대적으로 위그노들을 가장 적극적으로 받아들인 나라는 당시 낙후된 국가에

20. 성 바르톨로메오 축일 학살(Massacre de la Saint−Barthélemy) : 1572년 8월 24일(성 바르톨로메오의 축일)부터 10월 3일까지 파리 등에서 가톨릭 신자들이 개신교도들을 학살한 사건. 파리에서만 25,000명이 학살당했다고 한다.

속하던 프러시아였는데, 포츠담 칙령Edict of Potsdam[21]을 발표하여 적극적으로 위그노를 유치하였다. 독일인 스스로도 낭트 칙령의 취소가 자국의 산업화에 큰 기여를 했다고 평가할 정도로 독일로 이주해온 위그노들이 독일 산업발전에 미친 긍정적 효과는 대단했다. 특히 위그노들이 정착한 도시와 그렇지 않았던 도시 사이의 비교를 통해 독일 직물 제조업의 생산성을 높이는 데 긍정적으로 기여했다고 평가되었다.

독일로 이주한 위그노는 총 43,000명 정도인데, 이 중 16,000~20,000명이 브란덴부르크-프러시아 지방에 정착하였다. 당시 브란덴부르크-프러시아의 총 인구는 150만 명이었다. 18세기 초에는 추가로 5,000명의 위그노가 베를린으로 이주하였고, 이로써 위그노는 베를린 인구 중 20%를 차지하게 되었다. 이러한 현상은 포츠담 칙령에 힘입은 바 큰 데, 독일은 위그노들에게 입국세를 받지 않고, 빈집과 유휴지를 차지할 수 있게 해주며, 소비세를 제외한 모든 세금들을 15년간 면제해주고, 사업이나 공장을 설립할 때 자금 및 물자 지원을 해주며, 농업용 토지는 무상 제공하고, 길드에 대한 가입을 15년까지 유예해주도록 하였다. 자금 지원은 대출형식으로 하여 사업이 이익을 내기 시작하면 돌려받는 조건이었는데, 이러한 지원은 위그노들이 피난 과정에서 모든 것을 잃고 사실상 맨몸으로 도착했기 때문에 필요한 상황이었다. 곧 위그노들은 자신들이 프랑스에 해오던 사업들—주로 직조와 의류 제조

21. Edict of Potsdam(Edikt von Potsdam) : 프러시아 공작(Duke of Prussia)이자 브란덴부르크 선제후(Elector of Brandenburg)였던 Frederick William이 1685년 10월 29일 발표한 칙령으로, 낭트칙령의 취소 및 퐁텐블로 칙령의 발표에 대응하여 개신교도들이 브란덴부르크로 이주할 것을 장려하는 내용이다.

업을 시작하였다. 위그노 기술자들 중 약 25.7%가 직조업, 32%가 기타 섬유업을 하게 되었다고 하며, 이 사업들이 기존의 기술적·경영적 지식 위에서 이루어졌기에 프러시아의 토종 기업들은 위그노 기업들과 상대가 되지 않았다고 한다. 독일에서는 20세기에 들어와서도 군사·문화·정치 분야에서 뛰어난 인물들이 위그노의 후손 중에서 많이 배출되었다.

영국에서도 위그노 이주민들은 생산 품질을 높이고 기술을 확산하는 데 기여했다. 네덜란드에서는 갑자기 견직 산업이 세계적 명성을 얻게 되었다. 아일랜드에서는 아마亞麻를 이용한 제사製絲와 직조의 신기술을 전파하여 마포麻布 제조업에 큰 영향을 미쳤다.

위그노가 이주한 효과를 가장 많이 본 국가들은 프러시아와 같이 당시 낙후된 국가들이었다. 프러시아는 포츠담 칙령을 재빨리 선포하고 매우 적극적으로 위그노들을 받아들였는데, 이것은 19세기에 프러시아가 유럽의 주요국 중 하나로 부상하도록 하는 기반이 되었다. 위그노 기술자들의 이동으로 여러 나라에서 발생한 사회 현상은 1492년에 스페인이 박해하여 내쫓은 유대인들이 네덜란드를 거쳐 올리버 크롬웰의 유대인 재입국 허용에 따라 영국으로 옮겨갈 때에서와 비슷하다. 프러시아의 포츠담 칙령은 오스만 제국이 기술자들에게 보여준 개방적 태도와 매우 유사하다. 이러한 역사적 사실을 본다면 기술자들을 우대하고 이념적 이유로 박해하는 것이 경쟁 국가들에게 어떤 이익을 가져다 주는지 기억하는 것이 유용하겠지만, 교훈은 항상 쉽게 잊혀지는 것으로 보인다. 다음 절에서는 20세기에 일어난 기술자의 큰 이동이 현재의 세계 질서를 결정짓게 된 사례를 살펴보려 한다.

[참고문헌]

1. Huguenots–Wikipedia.

20세기 과학자의 이동과 원자탄의 개발

화약과 대포가 중세의 군사력을 결정지었다면 현재의 결정적 군사력은 원자탄에서 나왔다. 미국은 1945년에 세계 최초로 원자탄을 개발하면서 과거의 제국들처럼 적극적으로 외국인 기술자들을 활용하였다. 외국인 기술자들은 미국이 원자탄 개발을 결심하게 하는 과정에서도 큰 역할을 했다. 과거가 또 반복된 부분은 유럽 대륙이 스스로 많은 두뇌들을 내쳤고, 미국은 이들을 받아들였다는 것이다. 지금까지도 궁극의 전략무기로 인정되는 핵무기가 어떻게 개발되었는지 그리고 기술자의 역할이 어떤 것이었는지를 상세히 알아보는 것이 이 장의 목표이다.

20세기 초반, 유럽 전체에서 전체주의가 발흥하고 반유대주의가 퍼지면서 많은 지식인들이 피신하게 되었다. 헝가리 출신 물리학자 에드워드 텔러[22]의 인생역정이 대표적이다. 그는 제1차 세계대전 종전 직후 헝가리에서 공산 혁명이 일어나 소비에트 공화국Hungarian Soviet Republic, 1919년 3~8월이 수립되자 하루아침에 재산을 모두 빼앗겼고[23] 이후에는 유대인-공산당 연계를 이유로 대대적인 유대인 탄압[24]이 이루어져 조

22. Edward Teller(1908~2003) 헝가리 출신 물리학자. 로렌스 리버모어 연구소 설립 주역. "수소폭탄의 아버지". 레이건 행정부 당시 SDI 적극 지지자.

23. 유명한 천체물리학자 칼 세이건은 자신의 저서 *The Demon-Haunted World*의 한 챕터를 에드워드 텔러에 대한 이야기로 채웠는데, 서두에서 텔러가 극단적 사고를 갖게 된 배경을 설명하고 있다.

24. 혁명의 실권자이자 외교장관이던 Béla Kun(1886~1938)은 유대인이었다. 그는 헝가리 소비에트 공화국이 붕괴하자 1919년 8월 1일 소련으로 피신하여 공산주의 인터내셔널(코민테른)에서 일하며 크림반도와 독일에서의 테러 등을 주도했다. 1930년대 말 스탈린의 대숙청에서 트로츠키 분자로 지목되어 1938년 체포되었고, 속성으로 심문, 재판을 거쳐 처형됐다.

국을 떠나 독일로 이주하였는데, 1930년대 초부터 독일의 아돌프 히틀러와 나치당이 매우 적극적으로 유대인들과 다른 사상을 가진 사람들을 박해하기 시작하자 유럽을 떠날 수밖에 없었다. 많은 과학자, 철학자 및 사상가들이 유럽 대륙을 떠났는데, 영국에도 정착했지만 많은 수가 미국으로 갔다. 독일뿐만 아니라 중부 유럽에서 많은 학자와 예술가들, 특히 유대 지식인들이 20세기 초반부터 중반까지 미국으로 이주하였다. 이들은 과학, 기술은 물론이고 문화계에도 큰 발자취를 남겼다.

표 3-1 1930년대 나치를 피해 미국으로 이주한 주요 유럽 출신 지식인

이름	직업	출생	사망
Enrico Fermi	물리학자	190[illegible]년 이탈리아 로마	1954년 미국 시카고
John von Neumann	수학자	1903년 헝가리 부다페스트	1957년 미국 베데스다
Paul Lazarsfeld	사회학자	190[illegible]년 오스트리아 비엔나	1976년 미국 뉴어크
Theodor Adorno	사회학자, 철학자, 피아니스트, 작곡가	1903년 독일 프랑크푸르트	1969년 스위스 비스프(Visp) (세계대전 중 미국 거주)
Bartok, Béla Viktor János	작곡가, 피아니스트	188[illegible]년 헝가리 바나티안	1945년 미국 뉴욕
Gropius, Walter Adolph Georg	건축가	1883년 독일 베를린	1969년 미국 보스톤
Thomas Mann	소설가	1875년 독일 뤼벡(Lübeck)	1955년 스위스 취리히 (세계대전 중 미국 거주)

제1차 세계대전이 끝났을 때 원자물리학 분야에서 중추적 역할을 하는 세계적 연구소가 세 곳이 있었다. 첫 번째는 독일의 카이저 빌헬름 연구소Kaiser Wilhelm Institute ; KWI였다. KWI는 자연과학뿐만 아니라 공학, 사회과학, 인문학까지의 넓은 분야에서 설립된 연구소들의 집합인데, 알버트 아인슈타인이 이끄는 KWI 물리연구소KWI for Physics, 프리츠 하버가 이끄는 KWI 물리화학·전기화학 연구소, 그리고 나중에 핵분열을 최초로 발견하는 KWI 화학연구소KWI for Chemistry Physics 등이 활약하면서 세계의 학문을 이끌고 있었다. 수학 분야에서는 "수학의 우주 중심Mathematical Center of Universe"이라고 불렸던 괴팅겐대학이 있었는데, 당시 이 대학에는 세계적 물리학자인 막스 본Max Born[25]과 제임스 프랑크[26], 수학자 데이빗 힐버트David Hilbert[27]가 교수로 재직 중이었다.

두 번째는 영국 케임브리지대학의 캐번디시 연구소Cavendish Laboratory[28]로, 뉴질랜드 출신의 세계적 물리학자 어니스트 러더포드[29]가 이끌고 있었다.

세 번째는 코펜하겐에 있는 덴마크 이론물리연구소Institute of Theoretical

25. Max Born(1882~1970) 독일의 유대계 물리학자, 수학자. 1954년 노벨 물리학상 수상. 여담으로 가수 올리비아 뉴튼 존이 본의 외손녀이다.
26. James Franck(1882~1964) 독일의 유대계 실험물리학자. 1925년 노벨 물리학상 수상.
27. 고급 수학에서 나오는 Hilbert Space와 Hilbert Transform의 그 힐버트이다.
28. 영국의 유명 화학자 Henry Cavendish의 이름을 따고 그의 후손이 기금을 출연하여 1874년 케임브리지대학에 설립된 연구소. 초대 소장은 전자기학을 정립한 제임스 막스웰(1831~1879)이다. 2019년까지 노벨상 수상자 30명을 배출했다.
29. Ernest Rutherford, 1st Baron Rutherford of Nelson(1871~1937) 뉴질랜드 출신 영국의 핵물리학자. '핵물리학의 아버지'. 1908년 노벨 화학상 수상.

Physics[30]로 역시 세계적 물리학자인 닐스 보어[31]가 이끌었다.

1920년대에 이 세 연구소는 상호 교류와 경쟁을 하며 현대 물리학을 고속으로 발전시켰다. 그래서 학자들은 이 시기를 "20년대 황금기 Golden Twenties"라고 불렀다(상대적으로 1933년 이후는 "Desperate Years"라고 불렀다). 그러나 이 세 나라 중에서 독일이 세계의 자연과학을 사실상 이끌고 있었다는 점에는 이견이 나오기 어렵다. 노벨상 수상자의 숫자를 보면 독일이 화학·물리학·생물학·의학·수학 분야에서 세계를 선도하고 있었다는 표현이 전혀 과장이 아니다. 1901년부터 1932년(아돌프 히틀러 집권 1년 전이다)까지의 노벨상 100개 중에서 독일 과학자 또는 독일에서 일하던 과학자가 받은 것이 1/3인 33개였다. 반면에 영국은 18개였고, 미국은 6개밖에 되지 않았다.

이렇던 독일이 1933년을 계기로 내리막길을 달리게 된다. 1933년 1월 30일 히틀러가 총리로 임명되어 나치가 정식으로 권력을 장악하고 나서부터다. 2월 27일 독일 국회의사당 방화사건 이후 나치당은 여타 정당들을 회유 또는 협박하여 총리에게 향후 4년간 독자 입법을 허용하는 전권위임법Enabling Act을 3월 23일 제정하고 히틀러를 독재자로 만들었다. 4월 7일에는 "직업공무원 회복법Berufsbeamtengesetz"이 제정되어 독일 대학의 교직원 중 "충분히 아리안 민족이지 못한 사람"의 후손들은 사직하게 하였다. 4월 중순에는 독일학생동맹의 홍보선전실이 "비독일

30. 설립 시 칼스버그 맥주회사가 출연하였다고 한다. 지금은 코펜하겐대학 Niels Bohr Institute로 불린다.

31. Niels Henrik David Bohr(1885~1962) 덴마크의 물리학자. 원자 구조의 이해와 양자역학의 성립으로 유명. 1922년 노벨 물리학상 수상.

적 정신 대항운동"을 선언했다. 모든 대학의 교정에서 나치의 행진이 일상사가 되었고, 사회 민주주의, 좌경 색채 및 유대 가치와 관련된 개인과 작품을 공격하는 선전 선동과 도서들을 불태우는 행사들도 빈번해졌다.

베를린대학에서는 1933~1934년간 250명 이상의 유대인 교수들과 교직원들이 축출되었고, 이미 수여되었던 박사학위들도 취소되었으며 2만 권 이상의 책들이 나치 사상을 저해한다는 이유로 도서관에서 꺼내져 불태워졌다. 나치는 알버트 아인슈타인과 같은 세계적 석학과 프리츠 하버와 같은 국가적 영웅[32]도 사정없이 축출하였다. 독일인 과학자로 가장 유명했고 유대인이 아니었던 막스 플랑크[33]는 특히 프리츠 하버가 사표를 제출한 것에 경악하고 자신이 직접 아돌프 히틀러를 설득해보았으나 실패했다. 플랑크는 총리관저에서 히틀러와 가졌던 면담 결과를 다음과 같이 회상하였다.

> 히틀러가 권력을 잡고 나서 나는 Kaiser Wilhelm Society의 이사장으로서 총통을 면담할 기회를 갖게 되었다. 나는 이 자리를 유대인 동료인 프리츠 하버에게 유리한 말을 해줄 기회로 활용했다.
>
> "프리츠 하버가 암모니아를 공기 중의 질소로부터 생산하는 공법을 개발하지 못했다면 독일은 1차 세계대전에서 개전 초기에 패전하고 말았을 겁니다."

32. 본서 2장의 "독일과 화약·비료의 주요 원료인 질소" 참고.
33. Max Karl Ernst Ludwig Planck(1858~1947) 독일의 물리학자. 에너지 양자(quanta)의 발견으로 1918년 노벨 물리학상 수상. 아인슈타인을 1917년에 KWI 물리연구소 초대 소장으로 영입한 사람이다.

이 말에 대해 히틀러는 다음과 같이 쏘아붙였다.

"나는 유대인 자체에 대해서는 악감정이 없습니다. 그러나 유대인들은 모두 공산주의자들입니다. 공산주의자들은 나의 적이고, 내가 싸우는 상대입니다."

나는 "유대인들에는 여러 종류가 있어서 인류에 유익한 부류도 있고 그렇지 않은 사람들도 있는데, 첫 번째 그룹에는 최상의 독일 문화'를 오랜 기간 동안 지켜온 집안들도 있으니 구별해서 대해야 한다"고 말했다.
이에 대해 히틀러는 폭발했다. 그는 서로 다른 부류를 구별하는 것은 유대인들 스스로의 책임이며, 그들이 잘 뭉치는 성향은 어쩔 수가 없으니 자신은 모든 유대인들을 똑같이 대하겠다고 하였다. 내가 "유능한 유대인들의 과학적 성과가 절실히 필요한 상황에서 그들을 외국으로 이주하게 하는 것은 외국이 그 이익을 챙기도록 해주기 때문에 독일에게는 스스로의 손발을 자르는 일이 될 것이다"라고 말하자 히틀러는 더 이상 이성적 토론이 불가능한 모습을 보이며 자신의 무릎을 손바닥으로 내려쳐가면서 장광설을 하기 시작했다. 나는 침묵할 수밖에 없었다.

히틀러가 "우리의 국가 정책은 과학자에 대한 것이라 하더라도 철회되거나 수정되지 않을 것이다. 유대인 과학자들을 해고하는 것이 현대 독일 과학의 절멸을 의미한다면 우리는 향후 몇 년간은 과학 없이 살겠다"라고 말했다는 기록도 있다.

막스 플랑크가 우려했던 바와 같이 다른 나라들은 독일에서 배척되는 과학자들을 받아들이기 위한 작업을 이미 시작하고 있었다. 독일의

"Brain Drain"이 자국에게는 "Brain Gain"을 얻을 수 있는 기회가 된 셈이다. 난민 과학자들은 초기에는 같은 대륙인 덴마크, 네덜란드 등으로 이주하였으나 후에는 일자리 제공에 적극적이던 영국으로 가장 많이 옮겨 갔다. 나중에 영국 대학들의 재원이 떨어지게 되면서 미국이 더 많은 난민 과학자들을 수용하게 되었다.

영국에서는 1933년 4월, 윌리엄 베버리지[34]가 주도하여 학자 지원 위원회Academic Assistance Council를 설립했다. 초대 위원장은 어니스트 러더포드였다. AAC[35]는 독일과 독일 점령지역으로부터 2,500명 이상의 학자들을 구조해냈다. 나중에 이 중에서 노벨상 수상자가 16명 나왔고, 18명은 영국의 기사 작위를 받게 되었다. 그리고 100명 이상이 영국학사원British Academy 또는 영국 왕립학회Royal Society의 회원이 되었다.

미국에서는 국제교육협회Institute of International Education ; IIE[36]가 1933년 아돌프 히틀러가 정권을 잡은 직후부터 "난민 독일 과학자를 위한 비상 위원회Emergency Committee in Aid of Displaced German Scholars"를 설립하고 독일 학자들을 데려오는 사업을 시작했다. 위원회는 1945년까지 400명 이상의 학자들이 구조하였고 1933~1941년 사이에 구조한 300명 중에서는 물리학자가 100명이나 되었다. 이들 중에는 노벨상 수상자도 있었고 앞으로 노벨상을 받을 사람들도 있었다.

34. William Henry Beveridge, 1st Baron Beveridge(1879~1963) 영국의 경제학자. 진보 정치인. 제2차 세계대전 중 사회 보험 및 연합국 전시 근로 위원회 의장으로 베버리지 보고서를 작성하여 "요람에서 무덤까지(cradle to the grave)"의 구호로 대표되는 사회복지제도를 정립.

35. 1936년에 이름을 Society for the Protection of Science and Learning(SPSL)로 바꾸었다.

36. 연방법에 따른 비영리기관으로 1919년에 설립되었으며, 현재에도 국제 평화 및 안보에 입각하여 국제 학생 교환 및 원조, 외교 등의 업무를 수행하고 있음.

독일에서도 1920년에 설립된 독일과학비상협회Notgemeinschaft der Deutschen Wissenschaft, Emergency Association of German Science가 위험에 처한 학자들의 명단을 외국의 구호기관과 공유하면서 일자리를 찾는 것을 도와주었다. 이러한 노력에 힘입어 상당수의 과학자들이 제2차 세계대전에서 죽지 않고 살아남을 수 있었다.

알버트 아인슈타인과 윈스턴 처칠도 기여를 했다. 베를린대학의 석좌교수였던 아인슈타인은 1932년에 독일을 떠났다. 독일 잡지에 "아직 교수형당하지 않았다. 현상금 5천 달러"라는 설명이 붙은 자신의 사진이 실린 것을 보고 신변 위협을 느꼈기 때문이었다. 아인슈타인은 프린스턴대학의 고등연구소Institute of Advanced Study에 최종 정착하기 전에 영국에 잠시 머물렀는데, 유럽에 남아있는 학자들을 구해내야 하겠다고 생각했다. 그는 당시 야인이었던 윈스턴 처칠을 처칠의 과학고문이자 절친인 프레데릭 린데만(처웰 경)[37]의 도움으로 1933년 여름에 켄트주에 있던 처칠의 시골집Chartwell House에서 만나 학자들을 도와달라고 부탁했다. 처칠은 린데만에게 독일로 가서 유대인 과학자들을 영국에 데려와 대학에 취업시키라고 부탁하였다. 린데만의 첫 번째 스카우트 대상은 괴팅겐대학의 막스 본이었다. 5월 초에 북부 이탈리아로 피신했던 본은 일단 케임브리지대학의 연구생으로 취업하였다가 1936년부터 에딘버러대학의 교수가 되었고 1954년 노벨 물리학상을 수상했다. 린데만이 데려온 또 다른 중요한 유대인 과학자는 브레슬라우대학University of Breslau의 물리화학 교수이던 프란츠 시몬Sir Francis Simon, 1893~1956(영국

37. Frederick Alexander Lindemann, 1st Viscount Cherwell(1886~1957), 영국의 물리학자. 처칠의 과학 보좌관으로 유명.

이주 후 프란시스 사이먼으로 개명)이다. 그는 몇 년 후 우라늄 235(^{235}U)를 농축하는 방법을 개발하여 원자탄 개발에 핵심적 기여를 하게 된다.

다음 표는 유럽을 탈출했던 주요 과학자들이다.

표 3-2 유럽을 탈출한 주요 과학자

이름(출생/사망)	유럽 탈출 연도	유대인 여부	비고
Albert Einstein (1879~1955)	1932	○	독일 출신. 상대성원리 개발 물리학자, 1921 노벨 물리학상
Hans Bethe (1906~2005)	1933	×	독일 스트라스부르그 출신 물리학자, 1967 노벨 물리학상
John von Neumann (1903~1957)	1933	가톨릭 개종	헝가리 부다페스트 출신 수학자, 물리학자, 컴퓨터공학자, 박학다식자
James Franck (1882~1964)	1933	○	독일 함부르크 출신 물리학자, 1925 노벨 물리학상
Klaus Fuchs (1911~1988)	1933	×	독일 뤼셀하임 출신 물리학자, 독일 공산당원, 소련에 핵무기 정보를 전달한 스파이
Enrico Fermi (1901~1954)	1938	× (부인이 유대인)	1938 노벨 물리학상, 1942. 12. 2. 세계 최초 원자로(Chicago Pile-1) 임계 성공
Joseph Rotblat (1908~2005)	1939[1]	○	폴란드 바르샤바 출신 물리학자, 1995년 노벨 평화상
Stanislaw Ulam (1909~1984)	1939[2]	○	폴란드 출신 수학자, 핵물리학자, 에드워드 텔러와 함께 수소폭탄 설계("Teller-Ulam design") 고안.

Niels Bohr (1885~1962)	1943[3]	×	덴마크의 물리학자. 원자 구조의 이해와 양자역학의 성립으로 유명. 1922년 노벨 물리학상 수상.

주 : 1) 1939년 8월에 폴란드를 떠났으나 9월 개전으로 젊은 부인인 Tola는 동행하지 못했고 나중에 Belzec 강제수용소에서 사망함. Rotblat은 평생 재혼하지 않음.
2) 1939년 9월 개전 직전에 동생 Adam과 함께 폴란드를 탈출했으나, 그의 부모와 여동생 등 가족은 전쟁 중 강제수용소에서 사망.
3) 독일군 진주 이후에도 덴마크에서 연구를 계속하다가 독일군의 체포가 임박했다는 정보를 입수한 레지스탕스의 도움으로 교란 사격 속에 아들 등 가족과 함께 극적으로 탈출. 스웨덴으로 밀항한 후 영국 공군의 모스키토 폭격기 폭탄창에 실려 영국으로 탈출. 이후 미국에서 맨하탄 프로젝트에 참여. 함께 탈출한 아들 Aage도 1975년에 노벨 물리학상을 수상함.

연쇄 핵분열을 이용하면 엄청난 파괴력을 가진 폭탄을 만들 수 있겠다는 생각을 가장 먼저 한 사람은 헝가리 출신의 물리학자 실라르드 레오[38]였다고 한다. 그는 영국의 공상과학소설가인 H.G.웰스[39]의 소설 *The World Set Free*(1912년 발간)를 1932년에 읽고 거기에 묘사된 원자탄에서 영감을 받았는데, 영국에 있던 1933년에 길을 건너다가 연쇄 핵분열을 통하면 원자 에너지를 추출할 수 있겠다는 생각이 떠올랐다고 한다. 그는 연쇄 핵분열에 대한 특허[40]를 출원하고, 자신의 연구 분야로 삼아 베릴륨을 가지고 핵분열을 실제로 실험해 보이려고 했으나 성공하지 못하고 1938년에는 포기하게 되었다.

38. Leo Szilard(1898~1964), 헝가리 출신 물리학자, 분자생물학자. 1959년 Atoms for Peace Award, 1960년 Albert Einstein Award
39. H.G. Wells(1866~1946), 영국의 공상과학 소설가. 『타임머신』, 『투명인간』, 『우주전쟁』 등의 장편소설과 '눈먼 자들의 나라' 등의 단편소설로 유명하다.
40. GB630726A(1936. 3. 30.) "Improvements in or relating to the transmutation of chemical elements", by LEO SZILARD. Abstract : A neutron chain reaction generates power and produces radio-active isotopes.

원자핵을 알파 입자 또는 중성자로 때려 이를 변화시켜보려는 시도는 프랑스[41], 이탈리아[42] 등 다른 나라에서도 있었는데, 핵분열을 최초로 성공시킨 곳은 독일이었다. 1938년, 독일 KWI 화학연구소[43]의 오토 한[44]과 프리츠 스트라스만[45]은 중성자로 우라늄(표준 원자량 238.0289)을 때려 바륨(표준 원자량 137.327)이 생성된 내용을 1938년 12월에 *Nature*지에 제출하였다. 오토 한과 함께 연구를 하다가 유대인이라는 이유로 박해받던 리제 마이트너[46]가 1938년 7월에 독일을 영화처럼 탈출하여 네덜란드를 거쳐 스웨덴에 있었는데[47], 1938년 12월 크리스마스 휴가 때

41. 1934년 1월, 퀴리부인의 딸과 사위인 Irène Curie 와 Frédéric Joliot가 알파 입자로 알루미늄 포일을 조사(照射)하여 인(燐)의 동위원소를 만드는 데 성공했다고 발표했다. 이것으로 1935년 노벨 화학상 수상.
42. 1934년 3월, Enrico Fermi는 중성자를 조사하여 인공 방사선을 만들어낸 결과를 발표했다. 이후 저속 중성자를 이용한 실험 결과도 합쳐서 1938년 노벨 물리학상 수상.
43. 2장의 '질소' 편에서 프리츠 하버가 소장으로 있던 곳은 KWI for Physical Chemistry and Electrochemistry이고, 핵분열 실험이 수행된 곳은 KWI for Chemistry이다. 지금은 Max Planck Institute for Chemistry 또는 Otto Hahn Institute로 이름이 바뀌었다.
44. Otto Hahn(1879~1968) 독일 화학자. 방사능 및 방사화학으로 유명. 1944년 노벨 화학상 수상.
45. Friedrich Wilhelm Strassmann(1902~1980) 독일 화학자. 핵분열의 공동 발견자.
46. Lise Meitner(1878~1968) 오스트리아 출신 유대인 여성 핵물리학자. 오토 한, 프리츠 스트라스만과 함께 핵분열의 공동 발견자로 인정된다. 마이트너는 베를린의 카이저 빌헬름 화학 연구소(KWI for Chemistry)에서 근무하다가 세계적 학자들의 도움으로 1938년 7월 독일을 탈출하여 네덜란드를 경유하여 스웨덴으로 간 후 그 해 12월에 한과 스트라스만의 *Nature* 1939. 1월호 기고문을 검증해주었다. 이후 마이트너는 스웨덴에서 연구생활을 하다가 말년에는 영국에서 살았다.
47. 오스트리아의 병합으로 마이트너의 여권이 무효화되어 해외 출장을 통한 망명이 어렵게 되자 네덜란드의 물리학자 Dirk Coster(1889~1950)가 베를린까지 찾아와 마이트너와 함께 철도편으로 국경지역으로 이동한 후 네덜란드로 입국했다. 오토 한은 모친에게 물려받은 다이아몬드 반지를 비상금으로 마이트너에게 주었으며, 외부에는 마이트너가 가족을 만나러 비엔나에 갔다고 속였다.

에는 마침 자신의 조카이자 물리학자인 오토 프리쉬[48]가 찾아와서 함께 있었다. 당시 프리쉬는 코펜하겐에서 닐스 보어가 운영하던 이론물리연구소Institute of Theoretical Physics에서 근무하고 있었다. 오토 한은 리제 마이트너에게 편지를 보내 자신의 기고문 내용을 검증해달라고 부탁했고, 마이트너는 프리쉬와 함께 이 결과가 핵분열로 나온 것이라는 것을 아인슈타인의 상대성 원리를 활용하여 수학적으로 검증해주었다. 한과 스트라스만의 논문은 *Nature*지 1939년 1월 6일자에 게재되었다. 마이트너와 프리쉬는 우라늄에서 바륨이 생성된 후 나머지 다른 조각이 크립톤이 되어야 한다고 예측하였고, 프리쉬는 코펜하겐으로 돌아온 후 1939년 2월에 실험장치를 구성하여 이를 확인하고 그 결과를 *Nature*지에 기고하였다. 프리쉬는 생물학자에게 세포가 둘로 나뉘는 것을 어떻게 부르는지를 알아본 후 핵"분열fission"이라는 단어를 처음으로 사용하였다. 한과 스트라스만, 그리고 마이트너와 프리쉬가 *Nature*지에 각각 기고한 역사적인 논문들은 다음과 같다.

① Hahn, O., Strassmann, F., "Über den Nachweis und das Verhalten der bei der Bestrahlung des Urans mittels Neutronen entstehenden Erdalkalimetalle"("Concerning the Existence of Alkaline Earth Metals Resulting from Neutron Irradiation of Uranium"), *Naturwissenschaften* 27, 11−15 (1939) January 1939.

② Meitner, L., Frisch, O.R., "Disintegration of Uranium by Neutrons :

48. Otto Robert Frisch(1904~1979) 오스트리아 비엔나 출신의 물리학자. 영국으로 망명, 핵무기 개발에 참여. 리제 마이트너가 이모이다.

a New Type of Nuclear Reaction", *Nature* 143, 239–240 (1939) 11 February 1939.

③ FRISCH, O., "Physical Evidence for the Division of Heavy Nuclei under Neutron Bombardment", *Nature* 143, 276 (1939) 18 February 1939.

④ MEITNER, L., FRISCH, O., "Products of the Fission of the Uranium Nucleus", *Nature* 143, 471–472 (1939) 18 March 1939.

전 세계의 과학자들은 핵분열이 가능하다는 것을 확인했고, 이제부터는 연쇄 핵분열이 가능할 것인지, 그리고 어떻게 하면 엄청난 에너지를 뽑아낼 수 있을 것인지에 관심을 갖기 시작했다. 미국에서는 1938년 겨울에 프리쉬로부터 직접 설명을 들었던 닐스 보어로부터 소식을 전달받은 학계가 엔리코 페르미(미국으로 망명한 후였다)를 중심으로 1939년 1월 26일 제5차 워싱턴 이론물리학회를 개최하였다. 그리고 페르미는 자신의 전문 분야였던 저속 중성자에 의한 연쇄핵분열로 원자로를 건설하는 사업을 시작하였다. 여기에는 미국으로 망명했던 실라르드 레오도 참여하였다.

한편, 실라르드는 1933년에 연쇄 핵분열을 이용하면 엄청난 위력을 가진 폭탄을 만들 수 있을 것이라고 생각했었기에 나치 독일이 원자폭탄을 만들 수 있다는 걱정을 하게 되었다. 그는 자신처럼 헝가리 출신 유대인 과학자인 유진 위그너[49]와 상의한 끝에, 우선적으로 벨기에령 콩고에서 가장 좋은 품질의 우라늄 원광이 생산되니 벨기에 왕실과 잘 아는 알버트 아인슈타인을 동원하여 벨기에 정부에 경고하도록 하

49. Eugene Wigner(1902~1995) 헝가리 출신 물리학자, 1963년 노벨 물리학상 수상.

였다. 아인슈타인을 통하여 주미 벨기에 대사에게 서한을 보내는 데 성공한 실라르드 레오는 미국 국무부에도 유사한 서신을 보냈다. 이때 주변에서 루스벨트 대통령과 잘 아는 경제학자인 알렉산더 삭스[50]를 통해 대통령에게도 직접 편지를 보내는 게 좋겠다는 조언을 해주었다. 삭스는 편지 전달을 해주기로 하였고, 역시 아인슈타인의 명성을 활용하는 게 좋겠다고 생각한 실라르드는 삭스와 함께 루스벨트 대통령에게 보낼 편지의 초안을 작성하여 이번에는 역시 헝가리 출신 물리학자인 에드워드 텔러와 함께 아인슈타인에게 찾아갔다.[51] 이 편지가 유명한 아인슈타인-실라르드 서한이다. 이 편지는 대통령에게 원자탄의 위력과 생산 가능성을 알리고, 독일이 이미 개발을 시작했을 우려가 있다는 내용을 담고 있었다. 아인슈타인이 서명한 편지는 1939년 8월 15일에 삭스에게 전달되었으나 독일의 폴란드 침공 등으로 인해 대통령에게는 10월 11일에 보고되었다. 루스벨트는 아인슈타인에게 감사 회신을 보내면서 "우라늄 자문 위원회Advisory Committee on Uranium"를 구성토록 하고 국립표준국Bureau of Standards(현재의 상무부 소속 NIST) 국장인 라이만 제임스 브릭스Lyman James Briggs를 위원장으로 임명하였다. 우라늄 자문 위원회는 1939년 10월 21일 첫 번째 회의를 열었으나, 미국은 실제로 원자탄이 가능할지에 대해서는 전혀 자신이 없었다. 아인슈타인도 원자탄이 비행기로 운반하기는 너무 무겁고 선박으로 운반해야 할 것이라고 설명했을 정도로 당시에는 원자탄을 만들 때 필요한 우라늄의 규모에 대해

50. Alexander Sachs(1893~1973) 미국의 경제학자, 은행가. 유대인이다.
51. 아인슈타인 서한을 작성할 때 관여된 실라르드, 위그너와 텔러 등 헝가리 출신 과학자 3명을 "헝가리인 음모자(Hungarian Conspiracy)"라고 부른다.

서 잘 몰랐기 때문이었다. 우라늄 자문 위원회 위원장인 브릭스가 그리 적극적인 인물이 아니었던 점도 있었다. 일찍 시작하기는 했으나, 미국이 원자탄 연구를 제대로 전개하려면 외부의 도움이 필요했다.

독일도 실라르드가 우려한 대로 연쇄 핵분열 연구를 국가적 차원에서 시작하고 있었다. 핵분열을 세계 최초로 구현한 나라답게 독일은 1939년 4월 22일에 연구활동을 시작하였다. 8월에 연구진들이 징집됨에 따라 연구가 일단 중지되었으나 9월 1일에 제국연구위원회Reich Research Council의 지원으로 재개되었다. 여기에는 오토 한뿐만 아니라 독일의 유명한 물리학자인 베르너 하이젠버그[52]도 참여하였고, 연구는 육군 병기창Army Ordinance Office ; HWA의 직접 지휘 하에 KWI 물리연구소가 하게 되었다. 하이젠버그는 연쇄 핵분열을 만들기 위해서는 천연 우라늄을 농축하여 얻어내는 U235가 유용할 것이라는 것도 알고 있었던 것으로 추정된다. 열확산에 의한 U235 생산 공정을 개발하기 시작한 과학자도 있었다. 또한 독일 정부는 원자로의 감속재로서 중수가 필요하다는 것을 파악한 후 노르웨이 베모크Vemork 중수 공장[53]과 계약을 체결하려 했었다. 그러나 단기간 내에 성과를 내지 못하게 됨에 따라 1942년 1월에는 군부가 직접 지휘하지 않게 되었으며, 그 무렵 군수 담당 장관이 된 알버트 스피어Albert Speer, 1905~1981는 원자력 관련 연구가 계속되기는 했으나 "원자탄" 개발 사업은 1942년 가을에 사실상 끝났

52. Werner Karl Heisenberg(1901~1976) : 독일의 이론물리학자. 양자역학의 창시자 중 1인. 이로써 1932년 노벨 물리학상 수상.

53. 1940년 4월 9일 독일은 노르웨이를 침공, 종전 때까지 점령하였다. 연합군은 중수가 독일의 원자탄 개발에 사용될 것을 우려하여 특수부대 투입, 레지스탕스 활동 및 폭격 등 여러 차례의 다양한 작전을 벌여 중수 생산을 중단시켰다. 이 작전들은 여러 영화의 배경이 되었다.

다고 종전 후에 회고하였다.

프랑스도 노르웨이 베모크 중수 공장을 비밀리에 조사하기 시작했고, 1940년에 패전하기 이전에는 중수를 구입해서 졸리오 큐리가 산화 우라늄 실험을 하도록 했었다. 그러나 1940년 6월에 독일에 항복하면서 모든 연구가 중단되었다.

소련에서는 두 명의 물리학자들이 1940년에 우라늄의 자연 분열에 대한 논문을 *Physical Review*에 기고하였다. 미국이 이 논문에 전혀 반응을 보이지 않자 소련은 미국이 틀림없이 비밀 프로젝트를 진행 중일 것이라고 확신했다고 한다. 한편, 독일에서 영국으로 망명한 물리학자 클라우스 푹스는 1932년부터 독일 공산당KPD의 당원이었고 소련의 첩자였다. 푹스는 영국의 원자탄 개발 프로젝트에 참여하다가 나중에는 맨하탄 프로젝트에도 참여했고 소련은 영국과 미국의 원자탄 개발 동향을 계속 보고받게 된다.

일본에서는 육군 중장인 야스다 타케오가 이끄는 제국육군항공기술연구소가 세계적 동향을 추적하는 과정에서 연쇄 핵분열 논문들이 나왔다는 것을 알게 되었고 1940년 4월에 스즈키 타츠사부로 중령에게 보고서를 작성할 것을 지시하였다. 일본은 종전 시까지 독자적으로 원자탄 개발 프로젝트를 추진했으나 여러 자원이 부족한 데다 특히 우라늄을 확보하지 못하여 종전 때까지 구체적 성과를 낼 수는 없었다.

영국은 1939년 중반부터 원자탄 연구를 시작하였다. 영국에도 캐번디시 연구소와 같은 훌륭한 연구소가 있었고 어니스트 러더포드, 제임스 채드윅[54]과 같은 훌륭한 학자들도 많았지만, 유럽 대륙으로부터 피난 나온 과학자들이 힘을 더할 수 있던 것이 차이를 가져왔다. 영국에서도 핵분열 소식을 듣자마자 이를 군사적으로 활용할 수 있을지에 대한 토론을 하게 되었으나 많은 학자들은 연쇄 핵분열로 순간적 에너지를 뽑아내는 원자탄의 실현 가능성에 대해 회의적이었다. 긴 논의 끝에 헨리 티자드[55]가 이끌던 방공과학조사위원회Committee on the Scientific Survey of Air Defence는 런던 임페리얼대학의 조지 톰슨[56]과 버밍햄대학의 마크 올리판트[57]에게 각각 우라늄 핵분열을 시도해보도록 지시하였다. 이 중 톰슨의 팀은 천연 우라늄으로 실험해본 결과 1940년 2월까지 연쇄 핵분열을 만들어내지 못하여 더 이상 연구할 필요가 없다고 결론지었다.

버밍햄대학에서는 다른 결론이 나왔다. 올리판트에게는 두 명의 뛰어난 유대인 과학자가 있었다. 첫 번째 인물은 루돌프 파이얼스이다.

루돌프 에른스트 파이얼스Rudolf Ernst Peierls, 1907~1995는 베를린에서 태어나 베를린대학, 뮌헨대학, 라이프치히대학과 스위스 취리히연방공대에서 Arnold Sommerfeld, Werner Heisenberg, Wolfgang Pauli 등

54. Sir James Chadwick(1891~1974) 영국 물리학자. 1932년 중성자 발견, 1935년 노벨 물리학상 수상.

55. Sir Henry Thomas Tizard(1885~1959) 영국 화학자. 휘발유의 옥탄가 표시방법을 개발, 제2차 세계대전 중 Tizard 위원회(Committee for the Scientific Survey of Air Defence ; CSSAD)를 운영함.

56. Sir George Paget Thomson(1892~1975), 영국 물리학자. 전자의 파동성질 및 회절효과 발견으로 유명. 1937년 노벨 물리학상 수상. 아버지인 J.J.톰슨도 1906년에 노벨 물리학상을 수상하여 노벨상 역사에서 부자가 노벨상을 받은 여섯 사례 중 하나이며, 물리학상을 받은 세 부자 중 하나임.

57. Sir Marcus Laurence Elwin "Mark" Oliphant(1901~2000) 호주 물리학자. 핵분열 실험과 핵무기 개발에 큰 역할을 담당.

당대 최고의 과학자들을 모시고 공부하였고, 1932년에는 록펠러 장학금을 받아 로마의 엔리코 페르미, 그 다음에는 캐번디시 연구소의 Ralph Fowler[58] 아래에서 연구활동을 하였다. 독일에서 히틀러가 집권하자 파이얼스는 1933년에 영국에 주저앉기로 했고, 처음에는 맨체스터대학에서 한스 베데[59]와 함께 있다가 그 다음에는 케임브리지대학의 몬드 연구소[60]에서 일했으며, 1937년에는 버밍햄대학의 교수로 새롭게 부임한 올리판트가 응용수학 분야 자리를 만들어 루돌프 파이얼스를 초빙했다.

두 번째 인물은 오스트리아 출신 유대인 물리학자인 오토 프리쉬이다. 앞서 설명한 바와 같이 그는 리제 마이트너와 함께 핵분열을 검증하고 이론적 설명을 했던 인물이다. 프리쉬는 코펜하겐의 덴마크 이

표 3-3 Frisch-Peierls Memorandum을 작성한 물리학자 2인[1)]

이름	출생/사망	유대인 여부	비고
Otto Robert Frisch	1904~1979	○	오스트리아 비엔나. 영국으로 망명, 핵무기 개발에 참여
Rudolf Peierls	1907~1995	○	독일 베를린 출신. 영국으로 망명, 핵무기 개발에 참여

주 : 1) 오스트리아와 독일 출신 유대인으로 영국에 망명한 후 1940년 3월에 실제 핵무기를 제작할 때 필요한 계산식을 최초로 완성하여 보고서로 생산함.

58. Sir Ralph Howard Fowler(1889~1944) 영국의 물리학자, 천문학자. 제자 중 3명(S. Chandrasekhar, Paul Dirac, Nevill Francis Mott)이 노벨상을 수상했다.

59. Hans Bethe(1906~2005), 독일 스트라스부르그 출신 물리학자. 1967 노벨 물리학상 수상. 미국 수소폭탄 개발에서 주요 역할 담당.

60. Mond Laboratory. 저온 및 고자기장 연구를 위해 1933년 설립되었으며 왕립학회(Royal Society)에 Dr. Ludwig Mond가 출연했던 Mond 펀드가 지원하였기에 'Royal Society Mond Laboratory'로 명명되었다.

론물리연구소에서 연구를 하던 중 1939년 여름에 올리판트의 초청으로 버밍햄대학에 왔었고, 9월에 제2차 세계대전이 발발하자 덴마크로 복귀하는 것을 포기하였다. 이에 올리판트는 프리쉬가 버밍햄대학에서 일할 수 있는 자리를 만들어주었다.

당시 이 두 사람은 아직 영국에서 적국 출신 외국인Enemy Alien으로 분류되어 있었기에 버밍햄대학이 수행 중이던 레이다와 같은 국방 관련 비밀연구에 투입될 수 없었다. 그런데 원자력 분야는 아직 비밀로 분류가 되지 않아 자유롭게 연구를 할 수 있었다. 파이얼스는 1939년에 독일에서 발표된 열 확산법thermal diffusion[61]을 이용한 동위원소의 분리 방법을 우라늄에 적용하여 만든 금속 우라늄을 사용하는 방법을 연구하기 시작했다. 이전까지는 연쇄 핵분열이 일어날 수 있는 산화 우라늄Uranium Oxide의 최소 중량이 40톤 정도이고 중성자 반사체로 둘러싼다면 12톤 정도가 된다고 알려져 있었는데, 파이얼스는 핵분열에서 발생하는 고속 중성자가 연쇄 핵분열에 다시 사용될 수 있겠다는 점에 착안하여 금속 우라늄으로 제작된 구체球體가 연쇄 핵분열을 일으킬 수 있는 최소 중량을 계산하고 이를 1939년에 논문으로 발표하였다. 이 경우 최소 중량은 톤 단위로 줄어드는 것으로 계산되었다. 파이얼스는 최소 중량이 수십 톤보다는 줄었지만 그래도 톤 단위 수준이기에 무기화는 어렵겠다고 생각하고 있었다.

한편, 이러한 결과를 접한 프리쉬는 이전에 닐스 보어가 우라늄의

61. Klaus Paul Alfred Clusius(1903~1963)가 열 확산법을 이용하여 염소의 동위원소들을 분리하는 데 성공하였다. Clusius, K., Dickel, G., "Zur Trennung der Chlorisotope", *Naturwissenschaften* 27, 148, 1939. 3.

동위원소 중 U235는 중성자를 더 잘 받아들일 수 있다는 주장을 했던 것을 기억했고, 금속 구체를 일반 우라늄이 아니라 U235로만 만들 경우 연쇄 핵분열 최소 중량이 얼마나 되는지를 파이얼스가 개발한 계산식에 대입하여 알아보았다. 결과는 충격적이었다. U235를 쓸 경우 몇 킬로그램만으로도 수천 톤의 TNT와 같은 위력을 낼 수 있는 원자탄을 만들 수 있다는 계산 결과가 나왔기 때문이었다.

1940년 3월, 프리쉬와 파이얼스는 자신들의 발견 결과를 공동 명의 보고서로 만들었다. 민감성을 감안하여 파이얼스가 직접 타이핑하여 보고서를 만들었으며, 사본은 1부만 만들었다. 이 보고서가 지금도 유명한 "프리쉬-파이얼스 메모Frisch-Peierls Memorandum"이다. 두 사람은 보고서에서 U235를 이용한다면 연쇄 핵분열을 통해 "슈퍼 폭탄"을 제작할 수 있다고 주장했다. 그들은 금속 U235의 임계량이 수 kg 정도라고 계산하고 이보다 작은 중량의 우라늄은 안전하므로 임계량이 되지 않는 우라늄 두 덩어리를 약간 이격된 상태로 보관하다가 스프링 장치로 합쳐 임계량을 넘게 하면 핵폭발을 일으킬 수 있을 것이라고 예상하였다. 천연 우라늄 중에 0.7%만 존재하는 U235을 1년 전에 독일에서 개발된 열 확산 방법으로 생산하는 방법도 제안했다. 마지막으로 이러한 사실을 극비에 붙여 동위원소의 열 확산 분리 방법을 개발해놓은 독일이 우라늄 구입에 나서지 않도록 해야 한다는 정무적 조언도 포함하였다. 이 보고서는 지금 보아도 원자탄 생산 방법의 개요서로 쓰일 수 있을 정도이며 원자탄이 방출하는 에너지의 계산식과 방사능 낙진 효과도 설명되어 있다.

이 보고서는 올리판트 교수를 거쳐 헨리 티자드에게 보고되었다. 티자드는 조지 톰슨에게 보고서를 전달하였고, 토론 끝에 추가 검토를 담당할 조직으로 MAUD 위원회가 구성되었다. 이 추가 검토에서 결정적 성과는 우라늄을 산업적으로 농축하는 방법을 찾아낸 것이었다. 「프리쉬-파이얼스 보고서」가 제시했던 열 확산 방법으로는 U235를 농축할 수 없다는 것이 밝혀지자 MAUD 위원회는 1933년에 프레데릭 린데만이 옥스퍼드대학으로 영입해 왔던 프란시스 사이먼에게 기체 확산 공정을 검토하게 하였다. 사이먼은 1940년 12월에 기체 확산 공정으로 U235를 효과적으로 분리할 수 있다고 보고했다.

1941년 7월에 MAUD 위원회는 "MAUD 보고서"로 알려지게 된 유명한 보고서를 채택했다. 두 부분으로 된 보고서의 1부는 "폭탄에 우라늄을 사용하는 방법Use of Uranium for a Bomb"이었고, 2부는 "우라늄의 에너지 이용 방법Use of Uranium as a Source of Power"이었다. MAUD 보고서의 내용은 전반적으로는 프리쉬-파이얼스 보고서와 비슷하나 수준은 확실하게 높아졌었다. 예를 들어 두 조각의 비임계량sub-critical mass 우라늄을 합칠 때 스프링이 아니라 폭약을 사용한 "gun assembly" 방식[62]을 이용하여 고속으로 합체시켜야 한다는 점을 밝혔고, 우라늄 농축 방법으로는 가스 확산gas diffusion 방식을 제안하였다. 임계량도 연쇄 핵분열의 실제 효율을 고려하여 9~43kg으로 다시 계산하였다. 또한 사업 추진에 엄청난 비용과 시간이 들 것이므로 산업계와 협업해야 한다고 제언하였다. 마지막으로, 미국에서의 연구가 원자탄보다는 원자로 등 에너지 부분에 집중되는 점을 지적하고, MAUD 위원회 위원들이 미국을

62. "gun assembly" 방식은 히로시마에 떨어뜨린 'Little Boy' 우라늄 핵폭탄에 사용되었다.

방문하거나 미국 연구진을 영국에 초빙하는 방식으로 미국과의 협력을 논의하는 것이 바람직할 것이라고 제언하였다.

영국 정부에서 보고서를 받아본 사람 중 헨리 티자드는 그리 긍정적이지 않았고, 종전 이전에 폭탄이 완성될 수 있을지에 대해 냉소적이었다. 그러나 윈스턴 처칠의 과학보좌관인 프레데릭 린데만은 생각이 달랐다. 그는 반 페이지 보고서를 선호하던 처칠의 취향을 무시하고 두 쪽 반 분량으로 MAUD 보고서를 요약한 후 이를 처칠에게 보고했다. 처칠은 1941년 8월 27일에 린데만의 건의를 수용하였고 사흘 후에 폭탄 개발을 지시하여 세계에서 최초로 원자탄 개발을 지시한 국가 지도자가 되었다. 9월 3일, 영국군 참모장들은 처칠의 지시에 동의하였고 원자탄 개발을 위한 프로젝트 "Tube Alloys"가 시작되었다.

미국의 과학 기술계는 독일의 프랑스 침공(1940. 5. 10.) 이후 총력 지원체제를 구축해놓고 있었다. 1940년 6월 MIT 공대 학장이자 카네기 연구소Carnegie Institution of Washington 소장이던 버니바 부시Vannevar Bush, 1890~1974는 첨단 연구를 종합적으로 추진하는 대통령 직속 조직으로 국방연구위원회National Defense Research Commitee ; NDRC[63]를 설립하고 자신이 위원장이 되었다. 그는 1941년 6월 28일에 NDRC를 담당할 정부기관으로 설립된 과학연구개발청Scientific Research and Development ; OSRD에서 초대 청장이 되었으며, NDRC의 위원장으로는 하버드대학 총장인 제임스 코난트James Bryant Conant, 1893~1978가 임명되었다. 부시는 NDRC를 구성하면서 1939년에 설립되었던 우라늄 자문 위원회를 NDRC 소속

63. NDRC는 제2차 세계대전에서 미국을 승리로 이끈 주요 기술(예 : 레이다, 근접신관 등)을 개발하게 된다.

으로 바꾸었으나 원자탄 개발에는 미온적이었다. 또한 독일이 먼저 원자탄을 만들 수도 있다는 우려를 알고 있었으나, 당시 모든 것이 부족한 상황을 감안하여 오히려 원자탄을 만들 수 없다는 것을 기술적으로 증명해 내기를 원하고 있었다. 엔리코 페르미와 실라르드 레오가 단면적 cross section 연구 및 탄소 감속재 기반 원자로 제작을 위한 연구비로 요구했던 14만 달러 중 4만 달러만 지급할 정도였다.

1941년 여름에 미국은 표면적으로는 중립이었으나 실제로는 영국과 특별히 협력을 하고 있었다. 프랑스가 항복하고 영국만 혼자 독일에 대항하게 되자 윈스턴 처칠은 미국을 끌어들이는 것이 영국이 생존하는 길이라고 생각하고 엄청난 정력과 상상력, 때때로는 비굴한 아부까지 동원하면서 루스벨트 대통령을 설득하여 사실상 파산 지경에 있던 영국을 살리기 위해 노력하였다. 그 결과가 1940년 12월 30일의 유명한 "민주주의를 위한 위대한 병기창Great Arsenal of Democracy" 연설[64]이었고 1941년 3월에 제정된 무기대여법Lend-Lease Act이었다.

과학기술 분야에서도 영국은 미국의 도움을 절실히 필요로 했다. 이러한 정황이 MAUD 보고서에 나온 미국 부분 언급에 나타난다. 1940년 봄부터 영국은 미국으로 과학기술 대표단을 보내 국방기술 분야에서 양국이 협력하는 방안을 모색해 왔었다. 대표적인 것이 티자드 대표단 The Tizard Mission, the British Technical and Scientific Mission이었는데, 영국의 최고 과학자들이 미국을 방문하여 자신들의 기술개발 현황을 공유해주고 미국과의 협력방안을 모색하게 하는 것이었다. 헨리 티자드가 애초에는

64. 이 장의 "미국 : 포드 윌로우 런 공장과 B-24 리버레이터 폭격기" 참조.

부정적이었던 처칠 등 고위관료들을 설득하여 성사된 첫 번째 방문은 영국항공전Battle of Britain이 한참 진행되던 1940년 9월에 이루어졌다. 대표단은 NDRC를 면담하고 레이다, 폭격기 조준경 등에서 유익한 교류를 하였다. 원자력 분야에서는 엔리코 페르미를 만나 프리쉬-파이얼스 메모 내용을 공유해주었으나 원자로를 개발하는 데 몰두하던 페르미는 냉소적 반응을 보였다. 티자드 대표단은 귀국한 후 미국의 원자력 연구가 에너지원 개발에 집중되었고 원자탄에는 별로 신경을 쓰지 않는다고 보고하였다. 사실 1940년 9월 당시에는 영국도 1940년 12월 프란시스 사이먼의 우라늄 농축기술 관련 보고서가 나오기 전이라 원자탄 개발이 가능할 것이라는 확신을 갖지 못하고 있을 때이기는 했다.

티자드 대표단의 활동 외에도 영국은 원자탄 개발이 가능하다는 자신들의 연구 결과를 미국 연구진들에게 전달해주려고 계속 노력했다. 1940년 4월 9일 영국에서 열린 MAUD 위원회의 기술분과위원회에서 루돌프 파이얼스가 고속 중성자를 이용한 연쇄 핵분열로 원자탄을 만들 수 있다는 것을 보고했었는데, 이 내용이 담긴 회의록을 미국 우라늄 위원회의 라이만 제임스 브릭스 위원장에게 전달해주기도 했었다. 브릭스는 칼텍의 어니스트 로렌스[65]로부터도 플루토늄의 중성자 단면적cross section이 U238의 10배 정도가 되며, 따라서 저속 중성자에 의한 원자로만 연구할 것이 아니라 고속 중성자에 의한 원자탄 연구도 시작할 필요가 있다는 보고서를 받아놓고 있었다. 그러나 브릭스는 영국으로부터 받은 회의록과 로렌스로부터 받은 보고서를 모두 묵살하고 있었고, 따

65. Ernest Orlando Lawrence(1901~1958) 미국의 물리학자. 사이클로트론 입자 가속기 발명으로 유명. 1939년 노벨 물리학상 수상.

라서 미국에서는 1941년 여름까지 원자탄을 만드는 것에 대한 검토가 진행되지 않고 있었다.

1941년 7월 15일, MAUD 위원회가 지금까지의 검토 결과를 정리하여 보고서로 채택하게 되면서 영국은 보다 다급해졌다. 영국은 MAUD 보고서의 내용을 미국인들에게 최대한 빨리 전달해주려 했는데, 이러한 전달은 크게 세 가지 경로를 통해 이루어졌다.

첫 번째 전달 경로는 미국 국방연구위원회의 연구자를 MAUD 위원회 회의에 참석시키는 방법이었다. 런던 임페리얼대학의 조지 톰슨은 MAUD 위원회에 상신할 보고서의 초안을 작성하여 1941년 6월 26일에 위원회 위원들에게 회람시키면서 7월 2일에 회의를 열어 이 초안을 검토하기로 하였는데, MAUD 위원회는 마침 런던에 출장 왔던 캘리포니아공대 교수 찰스 로리첸[66]을 1941년 7월 2일에 열린 회의에 참석토록 초청하였다. 로리첸은 참석했던 24명의 영국 과학자 중 8명과 개별 면담을 한 후 귀국하였다. 면담했던 영국 과학자들은 모두 가스 확산법으로 우라늄을 농축해야 한다고 말했는데, 로리첸 교수는 귀국하자마자 MAUD 위원회 회의 참석 및 개별 면담 결과를 부시에게 보고하였다.

MAUD 위원회가 두 번째 전달을 담당했다. 영국 정부는 MAUD 보고서를 1941년 10월 초 무렵에 미국으로 공식 송부해줄 계획이었으나 MAUD 위원회는 더 다급했다. MAUD 위원회는 보고서를 정식으로 채택하기도 전에 톰슨의 초안을 미국의 버니바 부시에게 전달했다. 부시는 이것을 검토한 후 헨리 월리스Henry Agard Wallace, 1888~1965 부통령과

66. Charles Christian Lauritsen(1892~ 1968) 덴마크 태생 미국 물리학자. 칼텍 교수.

협의했고, 일단은 영국으로부터 MAUD 보고서가 공식 전달되기를 기다리기로 했다.

세 번째 경로는 마크 올리판트를 통해서였다. 결국 가장 중요한 역할을 한 사람은 버밍햄대학의 마크 올리판트 교수였다. 종전 후에 실라르드가 "미국 의회가 외국인에게 특별 공훈 훈장을 준다면 반드시 올리판트에게 주어야 한다"라고 말했을 정도였다.

올리판트는 1941년 8월 하순에 난방도 되지 않는 폭격기를 타고 미국으로 왔다. 리스본에서 출발하는 팬 아메리칸 항공의 비행정Clipper 편은 너무 느리다고 타지 않았을 정도로 올리판트는 다급했다. 표면적인 출장 목적은 올리판트가 버밍햄대학에서 수행 중이던 레이다 연구를 NDRC 측과 협의하기 위해서였지만 진정한 목적은 미국이 왜 MAUD 보고서를 무시하고 있는지를 알아보기 위해서였다. 그는 MAUD 위원회의 회의록과 보고서들이 미국 우라늄 자문 위원회의 라이만 제임스 브릭스 위원장에게 전달됐는데 왜 아무 반응이 없는지 궁금했다. 그리고 브릭스가 이 문서들을 자신의 금고에 잘 넣어두고 위원회의 다른 위원들에게는 보여주지 않았다는 사실을 알게 되자 경악했다. 올리판트는 위원회 위원들과 면담한 자리에서 "폭탄"을 개발해야지 원자력 발전소를 건설하려 할 때가 아니라고 말하고, 폭탄 개발에 2,500만 달러가 필요한데 영국은 재원과 인력이 없으니 미국이 나서야 한다고 주장하였다. 우라늄 자문 위원회의 위원들은 브릭스가 정보를 숨긴 것을 몰랐고 자신들은 잠수함용 원자로를 개발하는 것으로 알고 있었다고 말했다.

절박해진 올리판트는 캘리포니아대학교 버클리의 교수인 어니스트 로렌스에게 전보를 쳐서 자신이 항공편으로 캘리포니아로 직접 가서라도 동 사안을 설명하겠다고 제안했고, 방미 다음 달인 9월 초에 실제로 캘리포니아로 날아갔다. 올리판트는 MAUD 보고서 내용을 로렌스에게 설명해주었고, 로렌스는 과학연구개발청 청장인 버니바 부시와 국방연구위원회 위원장인 제임스 코난트에게 전화를 걸어 올리판트를 만나보라고 건의하였다. 국방연구위원회의 코난트는 워싱턴 D.C.에서 올리판트를 만찬에 초청하여 그의 설명을 경청하였다. 반면에 과학연구개발청 청장인 부시는 올리판트를 예방 형식으로 20분만 만나주었다. 그가 MAUD 보고서 초안을 이미 받아보았다는 이야기도 하지 않았다. 올리판트는 엔리코 페르미도 만났으나 페르미는 고속 중성자에 의한 원자탄이 성공할 가능성에 대해 계속 비관적이었다고 회고했다. 결국 올리판트는 자신의 출장이 성과를 거두었는지에 대해 전혀 확신하지 못한 상태에서 귀국했다.

여기에서 행동을 시작한 사람이 어니스트 로렌스였다. 로렌스는 시카고대학의 물리학 교수인 아서 콤프턴[67]과 연락하여 원자탄 개발 가능성과 독일이 먼저 개발할 우려를 설명하고, 마침 9월 25일에 자신이 특강을 하러 시카고에 갈 때 국방연구위원회 위원장인 제임스 코난트도 행사 참석을 위해 시카고에 올 계획이니 코난트에게 직접 설명할 기회를 만들어달라고 부탁하였다.

코난트는 시카고대학의 설립 50주년 기념행사를 위해 시카고로 와서 콤프턴의 집에서 손님으로 머무르고 있었다. 9월 25일 저녁, 콤프턴은 코난트에게 사전 통보 없이 로렌스를 자택으로 불렀다. 로렌스는 원

67. Arthur Holly Compton(1892~1962) 미국의 물리학자. 콤프턴 효과로 유명. 1927년 노벨 물리학상 수상.

자탄 제조가 가능하다는 올리판트의 설명을 코난트에게 전달하면서 당시 미국에서의 원자력 연구에 대한 불만을 강하게 표시했다. 코난트는 그동안 받아본 보고서들을 종합한 결과 원자력 연구는 전시 중에는 중단하는 것이 타당하다고 결론지었다 말하며, 지금은 가용한 모든 역량을 현실적인 국방 지원에만 쏟아야 할 때라고 말했다. 이때 콤프턴이 로렌스 편을 들기 시작하자 코난트는 1년 반 전인 1939년 말에 노벨 물리학상을 받은 로렌스에게 개인적이면서도 중요한 질문을 하였다. 1988년 퓰리처상을 받은 리차드 로즈Richard Rhodes의 명저 *The Making of the Atomic Bomb*(Simon & Schuster, 1987)에서 콤프턴의 회고에 따르면 두 사람의 대화는 다음과 같다.

> "여러분들이 이야기하시는 것처럼 이 문제가 중요하다면 추진해야 하겠지요. 나는 이미 버니바 부시와 함께 우라늄 프로젝트를 전쟁 중에는 접어야 하겠다고 얘기했었습니다. 그런데 지금 여러분은 절대적이고 매우 효과적인 무기를 생산하는 계획을 제안하고 있습니다. 그런 무기가 만들어지려면 우리는 그걸 가장 먼저 해야 하겠지요. 그러지 않을 수 없을 것이니까요. 그러나 나는 우리가 가진 모든 것을 투입하지 않고서는 이 프로젝트가 성사될 수 없을 것이라는 점을 확실히 하고자 합니다."

여기에서 코난트는 로렌스를 돌아보며 물었다.

> "어니스트, 당신은 이 핵분열 폭탄의 중요성을 믿는다고 말하고 있어요. 그렇다면 당신은 당신 인생의 향후 7~8년을 원자탄을 만드는 데에만 전적으로 투입할 준비가 되어있습니까?"

이 질문은 어니스트 로렌스를 깜짝 놀라게 하였다. 나는 아직도 입을 반쯤 벌린 그의 눈에 나타난 표정을 기억한다. 로렌스는 아주 잠깐 동안 머뭇거리더니 말했다.

"당신이 이것을 내 업무로 지정한다면, 나는 그렇게 하겠습니다."

코난트는 워싱턴으로 돌아와 부시에게 시카고에서 의도치 않게 가졌던 모임의 결과를 보고하였다. 두 사람은 미국과학아카데미National Academy of Sciences ; NAS에게 보고서를 작성하게 하였고, 아카데미에서 콤프턴이 이끌던 위원회를 확대하여 하버드대학의 화학과 교수이자 NDRC의 폭발물 부서장인 조지 키스티아코프스키[68]를 포함시켜 검토하도록 하였다. 프린스턴대학 교수였던 키스티아코프스키를 하버드로 모셔온 사람이 코난트 총장이었기에 코난트는 키스티아코프스키의 검토 결과를 신뢰할 수 있었다. 코난트는 화학자였다. 콤프턴과 로렌스는 물리학자였고, MAUD 보고서를 작성한 사람들은 거의 다 물리학자였다. 버니바 부시는 전기공학자였다. 코난트는 자신처럼 화학자인 키스티아코프스키로부터 객관적 견해를 받아보고 싶었던 것으로 보인다. 키스티아코프스키는 2~3주간 검토한 후에 원자탄 생산이 가능하겠다는 의견을 전해 왔고, 코난트는 이를 수용할 수 있었다. 즉, 올리판트 → 로렌스 → 콤프턴 → 키스티아코프스키 → 코난트 순으로 설득이 이루어진 것

68. George Bogdanovich Kistiakowsky(1900~1982) 우크라이나계 미국인 물리화학 교수. 18세에 백군에 지원하여 러시아 혁명에 참여한 후 독일로 탈출. 1925년 독일 베를린대학에서 화학박사학위. 이후 미국으로 이민하여 하버드대학 교수로서 맨해튼 프로젝트에 참여. 아이젠하워 대통령의 과학 고문을 역임

이었다.

이 다음에 설득될 사람은 버니바 부시였는데, 물론 콤프턴과 로렌스의 주장도 중요했으나 당시 캐나다 오타와에 영국의 과학주재관으로 와 있던 조지 톰슨이 10월 3일에 코난트에게 공식적으로 전달해준 MAUD

표 3-4 미국이 원자탄 개발을 결심하기까지의 주요 사건과 관련 인물

주요 사건	주요 역할을 한 과학자	출신 국가	활동 국가	이주 사유
1938. 12~1939. 2 연쇄 핵분열 검증	리제 마이트너	오스트리아	독일-스웨덴	나치 독일의 유대인 탄압
	오토 프리쉬	오스트리아	영국-미국	〃
1939. 8~1939. 10 루스벨트 대통령에게 서한 발송	알버트 아인슈타인	독일	독일-미국	〃
	실라르드 레오	헝가리	미국	헝가리의 유대인 탄압
	유진 위그너	헝가리	미국	〃
	에드워드 텔러	헝가리	미국	〃
1940. 3 프리쉬-파이얼스 보고서 작성	오토 프리쉬	오스트리아	영국-미국	나치 독일의 유대인 탄압
	루돌프 파이얼스	독일	영국	〃
1941. 8 미국에게 MAUD 보고서 설명	마크 올리판트	호주	영국	-
1941. 9 NDRC 위원장에게 MAUD 보고서 검증	조지 키스티아코프스키	우크라이나	독일-미국	볼셰비키 정권의 탄압

보고서가 결정적 역할을 했다. MAUD 보고서를 받아본 부시는 자신이 미국과학아카데미에 작성하라고 지시했던 보고서가 올라오지도 않은 상태에서 1941년 10월 9일에 MAUD 보고서를 루스벨트 대통령에게 들고 올라갔다. 부시는 루스벨트 대통령과 월리스 부통령을 함께 만난 자리에서 보고하였다. 루스벨트는 정책적 판단에 능한 사람이었다. 그는 부시의 보고를 바로 수용하였을 뿐만 아니라 아주 작은 규모의 사람들만 정책 결정에 참여하도록 부통령(헨리 월리스), 국방장관(헨리 스팀슨), 합참의장(조지 마셜), 그리고 버니바 부시와 제임스 코난트를 "Top Policy Group"으로 지정하고, 이들이 대통령에게만 보고하도록 하였다. 이때부터 원자력 프로그램은 과학자들의 손을 떠나 정책의 영역으로 들어갔다. 그리고 잘 알려진 맨하탄 프로젝트가 시작되었다. 이후의 진전상황은 잘 알려진 대로이며 다른 책에서도 쉽게 찾을 수 있다.

이상의 이야기를 정리하면, 미국이 원자탄 개발계획을 시작하게 되는 과정에서 외국인 과학자, 특히 유럽 출신 피난민, 그중에서도 유대인들의 역할이 결정적이었다. 오토 프리쉬, 루돌프 파이얼스와 마크 올리판트는 특정 과학자의 활동이 역사에서 정말로 큰 결과를 가져올 수 있다는 것을 극명하게 보여주고 있다. 이들의 천재적이고도 적극적인 활동이 없었다면 제2차 세계대전 중에 원자탄이 개발되는 것은 사실상 불가능했을 것으로 생각된다.

원자탄을 만들겠다는 결심을 하게 되는 과정에서도 그랬지만, 실제로 원자탄을 만드는 맨하탄 프로젝트에서도 외국인 과학자들이 핵심적인 역할을 했다. 루스벨트 대통령이 1940년 12월 30일 라디오 연설에서 미국을 "민주주의를 위한 위대한 병기창"으로 만들겠다고 했는데, 이는 미국이 "민주주의의 위대한 두뇌 모임"이 된 덕분에 가능했다. 반면에 독일에서는 아돌프 히틀러의 非아리안 학자 축출 조치와 이에 따른 대탈출의 결과로 물리학자의 25%가 없어져 버렸다. 이 중에는 노벨상을 받았거나 앞으로 받을 사람이 11명이나 되었다. 독일의 핵무기 프로그램이 실패한 네 가지 원인으로 관료주의, 연합군의 폭격, 유대인 과학자 박해, 그리고 베르너 하이젠베르그의 잘못된 리더십이 꼽힐 정도[69]로 독일이 유대인 과학자들을 활용하지 못한 것은 큰 실수였다. 막스 플랑크가 히틀러에게 말한 우려가 현실이 되어 적국이 이익을 본 것이다.

원자탄이 개발된 과정과 기술자들이 어디에서 어떻게 기여했는지를 다시 돌아보면 과거의 역사적 사례와 유사하게 상황이 진전되었음을 발견할 수 있다. 나치 독일과 다른 유럽 국가들이 유능한 과학자들, 특히 유대인 과학자들을 박해하고 축출한 것은 1478년 스페인 종교재판이 시작되면서 이교도—유대인과 개신교드—를 쫓아낸 것이나 1685년 프랑스에서 루이 14세가 퐁텐블로 칙령 발표하고 위그노들을 쫓아낸 것과 매우 유사하다. 그리고 영국과 미국이 적극적으로 난민 과학자들을 유치한 것은 오스만 제국, 그리고 영국의 헨리 8세와 올리버 크롬웰이 국적과 종교에 관계없이 기술자들을 받아들인 것과 비슷한 조치였다. 1933년이 일자리를 만들어내기 매우 힘들었을 대공황 직후였는데도 불구하고 영국은 SPSL, 미국은 Emergency Committee를 설립하고 독일이나 유럽 출신 과학자들을 적극 받아들인 것은 퐁텐블로 칙령 직후 프러시아가 포츠담 칙령을 발표하고 위그노 난민들을 수용한 것의 재판再

69. 네덜란드 출신 미국 물리학자 사무엘 구드스미트(Samuel Goudsmit, 1902~1978)의 평가이다.

版이다. 독일은 이러한 두뇌 유출을 계기로 20세기 전반에 누렸던 과학기술 분야에서의 선두 지위를 급속히 상실했고, 그 지위를 미국이 차지하게 되었다. 다음 그림을 보면 과학기술의 주도권이 어떻게 이동했는지를 알 수 있다.

[그림 3-1] 20세기 과학분야 노벨상 국가별 수상 추이

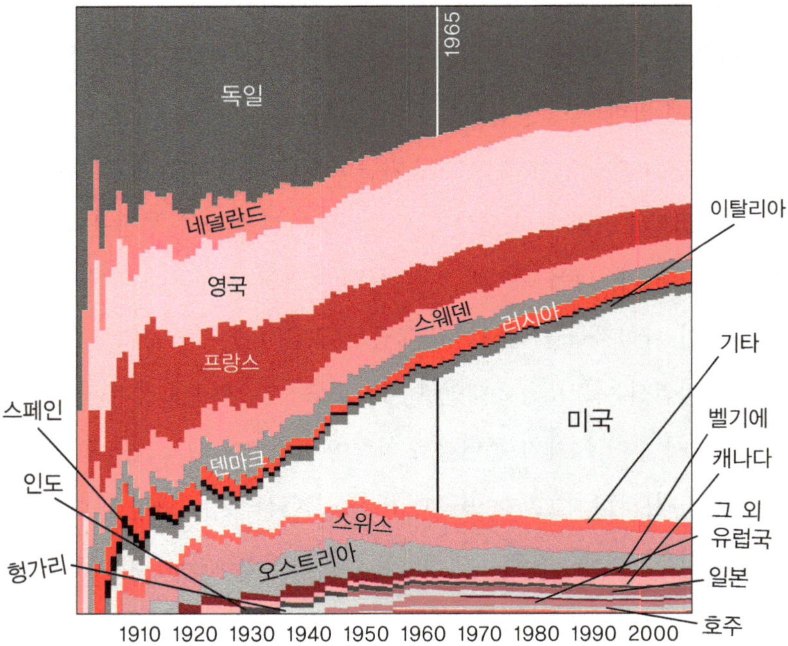

출처 : "Evolution of National Nobel Prize Shares in the 20th Century", Jürgen Schmidhuber, IDSIA & USI & SUPSI, Switzerland, 2010. 9. 14.

다음 표에서 2001년 이후의 과학 분야 노벨상 수상국 순위를 보면 과학 권력이 지금은 어디로 이동했는지도 확실히 보인다.

1932년까지 과학 분야 노벨상의 1/3을 차지하던 독일이 20세기 후반부터 하락하게 된 원인은 충분히 설명이 된 것 같다.

표 3-5 역대 과학분야 노벨상 수상국 순위

(단위 : 명)

순위	1901년 이후		2001년 이후	
1	미국	282	미국	72
2	영국	92	일본	18
3	독일	85	영국	14
4	프랑스	38	프랑스	8
5	일본	24	독일	7
6	스위스	23	이스라엘	5
7	캐나다	18	스위스, 캐나다	4
8	러시아	17	러시아	3
9	스웨덴	16	호주, 네덜란드	2

출처 : "'한국 0 vs 일본 24'...日이 노벨상에 강한 진짜 이유는?", 매일경제, 2020. 10. 3.

[참고문헌]

1. Alexander Sachs—Wikipedia.
2. Antony Beevor, *The Second World War*(Lend-Lease 부분), Orion, 2014.
3. "Bohr's dramatic escape : 70 years ago", 2013. 9. 29, https://motls.blogspot.com/2013/09/bohrs-dramatic-escape-70-years-ago.html
4. British contribution to the Manhattan Project—Wikipedia.
5. Christopher Miskimon, "Niels Bohr's Flight From the Nazis Was a Science Drama", WIB HISTORY, 2018. 12. 20.

6. Council for At-Risk Academics—Wikipedia.
7. Edward Teller—Wikipedia.
8. Einstein-Szilárd letter—Wikipedia.
9. Emergency Committee in Aid of Displaced Foreign Scholars—Wikipedia.
10. Eric Weiss, "The Impact of the Intellectual Migration on the United States and Eastern Europe", VANDERBILT UNIVERSITY, The Nobel Prize Winners in Science, Honors 182 Section 8.
11. Eugene Wigner—Wikipedia.
12. Francis Simon—Wikipedia.
13. Frisch-Peierls memorandum—Wikipedia.
14. FRISCH, O., "Physical Evidence for the Division of Heavy Nuclei under Neutron Bombardment", *Nature* 143, 276 (1939), 1939. 2. 18.
15. German nuclear weapons program—Wikipedia.
16. "Guide to the Emergency Committee in Aid of Displaced Foreign Scholars records", Emergency Committee in Aid of Displaced Foreign Scholars, 1946.
17. Hahn, O., Strassmann, F., "Über den Nachweis und das Verhalten der bei der Bestrahlung des Urans mittels Neutronen entstehenden Erdalkalimetalle"("Concerning the Existence of Alkaline Earth Metals Resulting from Neutron Irradiation of Uranium"), *Naturwissenschaften* 27, 11-15 (1939), 1939. 1.
18. Hentschel K.(1996), "Max Planck : My Audience with Adolf Hitler[May 6, 1947]", In : Hentschel K. (eds) *Physics and National Socialism*, Science Networks·Historical Studies, Vol 18,

Birkhäuser Basel.
19. History of the Jews in Hungary—Wikipedia.
20. History of the Kaiser Wilhelm Society(KWS), Max Planck Gesellschaft.
21. Human capital flight—Wikipedia.
22. James C. O'Flaherty, "Max Planck and Adolf Hitler", typescript, comments by D. Neuberg, enclosed in letter, 1959. 3. 20.
23. Jeremy Bernstein, "A memorandum that changed the world", Am. J. Phys. 79 5, 2011. 5.
24. Jewish scientists played a key role in the Manhattan Project-East Tennessee Economic Council, 2015. 2. 9.
25. "JEWS & THE ATOM BOMB", Board of Jewish Education NSW, https://bje.org.au
26. Jurgen Schmidhuber, "Evolution of National Nobel Prize Shares in the 20th Century", 2010. 9. 14.
27. Leo Szilard—Wikipedia.
28. Lise Meitner—Wikipedia.
29. Manhattan Project : The Maud Report, 1941, U.S. Department of Energy, http://www.osti.gov/opennet/manhattan-project-history/Events/1939-1942/maud.htm
30. Manhattan Project—Wikipedia.
31. Mark Oliphant, https://military-history.fandom.com/wiki/Mark_Oliphant
32. MAUD Committee Report, Atomic Heritage Foundation.
33. MAUD Committee—Wikipedia.

34. Maud Report 사본, https://fissilematerials.org/library/maud.pdf
35. Meitner, L., Frisch, O.R., "Disintegration of Uranium by Neutrons : a New Type of Nuclear Reaction", *Nature* 143, 239-240 (1939), 1939. 2. 11.
36. MEITNER, L., FRISCH, O., "Products of the Fission of the Uranium Nucleus", *Nature* 143, 471-472 (1939), 1939. 3. 18.
37. Moser, Petra, Voena, Alessandra and Waldinger, Fabian (2014), "German Jewish émigrés and US invention", American Economic Review, 104 (10), ISSN 0002-8282, pp. 3222~3255.
38. Otto Robert Frisch—Wikipedia.
39. Radio Address Before the Eighth Pan American Scientific Congress. Washington, D.C., The American Presidency Project.
40. Ray Monk, "Inside The Centre : The Life of J. Robert Oppenheimer", Random House, 2012. 11.
41. RESPONSE by Leo Szilard, https://library.ucsd.edu/dc/object/bb58377715/_1.pdf
42. Rhodes, Richard, *The Making of the Atomic Bomb*, New York : Simon & Schuster, 1986.
43. Richard G. Hewlett and Oscar E. Anderson, Jr., *The New World : A History of the United States Atomic Energy Commission, Volume I 1939~1946*, The Pennsylvania State University Press, 1962.
44. Rudolf Peierls—Wikipedia.
45. Sagan, Carl., *The Demon-Haunted World : Science As a Candle in the Dark*, Random House, 1995.
46. "Saving Lives and Ideas", Institute of International Education.

47. "Scientific Exodus", Atomic Heritage Foundation.
48. "Scientist Refugees and the Manhattan Project", 2019. 1. 27., https://www.atomicheritage.org/print/article/scientist-refugees-and-manhattan-project
49. Shane Maloney and Chris Grosz, "Mark Oliphant & J Robert Oppenheimer", *ENCOUNTERS*, The Monthly, 2014. 6, https://www.themonthly.com.au/issue/2014/june/1401544800/shane-maloney-and-chris-grosz/mark-oliphant-j-robert-oppenheimer#mtr
50. "The Einstein-Szilard Letter-1939", Atomic Heritage Foundation.
51. The Frisch-Peierls Memorandum, https://web.stanford.edu/class/history5n/FPmemo.pdf
52. "The Hungarian Conspiracy-the manhattan project", http://themanhattanprojectus.weebly.com/the-hungarian-conspiracy.html
53. *The Intellectual Migration : Europe and America 1930~1960*, Edited by Donald Fleming and Bernard Bailyn, 1969. 1. 1.
54. The Martians(scientists)—Wikipedia.
55. "The scientific exodus from Nazi Germany", *Physics Today*, 2018. 9. 26.
56. Tizard Mission—Wikipedia.
57. "Uranium", Belgian Congo during World War II—Wikipedia.
58. "Was HG Wells the first to think of the atom bomb?", BBC, 2015. 7. 4., https://www.bbc.com/news/magazine-33365776
59. World War I War Debts—Encyclopedia.com

나치 독일의 로켓 과학자들과 냉전 시대

1945년 5월 초에 유럽에서 제2차 세계대전이 끝났다. 그와 동시에 지금도 중요한 전략 무기인 탄도 미사일과 순항미사일을 세계 최초로 전력화했던 독일로부터 관련 과학자와 기술자들이 이동하기 시작했다. 이 이동은 10여 년 전에 독일과 다른 유럽 국가에서 일어났던 탈출과는 달랐으나, 세계의 군사력 구조를 바꾸어 놓은 결과는 같았다.

현재 세계의 전략무기는 "대량파괴무기와 그 운반 수단"으로 정리되는데, "운반 수단"으로는 탄도 미사일과 크루즈 미사일이 대표적이다. 이들을 세계 최초로 전력화하고 실전에 사용한 나라가 나치 독일이다. 독일의 V-1 비행폭탄flying bomb은 세계 최초로 실전에 사용된 크루즈 미사일이고, V-2 로켓은 세계 최초로 사용된 단거리 탄도 미사일이다. 무기 이름에서 "V"는 독일어로 "복수무기"라는 뜻을 갖는 Vergeltungswaffen의 머리 글자로, 나치 독일의 제국선전부Reich Ministry of Public Enlightenment and Propaganda가 붙인 이름이었다. V-1과 V-2는 영국 공군의 무차별 야간 폭격으로 독일 국민들이 엄청나게 희생되는 것에 비밀 무기로 보복하겠다고 공언했던 것에 대한 해결책이었다. 나치 정부는 민간인들의 불만을 달래기 위하여 영국에 보복 폭격을 하려 했는데, 몇 차례 진행한 폭격[70]들이 잘 되지 않았고, 동부전선의 상

70. Baedeker Blitz. 뤼벡 폭격에 보복하기 위해 영국여행 안내책자 *Baedeker's Guide*에 나온 도시 중 별 3개 이상의 도시들을 모두 파괴하겠다는 독일 외교부 대변인의 발언에 따라 붙여진 이름. 4월 23일 첫 번째 폭격 이후 역사적으로 알려진 도시들을 폭격해나갔으나 1940년에 비해 훨씬 향상된 영국 공군의 대응으로 인해 폭격기들의 손실은 컸던 반면 효과적인 파괴는 하지 못함.

황도 잘 풀리지 않는 상황[71]에서 영국의 무차별 폭격[72]이 계속되자 1943년 9월 29일, 알버트 스피어[73]가 "비밀병기"로 복수하겠다고 독일인들에게 약속하게 되었다. 그리고 독일 선전부는 1944년 6월 24일에 비행폭탄 "Vergeltungswaffe 1V-1"을 공개하였고, 9월 8일에 처음 실전 발사한 A-4 로켓은 V-2라는 이름으로 발표하였다. 그러나 이 "복수무기"들은 영국군의 무차별 폭격보다 훨씬 전부터 개발되던 것이었다. 독일도 미국의 맨하탄 프로젝트에 필적할 정도로 많은 예산과 설비 그리고 뛰어난 인재들을 투입하여 신무기 개발을 진행하고 있었다.

▲ V-2 로켓

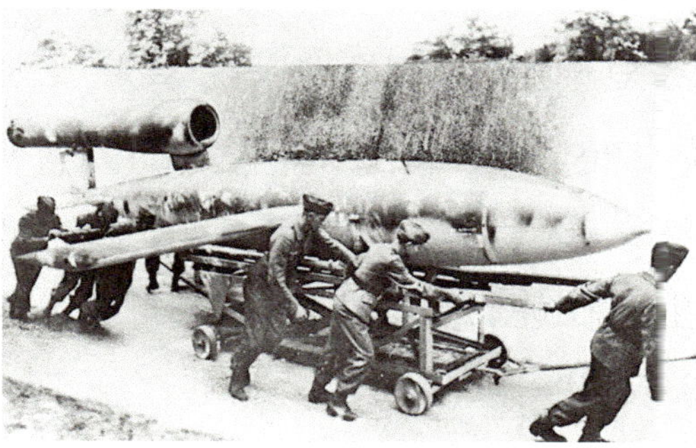

◀ V-1 비행폭탄

71. 1943년 1월 31일 독일 6군이 스탈린그라드에서 항복한 이후부터 동부전선의 전세도 기울기 시작했다.
72. 1943년 7월 24일, 함부르크 대공습은 "Firestorm"이라는 단어를 만들어냈으며 4만 명 이상의 시민이 사망했다.
73. Albert Speer(1905~1981) 나치 독일의 군비생산담당 장관(Minister of Armaments and War Production)으로 유명한 인물. 본서 4장 참고.

이 중에서 V-2 탄도탄부터 먼저 알아보자. V-2 탄도탄은 세계 최초로 실전 배치된 단거리 탄도미사일이다. 1톤의 폭약을 탄두로 장착하고 320km의 거리를 날아갈 수 있었고, 최고 속도는 시속 5,760km에 최종 돌입 속도는 2,880km/h나 되어 당시의 기술로는 요격이 불가능했고, 내장된 자이로스코프와 가속도계로 항법유도를 하고 있어서 외부로부터의 전파 방해도 불가능했다.[74] 최고 상승고도는 174.6km로 인류가 만들어 처음으로 우주에 진입시킨 물체였다. 추진 기관으로는 에탄올을 액체산소로 연소시키는 액체 연료 로켓이 채택되었다. 발사 초기의 자세 제어는 로켓 노즐 안에 배치된 4장의 추력 편향판jet vane이 담당하였다. 이 모든 기술들은 기본적으로 현대의 대륙간 탄도탄에서 사용되는 것과 거의 같다.

독일이 세계 최초로 탄도탄을 개발하게 된 이유 중 하나는 제1차 세계대전이 끝나면서 체결된 베르사이유 조약에서 독일의 재무장을 막기 위해 여러 무기류에 대한 연구개발이 금지되었었는데, 로켓은 금지 대상에서 빠졌기 때문이었다. 이에 따라 민간에서도 로켓 연구가 활발히 진행되었고 독일 육군에서도 관심을 갖고 고체연료 로켓을 연구하고 있었다. 무엇보다도 20세기를 대표하는 로켓 공학자인 베르너 폰 브라운Wernher von Braun[75]이 가장 중요한 역할을 하였다.

74. V-2의 후기 모델은 항법보조용으로 지상에서 발사하는 전파 빔을 추적하는 방식도 사용했다.

75. Wernher Magnus Maximilian Freiherr von Braun(1912~1977) 독일 출신 로켓 공학자. 나치 독일에서 V-2 로켓 개발의 주역. 미국으로 이주한 후에는 육군의 ICBM 개발을 지원하면서 미국 최초의 인공위성을 발사한 로켓을 개발했으며, 인간의 달 착륙을 위한 아폴로 프로그램을 가능하게 한 새턴-V 로켓 개발 프로그램을 총괄.

청소년 시절부터 로켓 연구에 관심이 많았던 폰 브라운은 1930년 베를린대학을 거쳐 1932년에 베를린훔볼트대학(당시 이름은 Friedrich-Wilhelm University of Berlin)에 입학하였다. 그는 이때부터 독일 포병 대위였던 발터 도른베르거[76]를 통해 연구비를 받았고 1934년 4월 16일에 "액체연료 로켓의 제작과 이론적 · 실험적 해법"[77]으로 박사학위를 받았다. 베르너 폰 브라운은 도른베르거가 운영하던 쿰머스도르프 Kummersdorf[78]에 소재한 고체로켓 시험장 옆에서 액체연료 로켓을 연구하였는데, 이들이 제작한 A-2 액체연료 로켓으로 1934년에 3.5km의 고도에 도달하는 데 성공했다. A-2 로켓의 성공에 고무된 폰 브라운은 1936년부터 훨씬 큰 로켓을 구상하기 시작했고 도른베르거는 로켓 개발을 위한 전용 연구시설을 건설하기 시작했다. 이 시설이 페네뮌데 Peenemünde 연구소이다. 페네뮌데는 현재 폴란드 국경 인근의 발트해 연안에 있는 우제돔Usedom섬 북서쪽 끝부분에 있는 조그만 마을로, 1937년부터 쿰머스도르프로부터 350여 명의 로켓 과학자들이 옮겨왔고, 여기에서 V-1과 V-2를 모두 개발하게 되었다. 여기에서 약관 24세의 폰 브라운은 기술 총괄 책임자를 맡게 된다.

페네뮌데 연구소는 여러 면에서 미국의 맨하탄 프로젝트에서 만

76. Dr. Walter Robert Dornberger(1895~1980) 독일의 포병장교(종전 시 육군 소장). V-2 로켓 및 페네뮌데 연구소 프로그램의 총괄 책임자.

77. Construction, Theoretical, and Experimental Solution to the Problem of the Liquid Propellant Rocket(Konstruktive, theoretische und experimentelle Beiträge zu dem Problem der Flüssigkeitsrakete. Raketentechnik und Raumfahrtforschung, Sonderheft 1(1960), Stuttgart, Germany) 독일군은 이 논문을 비밀로 분류하였고 1960년이 되어서야 출판될 수 있었다.

78. 베를린에서 남쪽으로 약 25km 떨어진 지역의 지명. 독일 육군은 1945년까지 이 지역에서 미래무기 개발과 야포 사격시험을 위한 연구센터를 운영함.

들어진 로스 앨러모스 연구소와 유사하다. 독일은 페네뮌데 연구시설을 만드는 데 5억 5천만 마르크를 투입하였는데 이것은 2020년 기준으로 환산하면 30억 달러가 넘는다.[79] 1940년 페네뮌데 연구소에는 1,700명의 과학자, 기술자와 기타 직원들이 일하고 있었고 전성기에는 약 12,000명이 상주했다. 비교 대상인 로스 앨러모스 연구소에서는 가장 규모가 컸던 1945년에 상주 인원이 과학자, 기술자와 그 가족을 모두 합쳐 약 5,000명이 있었다.

페네뮌데 연구소는 제2차 세계대전이 시작되기 전인 1937년에 이

표 3-6 1939년 4월 버니바 부시가 국가항공자문위원회(NACA) 부위원장으로서 의회 청문회에서 증언한 내용

구 분	독일	미국	비고
항공 연구소 숫자	5개		독일 연구소 중 1개에는 미국 전체보다 많은 설비와 인력이 배치됨.
연구소 인력	베를린 연구소에 1,600명	버지니아 랭글리 연구소에 450명	
풍동(wind−tunnel) **기술 수준**	시속 700마일	시속 500마일	독일이 미국보다 훨씬 빠른 시속 420마일의 비행기를 만들 수 있는 배경
항공 연구예산	미국의 4~6배		
비행기 엔진 구조	직접 연료분사(direct fuel injection)	카뷰레터 방식	

79. 출처 : "12 Seconds of Silence : How a Team of Inventors, Tinkerers, and Spies Took Down a Nazi Superweapon" by Jamie Holmes, Houghton Mifflin Harcourt, 2020.

미 활동을 시작했다. 이러한 사실은 미국 과학자들도 감지하고 있었고 1939년 4월에 버니바 부시가 미국 의회 청문회에 출석하여 독일이 항공 연구에서 앞서간다는 것을 증언하기도 하였다.

버니바 부시의 청문회 증언은 대략 사실에 부합하나 풍동 내용은 틀렸었다. 페네뮌데에는 시속 700마일 정도가 아니라 마하 4.4, 즉 시속 3,400마일의 비행체를 시험할 수 있는 초음속 풍동이 있었다. 폰 브라운이 개발하던 로켓이 초음속 비행을 하기 때문이었다.

베르너 폰 브라운은 A-2 로켓을 확대 개량한 A-4 로켓을 개발하여 1942년 10월 3일의 시험발사에서 84.5km의 고도까지 올리는 데 성공했고 1942년 12월 22일에 A-4의 양산 지시가 내려왔다. 1943년 7월 7일 폰 브라운은 아돌프 히틀러를 만나 A-4 로켓의 시험발사 영상을 보여주면서 브리핑을 하였고 히틀러는 그 자리에서 폰 브라운을 "교수"로 임명할 정도로 매우 기뻐하며 양산을 재촉했다. 그러나 A-4 로켓을 실전 투입하려면 1944년 여름까지 더 많은 시험발사와 설계 변경이 필요했다.

독일 육군이 로켓을 개발하는 동안 독일 공군은 무인 비행기로 폭격하는 방법을 개발하고 있었다. 1940년 2월에 독일의 항공기용 엔진 업체인 Argus Motoren사의 프리츠 고슬라우Fritz Gosslau, 1898~1965가 "Deep FireFernfeuer"라고 하는 무인기 구상을 처음 제안했었는데, 펄스 제트pulse jet 엔진을 장착하여 700km/h의 속도를 낼 수 있도록 개량된 후 1942년 6월 5일에 무인기 개발 프로그램Project Fieseler Fi 103이 공군에 제출되었다. 최대 사거리 299km, 속도 700km/h, 탄두중량 500kg(양산 모델에서는 850kg으로 증가)의 성능을 가지는 FZG-76 무인기의 첫 번째 시험비행은 1942년 말에 있었고 1943년 7월에는 처음으로 245km를 비행한 후 목표에서 1km 이내에 도착하는 데 성공했다.

그러나 A-4 로켓에서와 마찬가지로 FZG-76의 양산도 쉽지 않아 1944년 봄이 되어서야 전선에 배치될 수 있었고, 노르망디 상륙작전(1944년 6월 4일)이 시작된 후 여러 날이 지난 6월 12일이 되어서야 두 가지 무기 중 FZG-76이 처음으로 런던에 발사되기 시작했다. 그리고 얼마 안 되어 독일 선전부는 V-1을 발사했다고 발표하였다. V-2로 대외 명칭이 바뀐 A-4 로켓은 1944년 9월 7일에 연합군에게 해방된 파리를 향해 최초로 두 발이 발사되었는데 둘 다 실패했고, 그 다음 날인 9월 8일에 파리에 한 발, 영국에 두 발이 발사되었다.

표 3-7 V-1과 V-2의 발사량과 희생자[1)]

<table>
<tr><th>구분</th><th colspan="3">V-1</th><th colspan="3">V-2</th></tr>
<tr><td rowspan="6">발사량</td><td rowspan="3">벨기에</td><td colspan="2" rowspan="3">11,988발</td><td>벨기에</td><td colspan="2">1,664발</td></tr>
<tr><td>영국</td><td colspan="2">1,402발</td></tr>
<tr><td>프랑스</td><td colspan="2">76발</td></tr>
<tr><td rowspan="2">영국</td><td colspan="2" rowspan="2">10,495발</td><td>네덜란드</td><td colspan="2">19발</td></tr>
<tr><td>독일(레마겐 철교)</td><td colspan="2">11발</td></tr>
<tr><td>합계</td><td colspan="2">22,483발</td><td>합계</td><td colspan="2">3,172발</td></tr>
<tr><td rowspan="4">희생자</td><td></td><td>사망</td><td>부상</td><td></td><td>사망</td><td>부상</td></tr>
<tr><td>벨기에</td><td>2,000명</td><td>1,500명</td><td>벨기에</td><td>1,736명</td><td>4,500명</td></tr>
<tr><td>영국</td><td>6,000명</td><td>18,000명</td><td>영국</td><td>2,754명</td><td>6,523명</td></tr>
<tr><td>합계</td><td>8,000명</td><td>19,500명</td><td>합계</td><td>4,490명</td><td>11,023명</td></tr>
</table>

주 : 1) 제작 단가가 낮은 V-1의 발사량이 많음을 알 수 있다.

독일이 비밀을 지키려고 노력했었으나 영국과 미국은 V-1과 V-2가 개발 중이라는 것을 알고 있었고, 영국 공군이 페네뮌데 연구소를 공습하기도 했으나 V-2의 생산을 6~8주 지연시켰을 뿐이었다. 영국과 미국은 노르망디 상륙작전이 시작되면 독일이 V-1과 V-2를 사용할 것이라고 예상했고, 화학무기가 탑재될 가능성을 우려하고 있었다. 미국은 과학연구개발청이 개발한 화학무기 제독 약품, 방호복과 전용 세탁설비를 노르망디 상륙작전 전에 영국에 배치하기도 했었다. 그러나 독일은 재래식 탄두를 대량으로 사용하는 방법으로 공격해 왔다. 〈표 3-7〉은 V-1과 V-2의 사용량과 희생자 규모에 대한 통계이다.

연합국들은 승리가 다가옴에 따라 나치 독일의 신무기 기술을 확보해서 자국 것으로 만들어야겠다고 생각하게 되었다.

V-1의 경우에는 가격 대비 효과가 매우 높다는 점이 인정되어[80] 일찍부터 시험비행을 하다가 불시착한 V-1을 입수하고 분석하고 있었으며, 미군은 V-1의 런던 폭격이 시작되자 불발탄 기체를 그대로 복제하여 1944년 9월부터 JB-2 비행폭탄이라는 이름으로 생산하기 시작했다. 미국은 이 폭탄을 일본 본토에 사용하려고 대량 생산까지 했으나 전쟁이 일찍 종결되어 사용하지는 못했다. 그러나 관련 기술은 1950년대에 핵무기 탑재 크루즈 미사일을 배치하는 데 사용되었다.

V-2 로켓은 방어가 사실상 불가능했기에 종전이 다가오면서 연합

80. 미 육군항공대 사령관이었던 햅 아놀드(Hap Arnold, 1886~1950)는 철판과 목재 소재로만 구성된 V-1를 생산하는 데 1943년 가격으로 600달러가 드는 데 반해 B-29 폭격기는 1,000배 정도 비싸고, 폭격기가 폭탄을 여러 개 탑재한다는 점을 감안해도 100배 이상으로 비싼 것인데, 폭격기에 탑승하는 승무원 11명의 총 비용이 비행기 한 대 값보다도 더 비싸다는 것까지 생각하면 V-1의 비용 대비 효과가 훨씬 좋다는 사실에 주목했다.

국들은 이러한 신기술을 전리품으로서 획득해가는 방안을 강구하기 시작했다. 독일은 V 시리즈 무기 외에도 Me-262 제트전투기와 Type XXI 유보트 잠수함 등 신무기를 계속 내보내고 있었다. 연합국들은 독일의 신무기를 만들어낸 설비, 문서, 공학자와 과학자들을 확보하려고 했고, 연합국 모두 같은 생각을 하다 보니 국제적 경쟁까지 생겼다.

미국이 추진한 독일의 첨단기술 확보 노력 중 가장 유명한 것은 "Operation Paperclip"이다. 처음에는 "Operation Overcast"로 시작되어 외국인을 확보하고, 잡아두고, 활용한 후 돌려보내도록 했으나 1945년 하반기부터는 이름을 바꾸고 독일 출신 과학자, 공학자와 기술자들을 확보하여 미국으로 보내게 되었다. 그러나 비슷한 작전은 이미 훨씬 전부터 그리고 여러 경로로 진행되고 있었다.

앞 부분에서 설명한 대로, 미국과 영국의 원자탄 개발계획은 독일이 원자탄을 먼저 개발할 우려에서 시작되었다.[81] 실제로 히틀러가 수시로 '비밀병기'를 개발 중이라고 큰소리쳤기 때문에 미국과 영국은 나치 독일의 원자력 연구 결과를 빨리 확인해보려고 했다. 미국에서는 1943년 하반기에 맨하탄 프로젝트의 총책임자인 레슬리 그로브Leslie Groves, 1896~1970(당시 계급은 준장)가 자신의 휘하에 Alsos Mission이라는 조직을 만들었다. 이들은 1943년 12월부터 영국군과 합동으로 조사 작업을 시작하여 이후 프랑스를 거쳐 독일로 진군하면서 독일이 연구하던 원자로를 분해하여 미국으로 보내기도 하였다. 원자력과 관련한 인물, 문서,

81. 나치 독일의 원자력 연구 책임자였던 베르너 하이젠버그는 독일이 덴마크를 점령하고 있던 1941년 9월, 코펜하겐을 방문하여 닐스 보어를 만났고 원자력 개발과 관련한 대화를 했다. 나중에 닐스 보어는 덴마크를 탈출하여 맨하탄 프로젝트에 합류했다.

물자 및 시설들을 조사하고 평가하는 한편, 이들이 소련 손에 들어가지 않도록 하는 것도 임무였다.[82] Alsos 팀은 일본이 항복한 이후 일본에도 진출하여 그곳에서 진행되었던 원자력 연구 동향을 파악하였다.[83]

1944년 6월 4일의 노르망디 상륙작전을 계획하면서 미국 육군과 영국 육군은 합동으로 독일의 과학 및 산업기술 목표물들을 후퇴하는 독일군에 의해 파괴되거나 종전 혼란기에 약탈당하기 전에 확보하기 위해 이를 담당할 특별 부대를 편성하였다. "T-Force"라는 이름의 이 부대는 약 3,000명의 조사원과 이들을 지원하는 수천 명의 보병 및 공병 병력으로 구성되었다. 이 부대는 패전 독일로부터 지식 자산을 최대한 확보하여 전후 정치·경제에 도움을 주는 것이 목적이었다. 독일의 기술이나 설비가 소련 수중에 들어가지 않도록 하는 임무도 갖고 있었고, 소련이 확보하기 전에 갖고 나오기 어려울 경우는 파괴하기로 되어있었다. 이들은 독일 비밀경찰과 비슷할 정도로 업무를 거칠게 수행한 것으로 알려졌으며, 종전 후에도 독일의 과학자뿐만 아니라 기업인들도 강제

82. 가장 유명한 사례는 베를린 교외의 오라니엔부르크(Oranienburg)에 있던 우라늄 가공시설인 아우어게젤샤프트(Auergesellschaft)를 폭격한 사건이다. 1944년 11월에 프랑스에 있던 Alsos 팀은 아우어게젤샤프트가 우라늄과 토륨을 생산하는 공장이라는 것을 밝혀낸 후 이 공장이 소련군의 손에 먼저 들어갈 것을 우려하였다. 이에 레슬리 그로브 장군이 합참의장인 조지 마셜에게 이 공장을 폭격하여 파괴하자고 건의했고, 미 육군항공대는 아우어게젤샤프트를 "독일육군 지휘소"라고 분류한 후 1945년 3월 15일에 B-17 폭격기 612대를 보내 폭격하였다. 나중에 이 곳에 찾아온 소련 측 조사단은 폭격이 독일이 아니라 소련을 향한 것이라고 불평했다고 한다.

83. 필자가 1990년대에 도쿄에 있는 이화학연구소(理化学研究所, Riken)를 방문하여 그곳의 입자가속기를 견학했을 때 안내하던 연구원이 설명하기를 1945년에도 입자가속기가 있었는데 9월에 미군이 진주한 후 철거하여 도쿄만에 수장시켰다고 했었다. 이화학연구소 홈페이지도 이 역사를 기록하고 있다.

로 영국으로 압송하여 기업 비밀을 내놓을 때까지 심문하였다고 한다.

미국에서는 공군도 별도로 나섰다. 앞서 설명한 육군항공대[84] 사령관 햅 아놀드는 캘리포니아 공대의 유명한 항공공학 교수인 테오도어 폰 카르만[85]의 지원을 받아 항공기술정보국Air Technical Intelligence ; ATI을 설립했다. 이들이 4월 13일에 찾아냈던 독일 공군의 헤르만 괴링 항공 연구센터Hermann Goering Aeronautical Research Center에는 연구동이 70개에 풍동은 7개나 있었는데 지하에 잘 숨겨져서 연합군은 존재를 모르고 있었다. 이곳이 영국 점령지역으로 분류되어 있었기에 항공기술정보국은 영국군이 진주하기 전에 모든 서류와 설비들을 공군 폭격기를 이용하여 반출해버렸다. 이때 반출한 풍동 설비 중 일부는 현재도 미국에서 사용하고 있다고 한다.

소련도 가만히 있지 않았다. 소련은 독일과 싸우기 시작한 지 1년 반 정도가 지난 1943년 2월부터 일선에 "전리품 여단Trophy Brigades, Трофейные бригады"을 배치하고 독일 지역을 점령해 나가면서 얻을 수 있는 모든 자산들(무기류, 기술, 설비, 주요 인물, 미술품 등)을 파악하여 정리하고 본국으로 이송하는 임무를 수행하게 하였다. 과학기술 분야에서는 1944년 9월 18일에 내무인민위원회NKVD가 특별작업반을 만들어 독일 과학자들을 소련으로 데려오도록 하였고, 특히 원자력과 관련해서는 1945년 3월 23일에 내무인민위원회 수장인 라브렌티 베리야Lavrentiy

84. 당시 미군에는 공군이 없었고 육군과 해군이 각각 항공대를 가지고 있었다.

85. Theodore von Kármán(1881~1963) 헝가리 태생의 항공공학자. 독일 괴팅겐대학에서 박사학위를 받고 아헨공대에서 교수로 근무하다가 나치즘 확산에 환멸을 느껴 1930년 미국으로 이주하여 캘리포니아공대 교수로 부임.

Pavlovich Beria, 1899~1953가 스탈린에게 건의하여 원자력 기술과 관련 과학자들을 찾아내는 특별 팀을 독일에 보내게 되었다. 이들은 주요 과학자와 설비는 물론이고 독일이 비축해놓았던 우라늄들을 모두 가져가는 사업을 진행했고, 율리 하리톤[86], 레프 아르치모비치[87]와 같이 나중에 유명해지는 소련 과학자들도 내무인민위원회의 영관급 장교로서 동참하여 작업을 지원했다.

이와 같이 미국, 영국은 육군과 공군이 각각 독일 기술을 확보하는 조직을 운영했고 소련도 마찬가지였기에 제2차 세계대전 종전 무렵에는 이러한 작전을 수행하는 30개 이상의 조직이 서로 경쟁하고 있었다고 한다.

한편, 독일에서는 제2차 세계대전의 후반기로 접어들면서 인력 부족이 심각한 문제가 되었다. 그 전에는 전쟁이 단기간에 끝날 것으로 보아 고급 기술을 가진 장정들도 전장에 내보냈고 이들은 대개 전투 임무보다는 취사병 등 지원 업무에 배치되었었다. 그러나 전쟁이 장기화되고 총력전[88]을 선언하면서 생산의 극대화가 요구되자 이들 중에서 과학자, 공학자와 기술자 출신자를 사회로 돌려보내게 되었다. 이때 행정 효율성으로 유명한 독일 정부는 국방연구협회Defense Research Association를

86. Yulii Borisovich Khariton(1904~1996) 유대계 러시아 물리학자. 소련 최초의 원자탄을 개발한 주역. 소련 사회주의 노동영웅 3회 수상. 물리학 박사 학위는 케임브리지대학에서 러더포드와 채드윅 밑에서 받음.

87. Lev Artsimovich(1909~1973) 소련의 물리학자. 핵융합 분야에서 많은 업적을 남겼고 "토카막(Tokamak, 핵융합 실험장치)의 아버지"로 알려짐.

88. 총력전(Total War, (독)totaler Krieg) : 나치 독일의 선전부 장관인 요세프 괴벨스(Joseph Goebbels, 1897~1945)가 스탈린그라드 패전 직후인 1943년 2월 18일에 베를린 실내경기장에서 대중연설을 통해 국민들에게 요구한 개념.

통해 정치 및 사상 검증을 통과한 과학자들의 명단을 정리하였다. 이 명단은 협회장인 베르너 오젠버그Werner Osenberg의 이름을 따서 베르너 오젠버그 명단이라고 불린다. 그런데 종전 직전인 1945년 3월, 독일 본 대학의 화장실 변기에 처박혀 있던 오젠버그 명단을 폴란드 출신 기술자가 발견했고, 이것은 영국 해외첩보부MI-6를 경유하여 미국 정보 당국에게 넘어갔다. 미군 병기단Ordnance Corps 연구정보국 제트추진부는 오젠버그 명단을 활용하여 자기들이 생포하여 심문할 독일 과학자들의 명단(소위 Black List)을 작성하였다. 그 명단의 첫 번째 인물은 베르너 폰 브라운이었다. 그러나 병기단 연구정보국은 물론이고 Operation Overcast 대원이나 T-Force 대원도 폰 브라운을 찾아다닐 필요가 없었다. 독일이 항복하기 닷새 전인 1945년 5월 2일, 오스트리아에 진주했던 미 보병 44사단 324 보병연대 대전차 중대의 일등병에게 폰 브라운이 발터 도른베르거 소장과 수백 명의 로켓 과학자들을 대동하고 스스로 항복해 왔기 때문이었다.

폰 브라운과 연구팀 모두가 스스로 미군에게 항복한 배경을 살펴보려면 폰 브라운이 나치 친위대SS에게 체포됐던 사건을 돌아볼 필요가 있다. 1944년 3월 15일 아침, 게슈타포는 폰 브라운과 다른 2명의 동료 연구원들을 반역죄 혐의로 체포하여 폴란드에 있는 스테틴 감옥[89]으로 압송했다. 이 세 사람이 "다른 사람들 앞에서 전쟁의 향후 결과에 대한 패배주의적 사고를 표출하고, 살인 무기보다 우주선을 개발해야 한다는 욕망을 공공연히 이야기했다"는 혐의였다. 어린이용 위인전부터 시작해

89. 현재는 폴란드 영토 안에 있는 나치 독일 시절의 게슈타포 감옥.

서 많은 책들이 폰 브라운이 우주 개발을 꿈꾸다가 나치에게 혼이 났다는 식으로 당시의 체포를 설명한다. 그러나 폰 브라운 자신이 나치 당원이었고 1940년부터는 SS에 정식으로 가입했었다는 점을 보면 왜 게슈타포가 폰 브라운 정도로 중요한 인물을 사형시킬 수도 있는 혐의로 체포했는지는 잘 설명이 되지 않는다.

이에 대해서는 나치 독일의 해외방첩청Abwehr 장교였고 1944년 7월 20일의 아돌프 히틀러 암살미수 사건에 참여했다가 사형당한 한스 게오르그 클람로스 소령Major Hans Georg Klamroth의 딸이 쓴 회고록에 보다 합리적인 설명이 나온다. 이 책에 따르면 다른 나라와 마찬가지로 나치 독일에서도 한정된 자원을 서로 확보하려고 히틀러에게 잘 보이려는 경쟁이 심했다. 육군과 공군 간의 경쟁이 유명했지만 더 심했던 것은 SS 장관(또는 SS 국가지도자, Reichsführer-SS)이었던 하인리히 힘러Heinrich Himmler, 1900~1945와 군비생산담당 장관Minister ofArmaments and War Production이었던 알버트 스피어(본서 4장 참고) 사이의 경쟁이었다. 강제노동인력의 배치를 관장하던 힘러는 독일의 무기 산업 전체를 장악하기를 원했고, 특히 육군이 설립한 페네뮌데의 로켓 연구센터를 갖고 싶어했다. 이미 SS는 페네뮌데 연구소의 건설에서부터 로켓을 생산하는 공정까지의 과정에서 강제노동인력을 공급하는 것으로 페네뮌데의 활동에 개입하고 있었지만, 이곳에서 개발되는 비밀무기들이 히틀러의 관심 대상이었기에 이를 독차지하려 한 것이었다. 이러한 '쿠데타'를 위해서는 가장 유명한 인물이자 페네뮌데의 기술 담당 소장이었고 폰 브라운을 없앨 필요가 있었다. 폰 브라운과 그의 동료 2명(Klaus

Riedel 1907~1944[90]과 Helmut Gröttrup, 1916~1981)이 확실히 육군 편이었다고 평가되었기 때문이었다. 그들은 육군이 나치 친위대보다 활동의 자유를 더 줄 것이라고 보아 그쪽을 선택한 것이었다. 힘러가 폰 브라운을 없애려고 결정했을 때 폰 브라운이 나치 친위대 대원이라는 점은 아무런 걸림돌이 되지 못했다.

일단 폰 브라운이 잡히자 상황이 악화될 가능성이 매우 커졌다. "게슈타포의 취조 중 도주하다가 사살되었다"라는 전례가 있었기 때문이다. 발터 도른베르거 장군(이때 장군이 되어 있었다)이 나서서 힘러나 독일군 총사령관 카이텔 원수를 설득하려고 시도했지만 실패했다. 이때 해외방첩청 장교로서 페네뮌데를 담당하고 있던 한스 게오르그 클람로스 소령이 나섰다. 그는 독일의 신무기 개발 활동이 방해받는 일이 없어야 하겠다고 생각하여 이 상황을 자신과 관계가 좋던 알버트 스피어 장관에게 보고하였다. 스피어는 폰 브라운의 체포가 자신에 대한 또 다른 공격이라고 바로 인식하였다. 스피어 장관은 클람로스 소령을 대동하고 히틀러를 직접 만나 폰 브라운 등 체포된 세 사람의 조건부 석방을 간청하였고, 이 덕분에 이들은 14일 만에 석방되었다. 스피어는 회고록에서 히틀러가 "쉬운 일은 아니지만 폰 브라운이 대체 불가능한 동안에는 모든 처벌로부터 보호해 줄 수밖에 없다"고 말했다고 기록했다.

이러한 역경을 겪은 폰 브라운과 도른베르거는 유사시에 나치, 특히 나치 친위대가 자신들을 어떻게 처리할지를 예상할 수 있었다. 실제로 나치 친위대 내에서 강제노동인력 공급을 총괄하면서 페네뮌데 연구소

90. Klaus Rieldel은 석방되고 몇 달 후인 8월 4일에 교통사고로 사망하였다.

도 관장하던 한스 카믈러 장군Obergruppenführer Hans Kammler, 1901~1945(추정)은 로켓 과학자들이 적군에게 생포될 상황이 되면 그 전에 이들을 모두 사살하라는 명령을 내려놓고 있었다. 1945년 초, 독일 동부 지방에 있는 페네뮌데로부터 160km 거리까지 소련군이 진격하자 폰 브라운은 연구진을 소집하여 항복을 할 것인지, 그렇다면 어느 쪽에 항복해야 할지를 논의하였다. 당시 상당수의 독일인들처럼 그들은 미군에게 항복하는 방안을 시도해보기로 결정하였다.[91] 이때 모든 독일인들은 전선에 나가 싸우라는 명령이 내려왔는데, 폰 브라운은 마침 나치 친위대의 카믈러가 모든 연구진을 독일 중부지방으로 소개시키라는 명령을 내렸던 것을 활용하여 서류를 위조하는 방법까지 동원해가면서 일단 연구진 500여 명을 독일 중부지방에 있던 지하 미사일 공장Mittelwerk 인근으로 옮겼다. 여기에서 그는 나치 친위대가 기술자료들을 파기할 것을 우려하여 모든 도면들을 인근의 버려진 철광산 속에 숨기도록 했다.[92] 1945년 4월 연합군이 독일 내부로 더 진군해오자 카믈러는 미사일 기술자들을 독일-오스트리아 국경 인근 알프스 지역의 오버라머가우Oberammergau로 다시 이동하게 했다. 나치 친위대는 연구진을 모두 모아 보호하되 유사시에는 총살하라는 명령을 내려놓고 있었는데, 폰 브라운은 감시책임자

91. 독일군이 전쟁 초기 소련으로 진군할 때 학살 등의 만행을 워낙 많이 저지른 탓도 있지만 소련군이 독일로 진격해 들어오면서 저지른 만행도 이에 못지않았다. 따라서 패전을 목전에 둔 상태에서 대부분의 독일인들은 가능하다면 미군에게 항복하기를 원했다. V-2 생산에 소련 포로를 포함한 강제노동인력을 투입했고 여기에서 많은 노동자들이 죽었기 때문에 독일 기술자들이 소련에 항복하기 어려웠다는 분석도 있다.

92. 이 도면들은 분량이 14톤이나 되었는데 미군은 폰 브라운과 도른베르거 등을 집중 심문하여 도면의 정확한 위치를 알아낸 후 이것이 영국군 점령 지역 내에 있었음에도 불구하고 1945년 5월 15일까지 전량 회수하는 데 성공한다.

인 나치 친위대의 소령에게 미군의 P-47 전폭기가 지상 공격을 많이 하고 다니는 상황에서 한군데 모여 있으면 한꺼번에 다 죽을 수 있고 그렇게 되면 당신도 처벌받는다고 설득하여 연구진들을 분산시키는 데 성공했다. 미군은 4월 29일에 오버라머가우에 진주했고 대부분의 기술자들을 무사히 확보하였다. 그리고 베르너 폰 브라운, 발터 도른베르거 소장과 몇몇 기술자들은 오스트리아로 넘어가서 5월 2일에 미군에게 항복하였다.

미군은 제 발로 걸어들어 온 폰 브라운이 어느 정도로 중요한 인물인지를 잘 알고 있었다. 미군은 폰 브라운과 연구진을 Operation Paperclip을 통해 심문하였고, 영국군도 초기 심문에 참여했었다. 1945년 6월 20일에 미국 국무장관은 폰 브라운과 그 일행을 미국으로 받아들이는 것을 승인했고, 첫 번째 기술자들이 1945년 9월 20일 미국에 도착했다. 이들은 궁극적으로 텍사스 엘 파소 인근의 포트 블리스Fort Bliss에 배치되었으나 대접은 그리 좋지 못했다.[93]

미군이 노획한 V-2를 발사 시험을 할 수 있도록 조립하고 조정해주는 정도의 역할만 담당하던 이들에게 변화가 온 것은 냉전 덕분이었다. 1950년 4월에 이들은 앨라배마주 헌츠빌Huntsville로 이동되어 새로 설립된 유도미사일센터Ordnance Guided Missile Center ; OGMC에서 연구를 하게 되었는데, 한국전쟁이 발발하면서 육군이 지대지 탄도 로켓을 개발하는 레드스톤 프로그램을 시작하였고 폰 브라운이 이 프로그램의 기술 총책임자가 되었다. 레드스톤은 기본적으로 V-2 로켓을 발전시키는 프로그

93. 독일에서 최상급의 대접을 받던 기술자들은 텍사스의 황량한 자연환경, 열악한 음식 등을 견디기 어려워했다고 한다.

램이었다. 군사용 미사일 연구를 하면서도 폰 브라운은 언론을 통하여 인간이 달에 갈 수 있다는 것과 우주정거장의 건설, 화성 탐사 등의 아이디어를 일반 대중에게 널리 퍼뜨리는 홍보활동을 적극적으로 전개하였다. 월트 디즈니와도 협력하여 자신이 직접 출연하는 영화 3편을 제작하기도 하였다.[94] 이 정도의 홍보활동을 할 정도라면 그리 바쁘지 않았던 것처럼 보이는데, 실제로 그랬다. 미국에서 로켓 개발사업은 경쟁체제로 진행 중이었는데, 해군이 자국 기술자들을 중심으로 해군연구소 Naval Research Laboratory ; NRL에서 바이킹 프로그램을 시작으로 하여 로켓 개발 계획을 추진하고 있었고, 육군은 폰 브라운의 레드스톤 로켓 프로그램을 진행하고 있었다. 당시 미국은 외국인 기술자들이 500여 명 모여 일하는 집단보다는 자국 출신 기술자들이 더 좋은 성과를 내기를 기대했던 것으로 보이며, 국가적으로 추진되던 인공위성 발사 사업은 해군이 후속 개발한 뱅가드 로켓에 기반하여 추진되고 있었다. 그러나 소련이 1957년 10월 4일 세계 최초의 인공위성인 스푸트니크 1호를 쏘아 올리자 미국은 엄청난 충격을 받았다. 국가 자존심이 구겨진 미국은 폰 브라운에게도 관심을 보이게 되었다. 이미 1954년에 자신이 개발 중이던 탄도 미사일을 조금 손보면 인공위성을 올릴 수 있다고 건의했으나 반려된 경험이 있는 폰 브라운은 스푸트니크 1호 소식에 분개하면서 자신은 소련이 조만간 성과를 낼 거라고 알고 있었고, 뱅가드 로켓으로는

94. 필자도 1960년대에 어린이일 때 TV에서 방영하던 "디즈니랜드" 프로그램 중 "미래의 나라" 편에서 폰 브라운 박사의 영화를 본 기억이 있다. 이 영화는 지금 유튜브에 올라와 있는데 영상을 다시 보면 폰 브라운이 몇십 년 후에야 가능해질 생각을 강한 독일 억양으로 정열적으로 설명하는 것이 인상적이다. 이 영화가 제작되었을 때는 소련이 인공위성을 쏘아 올리기도 전이었다.

위성 발사를 할 수 없을 것인데 자신이 모든 하드웨어를 이미 갖고 있으니 일을 맡겨준다면 60일 이내에 인공위성을 올릴 수 있다고 말했다. 이에 미국 정부가 관심을 보이게 되자 레드스톤 프로그램으로 개발한 PGM-19 Jupiter 중거리 탄도미사일[95]을 위성 발사용인 RS-29 Juno 로켓으로 개조하고 여기에 캘리포니아공대 제트추진연구소JPL가 개발한 14kg 중량의 익스플로러-1 위성을 탑재하게 하는 작업을 시작하였다. 한편 그러던 중에 소련은 11월 3일에 스푸트니크 2호를 궤도에 올렸다. 이 위성은 무게가 508kg이나 되었고, 개도 한 마리 싣고 있었다. 이 정도의 무게를 궤도에 올리는 기술이라면 핵폭탄도 적국으로 날릴 수 있다는 의미였다.

스푸트니크 2호 발사 후 얼마 안 된 1957년 12월 6일, 미국은 뱅가드 로켓에 1.5kg 중량의 인공위성[96]을 탑재하고 발사했다. 그러나 이 로켓은 발사 2초 후 1.2m를 상승하고 지상에 떨어져 폭발했다.

이제 기회를 얻게 된 폰 브라운은 1958년 2월 1일에 주노 1호 로켓에 익스플로러-1 위성을 탑재하여 성공적으로 발사했다. 익스플로러-1은 궤도 진입에 성공하여 미국의 첫 번째 인공위성이 되었다. 뱅가드 로켓은 1958년 2월 5일에도 다시 발사됐으나 이번에는 발사 57초 후 이상을 일으켜 자폭했다. 뱅가드 로켓은 3월 17일의 발사에서는 성공했지만 이후 연속해서 실패했다. 뱅가드 로켓은 1959년 9월까지 총 11회

95. 주피터 미사일은 나치 독일의 A-4 로켓(V-2 로켓)의 직계 후손으로 간주될 정도로 설계 개념이 같다.
96. 첫 번째 인공위성인 스푸트니크 1호도 무게가 83.6kg이나 되었다. 당시 소련 공산당 서기장 후루셰프는 뱅가드 로켓에 탑재된 인공위성을 "포도알"이라고 놀렸다.

발사되었는데, 그중 3회만 성공하여 심각한 신뢰도 문제를 노출했다.

이것을 전환점으로 하여 미국에서는 폰 브라운의 설계 사상이 로켓 개발을 주도하게 되었고, 경쟁을 시켜야 한다는 논리는 고개를 숙이게 되어 우주 개발 총괄 기관인 NASA가 1958년 7월 29일에 출범하게 되었다. NASA는 1960년에 앨라배마주 헌츠빌에 마셜우주비행센터Marshall Space Flight Center를 설립했고, 헌츠빌의 육군 탄도미사일청Army Ballistic Missile Agency에 있던 폰 브라운의 연구팀들은 모두 마셜우주비행센터로 이관되었다. 1960년 7월 1일에 폰 브라운은 마셜우주비행센터의 초대 소장이 되었고 1970년까지 여기에서 근무했다.

마셜우주비행센터의 가장 유명한 업적은 아폴로 프로그램의 1단 로켓인 새턴-VSaturn-V을 개발한 것이다. 베르너 폰 브라운은 마셜우주비행센터 소장으로 부임할 때 NASA가 자신에게 "새턴Saturn"이라고 하는 초대형 로켓을 개발하게 해준다는 조건을 걸었었다. 1962년 9월 12일, 존 F 케네디 대통령이 텍사스 라이스대학에서의 연설에서 1970년 이전에 인간을 달에 보내겠다고 선언했는데, 이에 호응하여 마셜우주비행센터의 폰 브라운과 연구진은 아폴로 우주선을 달 착륙선과 함께 달까지 보낼 수 있는 초대형 로켓인 새턴-V의 개념을 고안하고 설계하였으며, 로켓의 생산, 시험과 실제 사용을 지원하였다. 1968년 12월 새턴-V 로켓으로 아폴로 8호 우주선이 처음으로 달에 갔고, 그 다음 해인 1969년 7월 21일에는 아폴로 11호의 우주인 두 명이 달에 첫 발자국을 남겼다. 폰 브라운과 독일 기술자들은 특유의 꼼꼼함과 엄청난 추진력으로 사업을 구상한 후 불과 8년 만에 성공을 거두었다. 폰 브라운은 주피터 로켓의 경험이 그대로 새턴 로켓으로 연결되었다고 생각하여 주피터 로켓을

"아기 새턴infant Saturn"이라고 불렀다고 한다. 주피터 로켓은 폰 브라운이 설계했던 A-4 로켓V-2 로켓의 직계 후손으로 간주되는 만큼, 새턴-V 로켓은 A-4의 증손자 뻘이 되는 셈이다. 아폴로 프로그램이 끝나고 난 후에는 이 책을 쓰고 있는 2022년까지도 인간은 아직 달에 가지 못하고 있다. 폰 브라운과 그와 함께 있던 독일 기술자들의 능력을 지금도 재현하지 못하고 있다고 볼 수도 있겠다.

미군에게 항복했던 폰 브라운 일행에서 한 사람에 대한 설명이 빠졌다. 발터 도른베르거 소장은 미군에게 항복하였으나 나치 군인이었던 탓에 조금 다른 대접을 받았다. 그는 1945년 8월에 영국군의 V-2 로켓 기술 획득작전이었던 Operation Backfire에 포함되어 영국으로 넘겨졌다. 도른베르거 소장은 영국의 포로수용소에서 2년을 지내면서 전범재판을 받았고, 1947년에 무죄 선고를 받아 석방되자 바로 미국으로 이주했다. 이후 미 공군의 고문으로 일하다가 벨 항공기 회사에 취업하여 X-15 로켓 추진 비행기[97]를 개발하는 데 핵심적 역할을 하였다.

나치 독일의 로켓 기술자 중 소련으로 간 사람들은 없었을까? 소련도 로켓 기술자들에게 당연히 관심을 가졌었다. 소련은 20세기 로켓 과학의 문을 연 사람 중 하나인 콘스탄틴 치올코프스키1857~1935를 배출하였고, 제2차 세계대전의 명품 무기였던 카추샤 다연장 로켓포[98]를 개

97. X-15는 B-52 날개에 매달려 고공에서 발사된 후 로켓 엔진으로 우주 공간(최고 고도 107.8km)까지 올라갔다가 돌아오는 실험에 사용된 비행기로서, 7,274km/h의 속도는 지금까지도 비행기 중 가장 빠르다.

98. M13 "Katyusha", 132mm 구경의 로켓을 24발 묶어 구성한 다연장 로켓포로 1938년에 개발됨. 사실상 세계 최초로 실전에서 위력을 발휘한 로켓 무기로, 독일군은 "스탈린의 오르간"이라고 부르며 두려워했다.

발한 경력에서도 짐작할 수 있듯이 로켓 연구가 활발하던 국가였다. 소련은 이미 1933년에 세계 최초의 로켓 연구소인 반작용 과학 연구소 Reactive Scientific-Research Institute ; RNII를 설립하여 탄도미사일과 순항미사일 연구를 시작하였고, 1936년에는 다수의 로켓 연구소가 운영될 정도였다. 그러나 스탈린의 대숙청이 시작되고 나서는 1937년에 RNII의 지도부[99]가 처형당했으며, '소련 우주개발의 아버지'로 불리게 될 세르게이 코롤료프[100]와 같이 유능한 과학자들을 강제수용소로 내쫓는 등 자멸의 길로 빠져들었다. 이후 소련에서는 1944년까지 장거리 로켓에 대한 제대로 된 연구가 진행되지 않았다. 이런 상황에서 1945년에 독일이 가졌던 세계 최고의 로켓 기술을 승전과 함께 획득하려 했던 것은 자연스러운 일이다.

기존에 우리나라에서 일반적으로 접하던 자료들에서는 소련이 폰 브라운과 대부분의 기술자들을 확보하지 못했고, 대신 나치 독일이 만들다가 남긴 V-2 로켓들을 다수 확보하여 자국에 가져간 후 발사 시험을 하면서 스스로 실력을 키웠고 결국 인공위성과 유인 우주비행도 먼저 할 수 있게 되었다고 기술되어 있었다. 그러나 냉전이 종식되고 나서 러시아에서 회고록[101]과 논문들이 나오게 되었으며, 독일 기술자들의 유

99. Ivan Terentyevich Kleymenov(RNII 소장)와 Georgiy Erikhovich Langemak(수석 엔지니어)가 처형당했다.

100. 세르게이 파블로비치 코롤료프(1907~1966), 소련의 수석 로켓 기술자 · 개발자. 그가 개발한 R-7 로켓으로 1957년 10월 4일 세계 최초의 인공위성 스푸트니크 1호가 발사되었다.

101. 소련의 미사일 제어 기술자였던 보리스 체르토크(Boris Yevseyevich Chertok, 1912~2011)가 1999년에 총 4권으로 출판한 *Rockets and People*이 대표적이다. 이 책의 러시아어판은 인터넷에 공개되어 있다(http://militera.lib.ru/explo/chertok_be/index.html). 영어 번역판은 2005년에 발간되었고, NASA는 이 책의 PDF파일을 웹 페이지에 무료로 공개하고 있다

가족에 의한 기록과 미국에서 비밀 해제된 문서들이 나오게 되면서 소련의 로켓 개발에도 독일 기술자들이 큰 영향을 주었다는 사실이 드러나게 되었다.

소련은 종전 직후에 항공 기술자들을 독일 지역에 보내 독일의 A-4 로켓 기술을 확보하게 하였다. 이들은 나치 독일이 A-4 로켓을 생산하던 미텔베르크Mittelwerk 공장이 소재한 튀링겐 지역을 미군이 먼저 점령했다가 독일의 4개국 분할점령 계획에 따라 소련군에게 이관해준 1945년 7월 18일에 블라이커로데Bleicherode시에 로켓 연구소를 설립하고 본격적인 기술획득 활동을 시작하였다. RABE 연구소Institute RABE(Raketenbau und Entwicklung Bleicherode, missile construction and development in Bleicherode)로 명명된[102] 이 연구소는 제어 기술자인 보리스 체르토크 소령이 주관하였고 독일 기술자들을 포섭해오는 것이 주 임무였다. 이들은 로켓 기술자들을 확보하려 하였으나 이미 폰 브라운과 기술자들이 미군에게 투항한 이후였기 때문에 소득을 얻기 어려웠다. 이에 RABE 연구소의 소련 요원들은 미군 점령 지역으로 잠입하여 독일 기술자들을 만나 봉급, 식량 그리고 독일에서 계속 일하게 해주겠다는 등의 조건을 제시하면서 소련 측으로 포섭하는 공작을 진행하였다.[103]

이 포섭에 넘어간 독일 기술자는 거의 없었는데, 1945년 8월 말에 한 사람이 포섭되었다. 헬무트 그뢰트루프Helmut Gröttrup, 1916~1981였다.

(https://www.nasa.gov/connect/ebooks/rockets_people_vol1_detail.html).

102. RABE는 독일어로 갈가마귀라는 뜻도 있어서 이 약칭을 선택했다고 한다.

103. RABE 연구소가 미군 점령 지역으로부터 불과 6km 거리에 있었고, 경계선 바로 너머의 마을에 미군이 독일인 로켓 기술자 수백 명을 모아 놓았다는 것을 소련 정보당국이 알아냈다고 한다.

1944년에 폰 브라운이 나치 친위대에게 체포될 때 함께 잡혀갔던 두 기술자 중 한 명이다. 그가 소련을 택한 이유는 원래 사회주의자 경향이 있었고 파시즘을 싫어했기 때문이라고 한다. 그러나 보리스 체르토크의 회고록을 보면 그뢰트루프의 부인Irmgard Gröttrup이 큰 역할을 했고 그 대가로 호사를 누렸다는 기록이 있다. 그뢰트루프는 RABE 연구소에 자신의 직할 부서를 설립하고 A-4 로켓의 개발 과정과 페네뮌데에서의 여타 프로젝트에 대해 상세 보고서를 작성하는 일부터 시작하였다. 수백 명의 독일인을 채용하여 A-4 로켓의 도면을 모두 다시 그리는 한편 미텔베르크 지하공장에서 A-4 로켓 생산을 재개하는 작업도 시작하였다. 소련은 1945년 9월 8일에 로켓 과학자 세르게이 코롤료프를 독일로 파견하여 그뢰트루프의 활동을 감독하게 하였다. 대부분의 로켓 기술자들이 이미 미국으로 갔기 때문에 소련 측은 여타 분야의 과학기술자들을 RABE 연구소에 영입하는 작업도 병행하였고 쿠르트 마그누스, Hans Hoch, Waldemar Wolff, Werner Albring과 같은 자동제어, 탄도학 및 항공역학 분야 전문가들을 영입할 수 있었다. 이들은 나중에 소련의 미사일 기술 개발에 큰 도움을 주게 된다. 소련은 이러한 노력 끝에 자이로스코프 등 핵심 부품들을 확보하여 1946년 8월에 약 20발의 A-4 로켓을 조립하는 데 성공했다. 그러나 이미 5월에 소련 정부는 독일 내 모든 연구소의 모든 인력과 시설을 자국으로 옮긴다고 결정해놓고 있었다. 소련은 이 계획을 오소아비아킴 작전Operation Osoaviakhim이라고 불렀다.

1946년 10월 23일 새벽 4시, 소련군은 전시에 미국으로부터 공여받았던 2.5톤 트럭 수백 대를 블라이커로데에 진입시켰다. 그리고 통역을 대동한 보안 담당 장교가 독일인 기술자의 집으로 찾아가서 가족과 함께 당장 짐을 싸서 이동하라고 명령하였다. 극히 일부 문제[104]를 제외하고는 모든 독일인 기술자들이 저항 없이 명령에 따랐다.

오소아비아킴 작전을 통해 독일 전체에서 소련으로 끌려간 기술자와 가족은 7,000여 명에 달한다. 이 중 로켓 기술자는 약 200명이었고 그 가족들을 포함하면 약 500명 정도였다고 한다. 이들은 모스크바 북서쪽 300km 지역에 새로 설립된 NII-88[105] 로켓 연구소에 배치되었다. 이 지역의 Seliger 호수 안에 있는 고로돔랴Gorodomlya섬에 NII-88의 제1지부가 설립되었고 독일인들에게 새로 지은 특별 숙소를 배정한 후 이곳에서 연구를 하게 하였다. 이때 소련이 데려간 기술자 중 페네뮌데에서부터 일했던 사람은 거의 없었다. 대부분이 1945년 이후 RABE 연구소에 취직하여 로켓 기술을 배운 사람들이었다. 폰 브라운은 소련이 성공적으로 데려간 기술자는 헬무트 그뢰트루프뿐이라고 말한 적이 있다. 그래도 제1지부에 있던 177명의 독일 연구진의 수준은 높아서 박사학위자가 24명, 석사학위자가 17명에 현장 기술자가 71명이었다. 그 외의 독일 기술자들은 Seliger 호수의 다른 지역에 설치된 연구시설에서 일하게 되었다. 이들은 독일에서 가져온 A-4 로켓을 조립하고 정비한 후 발사하는 시험을 지속하면서 이를 개량하여 새 로켓을 만드는 연구

104. 보리스 체르토크에 의하면 그뢰트루프의 부인이 자녀들에게 우유를 먹이기 위해 키우던 암소 두 마리를 데려가지 않으면 소련으로 가지 않겠다고 했고 그뢰트루프는 부인이 안 가면 자신도 가지 않겠다고 했다. 소련 측이 암소 두 마리를 태울 특별차량을 제공하기로 하면서 문제가 해결되었다.

105. NII는 과학연구소라는 뜻의 러시아말 научно-исследовательский институт(НИИ)의 영문 약칭이다.

를 수행하였다.

미국에서와 같이 소련에서도 독일 기술자들과 소련 기술자 간에 로켓 개발에 대한 경쟁이 시작되었다. 코롤료프로 대표되는 소련 기술자들은 독일의 A-4 설계를 참고하기보다 자체적으로 설계한 R-1 로켓(이후에는 개량형인 R-2)을 추진하려 하였고, 1947년 9월에 NII-88 제1지부의 독일인들은 R-10(다른 명칭은 G-1이다) 로켓을 제안하였다. 소련 과학기술위원회Scientific Technical Council ; NTS는 코롤료프의 제안을 수용했고, 1949년 10월에는 개량된 모델인 R-2E 로켓이 사정거리 600km의 시험을 성공적으로 수행하였다. 그러면서 R-10 로켓의 연구 규모는 점차 작아지게 되었다. 독일 기술자들은 계속해서 R-12(사정거리 2,500km, 탑재중량 1톤), R-13, R-14 탄도미사일에 이어 R-15 크루즈 미사일(사정거리 3,000km, 탑재중량 3톤)까지의 구상을 내놓았으나 채택되지 못했다. 이미 소련 측은 로켓 엔진을 만드는 방법에 대해 독일로부터 배울 수 있는 것은 필요한 만큼 획득했다고 생각했었다. 1947년부터 소련인들은 사정거리 3,000km의 R-3 로켓을 개발하기 시작했고, 이것은 곧 세계 최초의 대륙간 탄도탄ICBM인 R-7 로켓(스푸트니크 1호를 올린 발사체이다)의 개발로 이어졌다.

1950년 말, 낙심한 그뢰트루프는 독일인 기술자의 총괄 책임자 직위에서 사직했다. 이 무렵에 보리스 체르토크도 자국 내 로켓 개발에서 주도권을 사실상 상실했고 이후의 로켓 개발은 코롤료프가 주도하게 되었다. 그리고 1951년부터 소련은 독일 기술자들을 동독으로 돌려보내기 시작했다. 바로 돌려보낸 것은 아니고 약 1년 반 동안 더 잡아두어 최신 정보는 가지고 나가지 못하게 하여 실제로 돌아간 것은 1952년 6

월경부터였다. 자동제어 기술자들은 돌려보내지 않고 모스크바로 보내졌는데, 쿠르트 마그누스와 같은 학자는 스탈린이 사망한 후인 1953년 11월이 되어서야 독일로 복귀할 수 있었다. 마그누스는 뮌헨 공대 교수로 근무하면서 자이로스코프와 가속도계를 이용한 자동항법 분야에서 세계적 학자가 되었다. 마그누스는 생전에 다시는 공산권 국가를 방문하지 않았다. 그뢰트루프는 1953년 11월에 소련에서 풀려나 동독으로 송환되었는데, 얼마 안 되어 영국과 미국 정보당국의 지원을 받아 서독 쾰른으로 도피하는 데 성공하였다. 그는 미국으로부터 이주 제안을 받았으나 로켓에는 질려버린 부인이 극구 반대하는 바람에 거절하고, 전공을 바꾸어 로켓 과학과는 결별한 후 지멘스의 전자 기술자로 자리 잡았다. 그는 1960년대에 스마트 카드의 기반 기술을 개발하고 지폐 계수기를 발명하는 등의 활동을 통해 말년에는 유복하게 살 수 있었다. 그러나 그에게는 소련에서 일했던 경력이 꼬리표처럼 따라다녔다. 지멘스에 근무할 때 자신이 발탁했던 부책임자가 간첩죄로 체포되어 기소된 적이 있는데, 재판에서 그뢰트루프가 변호를 해도 다른 사람들이 이를 전혀 믿어주지 않았다. 결국 그는 지멘스에 사표를 낼 수밖에 없었다.

[참고문헌]

1. Alex Wellerstein, “The Fat Man’s uranium”, 2014. 11. 10.
2. Alsos Mission—Wikipedia.
3. Andreas Parsch, “Willys-Overland JB-2/KGW/KUW/LTV-A-1/LTV-N-2 Loon”, Directory of U.S. Military Rockets and Missiles,

Appendix 1 : Early Missiles and Drones.
4. Antwerp-City of Sudden Death, V2ROCKET.COM.
5. Auergesellschaft—Wikipedia.
6. B Chertok, "German Influence in USSR", 54th International Astronautical Congress of the International Astronautical Federation, the International Academy of Astronautics, and the International Institute of Space Law, 2003. 9. 29~2003. 10. 3, Bremen, Germany.
7. Bombing of Lübeck in World War II—Wikipedia.
8. Boris Chertok, "Rockets and People, Vol. 1 & Vol. 2", U.S. NASA, 2005. 2. 4, https://www.nasa.gov/connect/ebooks/rockets_people_vol1_detail.html, https://www.nasa.gov/connect/ebooks/rockets_people_vol2_detail.html
9. David C. Cassidy, "A HISTORICAL PERSPECTIVE ON COPENHAGEN", *PHYSICS TODAY*, 2000. 7.
10. Dennis Piszkiewicz, *The Nazi Rocketeers : Dreams of Space and Crimes of War*, Stackpole Military History Series, Stackpole Books, 2007. 1. 26.
11. Donald L. Miller, *Masters of the Air : America's Bomber Boys Who Fought the Air War Against Nazi Germany*, Simon & Schuster, 2006. 10. 10(first published 2006).
12. Field Information Agency, Technical—Wikipedia.
13. "Firestorms : The Bombing of Civilians in World War II", Constitutional Rights Foundation, https://www.crf-usa.org/bill-of-rights-in-action/bria-15-3-a-firestorms-the-bombing-

of-civilians-in-world-war-ii

14. Graham Land, “A Necessary Evil? The Escalation of Civilian Bombing in World War Two”, https://www.historyhit.com/a-necessary-evil-the-escalation-of-civilian-bombing-in-world-war-two/
15. Helmut Gröttrup—Wikipedia.
16. Ian Cobain, “How T-Force abducted Germany's best brains for Britain”, The Guardian, 2007. 8. 29.
17. Jamie Holmes, *12 Seconds Of Silence : How a Team of Inventors, Tinkerers, and Spies Took Down a Nazi Superweapon*, Houghton Mifflin Harcourt Publishing Company, 2020. 8. 4.
18. John T. Correll, “Hitler's Buzz Bombs”, *Air Force Magazine*, 2020. 3. 1.
19. Kurt Magnus(Engineer)—Wikipedia(in German).
20. Los Alamos National Laboratory-Britannica Online Encyclopedia.
21. Madhvi Ramani, “The German village that changed the war”, PLACES THAT CHANGED THE WORLD, BBC Travel, 2017. 7. 1.
22. Martin J. L. Turner, *Rocket and Spacecraft Propulsion : Principles, Practice and New Developments*, Springer Science & Business Media, 2006. 8. 29.
23. Memorandum of D. F. Ustinov to L. P. Beria on the Use of German Specialists, Wilson Center Digital Archive, http://digitalarchive.wilsoncenter.org/document/165387
24. Operation Osoaviakhim—Wikipedia.
25. Operation Paperclip—Wikipedia.

26. P. C. Müller, "In Memory of Kurt Magnus : An Honouring of a Great Scholar of Gyro Technology", *Gyroscopy and Navigation*, Vol. 4, No. 1, © Pleiades Publishing, Ltd., 2013(Published in Russian in Giroskopiya i Navigatsiya No. 3, 2012, pp. 143~148), pp. 64~68.
27. Republic-Ford JB-2—Wikipedia.
28. Robert H. Goddard—Wikipedia.
29. Russian Alsos—Wikipedia.
30. Story of Antwerp-X, Antwerpen_onder_de_V1_+_V2 : City of Antwerp.
31. Trophy Brigades—Wikipedia.
32. T-Force—Wikipedia.
33. Viking(rocket)—Wikipedia.
34. Von Braun Capture, https://web.archive.org/web/20150428051040/http://efour4ever.com/44thdivision/vonbrauncapture.html
35. V-1 flying bomb—Wikipedia.
36. V-2 rocket—Wikipedia.
37. Walter J. Boyne, "Project Paperclip", *Air Force Magazine*, 2007. 6. 1.
38. Wernher von Braun—Wikipedia.
39. Wibke Bruhns, "My Father's Country : The Story of a German Family-Struggle between Himmler and Speer", Vintage, 2008. 5. 6(first published January 1st 2004).
40. "20 facts you might not know about the Coventry Blitz", Coventry City Council, https://www.coventry.gov.uk/coventry-blitz/20-facts-might-not-know-coventry-blitz

기술자 편을 마치면서

지금까지 서양에서 중세 시대에서부터 20세기에 이르기까지 기술자들의 이동이 역사를 어떻게 바꾸었는지를 살펴보았다. 역사의 흐름을 가장 직접적으로 바꾼 기술은 대개 무기와 관련되어 있었다. 중세에는 대포의 대형화 또는 낮은 가격에 고품질 대포를 만드는 기술이 중요했고, 20세기에 와서는 원자탄이나 미사일과 같은 대량파괴무기를 제작하는 기술이 역사를 바꾸었다. 과학기술뿐만 아니라 섬유산업 등 일반 산업이나 금융업의 전문가도 산업혁명 시기에 큰 역할을 했다.

오스만 터키가 동로마제국을 멸망시키고, 프러시아가 산업화를 달성하고, 영국이 금융 중심국으로 성장한 배경에는 모두 국적이나 종교, 신념과 관계 없이 좋은 기술을 가진 사람들을 우대하여 모신 것이 있었다. 그리고 기술자를 모셔오는 활동이 다른 나라에서 그 기술자들을 박해하는 것과 동시에 일어났을 때 가장 큰 효과가 나타났다. 스페인의 이교도 박해, 프랑스의 신교도 박해, 그리고 나치 독일의 유대인 박해는 고급 인력의 대규모 이주를 초래했고 이것은 주변 경쟁국의 이익으로 바로 연결되었다. 20세기의 원자탄 개발은 전체주의 유럽으로부터 피신한 과학자들이 사실상 주도했다고 해도 과언이 아니다. 그리고 이주 과학자들은 과학 분야에서의 국가별 순위도 완전히 바꾸었다. 이주 과학자와 그 제자들이 계속해서 더 좋은 연구를 하게 되면서 20세기 초반에 세계 과학계를 이끌던 독일은 그 지위를 미국에게 내주게 되었고, 이때 조정된 순위는 21세기에 들어와서도 일본이 상승한 것을 빼고는 거의 그대로 유지되고 있다.

과학기술이 전쟁의 향방에 큰 역할을 했던 제2차 세계대전이 끝나자 전승국들은 패전국의 기술자들을 매우 적극적으로 확보하려고 하였고, 독일의 첨단기술 보유자들을 자국으로 데려가서 관련 연구를 계속하도록 하였다. 특히 독일의 로켓 기술자들은 미국과 소련 양국에서 대륙간 탄도탄 개발을 주도적으로 수행했거나 확실하게 도움을 주었다. 다만 미국에서는 독일 과학자들이 미국에 계속 살면서 연구를 수행한 반면 소련에 끌려갔던 과학자들은 독일로 귀국한 이후에 소련에서의 생활에 대해 매우 좋지 않게 평가했다는 점이 달랐다. 소련은 당시 최고 수준의 자국민 연구원에 준하는 급여를 독일인들에게 주었으나 평가는 좋지 못했다.

과거의 역사에서 한 가지의 공통점은, 외국인 기술자들을 받아들여 크게 성장한 곳에는 언제나 자국 내에 같은 분야를 연구해온 기술자들이 있었다는 것이다. 자체적 기술역량이 어느 정도 있고 해결방안에 대해 충분히 고민을 하던 상태에서 외국인 기술자들을 받아들였을 때에만 큰 성과를 거둘 수 있었다.

그리고 20세기에 들어와 과학기술이 세계의 역학 구도를 결정하는 데에서 중요한 역할을 하게 된 과정을 보면 몇몇 사람들의 열정이 역사에 얼마나 큰 영향을 주었는지가 보인다. 일반적으로 역사는 몇몇 영웅들에 의해 움직이는 것이 아니라 큰 흐름에 의해 움직인다고는 하지만[106], 버니바 부시, 마크 올리판트, 어니스트 로렌스, 베르너 폰 브라운과

106. 스탠포드대학의 고고학 교수인 이안 모리스는 *Why The West Rules—For Now*라는 명저에서 "History is a slow, complicated tango between geography and social development"라고 주장했다.

같은 사람들의 열정이 없었다면 현재의 전략무기들은 태어나기 어려웠을 것이다.

윈스턴 처칠은 "역사에서 교훈을 얻지 못하는 자는 역사를 반복하게 된다"라고 말했다고 한다. 이 장에서 다룬 기술자에 대한 과거의 사례가 앞으로의 정책 수립에 도움이 되기를 기대한다.

제2차 세계대전 중 성공적 생산역량 구축 사례

한 나라가 전쟁을 하게 되면 이전까지는 쉽게 확보해오던 물자들도 갑자기 구하기 어렵게 되거나 아니면 훨씬 많은 양이 필요하게 된다. 전시에 공산품을 안정적으로 수급하려면 최대한 자체적으로 생산을 하는 방법이 바람직하며, 그러려면 해당 제품에 대한 효율적 생산 기술을 확보하는 것이 긴요하게 된다. 실제로 주요 열강들은 두 차례 대전을 치르는 동안 무기류 생산은 물론이고 의약품이나 섬유 염색제 등을 대량 생산하는 능력을 갖추기 위해서 큰 노력을 기울였다.

제2차 세계대전에서는 제1차 세계대전에서보다도 엄청나게 많은 물량이 필요하였다. 그런데 전쟁 중이라 하더라도 무한정 자원을 투입할 수는 없었기에, 자재와 인력을 효율적으로 투입하여 최대의 생산을 얻어내야 했다. 대전 중 이러한 효율화를 가장 잘 해낸 국가는 미국과 독일이다. 미국은 다른 교전 당사국에 비해서 가용 자원이 많았는데도 생산성 측면에서 가장 훌륭한 성과를 보여주었고, 독일도 연합국 측에 비해 부족한 자원을 최대한 효과적으로 사용함으로써 긴 전쟁을 수행할 수 있었다. 비교가 되는 국가는 일본인데, 기술과 물자가 부족한 데다 생산 기술 면에서도 미국이나 독일과 비교가 되지 않는 수준이어서 결과적으로 모든 전쟁물자의 성능이 낮았고 물량도 모자랐으며, 품질도 불안정했었다.

이번 절에서는 미국과 독일이 보여준 대표적 성공 사례들을 소개하고, 이를 통해 제품설계나 소재기술뿐만 아니라 생산 기술도 어떻게 전략기술이 될 수 있는지를 살펴보고자 한다.

미국 : 리버티급 수송선

제2차 세계대전 당시 미국은 자국 내 산업을 최대로 가동하여 전쟁물자를 생산했다. 이 전쟁물자를 전선으르 보내려면 배에 싣고 대양을 건너야 했다. 미국은 1941년 12월에 참전하기 전부터 영국에게 대량으로 보급을 해주고 있었는데 대서양에서 독일이 유보트 잠수함을 이용하여 수송선을 격침시키는 전술을 운용하였기에 수송선을 빨리 건조하는 방법을 개발할 필요성이 대두되었다. 격침당하는 것보다 많은 수송선을 계속 투입시킬 수 있다면 보급 전쟁에서 이길 수 있기 때문이었다.

미국은 수송선을 문자 그대로 찍어내듯이 대량으로 만드는 공정을 정립하는 데 성공했다. 이를 통해 만든 선박이 리버티Liberty급 수송선이다. 리버티급 수송선은 1940년대 기준으로도 크기나 성능 면에서 그다지 좋은 배가 아니었다. 배수량이 약 14,000톤에 화물 적재량은 약 10,000톤, 길이는 135m였고, 엔진도 19세기 설계인 3차 팽창 증기기관Triple expansion steam engine을 채택하여 속도가 11노트밖에 나오지 않았다. 이 배의 장점은 저렴한 생산 비용과 빠른 생산 속도였다. 한 척당 건

▲ 리버티 수송선(SS John W Brown, 출처 : Project Liberty Ship)

조비용이 당시 가격으로 200만 달러였다(2021년 환산가격으로는 3,700만 달러). 1941~1945년간 미국 내 18개 조선소에서 총 2,710척이 생산되어 2일마다 3척씩 건조한 셈이었고, 한 척 건조에 평균 45일밖에 걸리지 않았다. 최단시간 기록은 4일 15시간 30분이었다. 현재도 리버티급 수송선은 단일 설계로 가장 많이 생산된 선박이다.

리버티 수송선의 생산 신화를 만든 사람은 현대 조선의 아버지로 알려진 헨리 존 카이저Henry John Kaiser, 1882~1967이다. 카이저는 원래 조선업에 종사하던 인물이 아니었다. 제2차 세계대전 전에 그는 건설업을 하고 있었고 후버 댐 건설에 참여하기도 하였었다. 그가 조선업에 획기적 발전을 가져오게 된 것은 그의 임원 중 한 사람이 포드 자동차 공장을 견학한 덕분이라고 한다. 포드 자동차는 창업자인 헨리 포드가 도입한 어셈블리 라인 조립체제[107]로 유명했다. 그러나 카이저 측이 포드 자동차 공장을 견학하고 나서 감명을 받은 부분은 어셈블리 라인이 아니라 외주 체제였다. 포드 자동차 공장에서는 주로 최종 조립만을 하고 있었고 대부분의 부품은 외주 공장이 완성하여 공급하고 있었다. 이 방식은 현대 제조업에서는 일반적 관행인데 1940년대의 조선업계는 대부분의 공정을 조선소 내부에서만 진행하고 있었다. 카이저는 자동차 업계의 생산방식을 받아들이기로 하였고 이를 적용할 조선소를 건설하기 시작하였다.

107. 헨리 포드는 어셈블리 라인을 설계할 때 작업을 세분화하고 각 작업의 난이도를 줄여 비숙련공도 하루 이틀 정도의 훈련을 받으면 공정에 투입할 수 있게 했고, 숙련공에 대한 의존도를 줄이면서 일반 근로자들의 임금을 높여 이들도 포드가 대량 생산한 '모델 T' 자동차의 구매 고객이 될 수 있도록 하였다.

또한 철판을 리벳이 아니라 용접으로 접합시키는 방식을 채택하였다. 리벳 접합을 하려면 여러 명의 작업자가 협업[108]하여 빨갛게 달군 리벳을 무겁고 진동이 심한 리벳 건으로 두드려 체결해야 하며, 관련 교육도 오래 걸리는데, 용접은 작업이 쉽고 용접기가 가벼워 여성 근로자가 대폭 투입됐던 전시의 인력 상황에 대응하기에도 유리했다.

증기기관을 엔진으로 선택한 것도 비용 절감과 외주 확대를 위해서였다. 당시에도 선박 엔진으로는 증기 터빈이 선호되고 있었으나 제작이 쉽지 않았고, 터빈의 빠른 회전속도를 스크류 회전속도로 낮출 감속기를 제작할 수 있는 기술 수준[109]을 갖춘 업체들은 군함 생산에 투입되고 있어 상선 건조에 동원하기 쉽지 않았다. 그리고 현장 정비를 쉽게 하는 데에도 증기기관이 더 낫다고 평가되었다.

건설업자 출신인 카이저가 큰 성과를 낸 것은 프로젝트 관리project management 기법을 조선업에 적용한 덕분이라고 생각된다. 여러 가지 공정들이 최종 목표가 달성될 때까지 병행 추진되는 대형 프로젝트에서는 효과적인 진도 관리가 매우 중요한데, 건설업은 고대에 피라미드 등 대형 건축물을 건설할 때부터 이런 경험을 쌓아왔었다. 카이저는 건설업의 프로젝트 관리 기법에 포드 자동차로부터 배운 외주 기법 그리고 기술 측면에서는 용접 기법을 모두 더하여 큰 성과를 냈다. 참고로, 미국이 원자탄을 최초로 개발할 때 프로젝트 총괄 책임자는 공병 준장인 레

108. 리벳 작업자의 인건비가 전체 인건비의 1/3이었다고 한다.

109. 선박용 증기 터빈의 회전속도는 대개 6,000rpm인데 비해 스크류 프로펠러의 최적 회전속도는 80~100rpm이므로 감속기는 최소한 1:60의 감속비를 내야 하는데, 일반적으로 감속비가 1:10만 넘어가도 감속기 제작이 쉽지 않다. 반면에 증기기관은 출력속도를 100rpm으로 내는 데 어려움이 없어 감속기 없이 바로 스크류에 연결할 수 있다.

슬리 그로브였는데, 제2차 세계대전 직전 국방부의 펜타곤 청사(당시 세계 최대의 사무실 건물)를 성공적으로 건설한 경험을 인정받아 원자탄 개발을 총괄하게 되었다. 멀리 갈 필요도 없이 현재 세계 최고의 조선소인 현대중공업을 창업한 사람은 건설업자였던 정주영 회장이다.

카이저 조선소가 만든 첫 번째 배는 1941년 9월 27일에 루스벨트 대통령이 참석한 가운데 진수되었다. 미국 독립전쟁 지도자인 패트릭 헨리의 이름을 따서 배를 "SS Patrick Henry"로 명명하고, 헨리가 말했던 "자유가 아니면 죽음을 달라"를 인용하여 이 배들을 "리버티급"이라고 부르기로 하였다.

리버티급 수송선들은 그 숫자로 미국의 승전에 큰 도움을 주었다. 이 배들은 결코 높은 수준의 성능이나 품질을 목표로 하여 만들어진 것이 아니었으나 원래의 목적은 확실히 충족시켰다. 1939~1945년간 대서양에서 독일군이 격침한 연합군 상선의 수는 약 3,500척이고 총 적재량은 1,450만 톤이었다. 그런데 리버티급 수송선(적재량 10,000톤) 한 종류로만 새롭게 투입된 수송선의 총 적재량은 2,710만 톤이었으므로 침몰된 규모보다 훨씬 컸다. 물론 연합국 측에게 리버티급만 있는 것이 아니었기에 리버티급 수송선과 같은 생산개념 하에 성능을 개량시킨(배수량 15,000톤, 속도 15~17노트) 빅토리급 수송선도 모두 534척이 건조되었다.

리버티급과 빅토리급 수송선은 설계수명(약 5년)을 훨씬 넘겨 사용되었다. 일부는 한국전쟁에 동원되어 유명해졌다. 흥남 철수 작전에서 SS 메레디스 빅토리Meredith Victory는 피난민 14,000명을 태웠다. 이 배는 영화 "국제시장(2014년)"의 도입부에도 등장한다.

미국 : 포드 윌로우 런 공장과 B-24 리버레이터 폭격기

▲ B-24 리버레이터 폭격기

포드 자동차 회사는 카이저가 리버티급 수송선을 만드는 방법을 개발하는 데 영감을 주기도 했지만, 스스로도 핵심 전쟁 물자를 엄청난 규모로 생산하였다. 자동차 생산을 이야기한다면 워낙 당연한 것이라 이 책에서 한 부분을 차지할 자격이 없을 것이다. 여기서 소개하려는 전쟁 물자는 엔진이 여러 개 달린 비행기로서는 지금까지도 가장 많이 생산된 기종이자, 미국 군용기로 가장 많이 생산됐다는 명예를 가진 B-24 리버레이터Liberator 폭격기이다.

자동차로 유명한 포드가 비행기를 생산했다? 지금은 생소하게 들릴 수 있으나 헨리 포드는 이미 1920년대에 비행기 생산으로 유명했다. 1925년, 포드 자동차의 자회사인 스타우트 금속비행기 사업부Stout Metal Airplane Division는 포드 트라이모터Trimotor라는 엔진 3개짜리 비행기를 시장에 출시하였다. 헨리 포드가 비행기 제조업에 들어오게 된 것은 아들인 에드셀 포드1893~1943가 강력히 주장했기 때문이라는 말도 있다. 당시 비행기들이 나무와 천으로 만들어진 것과 달리 트라이스타는 기체 전체가 알루미늄 합금으로 되어있었으며, 덕분에 구조적 신뢰성이 높아 미국에서 항공산업이 우편배달, 장거리 여객운송, 화물수송 등 다양한 분야에서 상업적으로 자리 잡는 데 크게 기여했다. 트라이스타는 1933년까지 총 199대가 생산되었고, 포드가 자동차에서 보여준 강점인 낮은 가격과 높은 신뢰성이 그대로 유지되어 제2차 세계대전 기간 중은 물론이고 종전 이후에도 사용되었다.

미국이 제2차 세계대전에 참전하기 1년 전인 1940년 12월, 루스벨트 대통령은 라디오 연설을 통해 유럽에서는 독일과 이탈리아, 아시아에서는 독일이 크게 득세하고 소련과 독일이 불가침 협정을 체결하여 유럽에서는 영국밖에 남지 않은 상황과 관련하여, 영국을 적극 돕기 위해 미국의 산업력을 총동원하자고 촉구하였다. 그는 미국을 "민주주의를 위한 위대한 병기창"으로 만들자고 제창하고 미국의 모든 기업들이 각자의 전문성을 살려 참여하도록 독려하였다. 이에 미국의 대기업들은 각자의 분야별로 전쟁물자 생산을 대폭 늘리기 시작하였는데, 자동차 업계에서는 제네럴 모터스가 트럭, 탱크와 비행기 부품을, 크라이슬러가 탱크, 전자제품과 트럭을 맡았으며 포드 자동차는 트럭과 비행기를 생산하게 되었다. 루스벨트 대통령은 독일의 심장부에 있는 군사시설과 산업시설 모두를 공격할 수 있는 장거리 폭격기 12,000대를 만들자고 촉구하였는데, 이때 제작할 수 있었던 중폭격기는 보잉Boeing의 B-17 Flying Fortress와 콘솔리데이티드Consolidated가 설계한 B-24 Liberator의 두 종류였다. 이 중 B-17이 많은 영화들을 통해 대중에게 더 잘 알려져 있으나 실제로는 두 폭격기들이 모든 특성에 따라 주어진 역할을 잘 이행했다. B-24는 B-17에 비해 더 빠르고 폭장량도 더 많았으나, B-17은 최고 고도가 더 높았고 손상을 입을 때 견딜 수 있는 능력도 더 좋다고 평가되었다.[110] 그러나 무엇보다도 B-24를 두드러지게 한 것은 투입 물량이었다. B-17이 12,731대 제작되었던 것에 비해 B-24는 18,493대가 제작되어 전선에 투입되었다.

헨리 포드는 제1차 세계대전 때도 그랬듯이 매우 적극적인 반전주의자였다. 반유대주의자이기도 하여 히틀러는 집권하기도 전인 1924년에 대리인을 보내 포드를 만나게 하기도 하였으며, 1938년에는 외국인 대상 최고 훈장인 독일 독수리 대십자훈장Grand Cross of the German Eagle을 헨리 포드에게 수여하기도 하였다. 헨리 포드는 사회주의 색채를 보였던 루스벨트 대통령을 싫어했으며 그가 미국을 전쟁으로 끌어들이려 한다고 생각했다. 또한 나치 독일에게도 전쟁물자를 공급하기도 하였다.

그러나 루스벨트 대통령이 기업에 대한 총동원을 촉구하자 헨리 포드는 적극 호응하였고 포드 자동차 회사는 4발 중폭격기인 B-24를 생산하게 되었다. 그런데 1941년 1월에 설계사인 콘솔리데이티드의 샌디에이고 공장을 방문한 에드셀 포드 사장을 포함한 포드 측 중역들은 항공기 제조 공정이 자동차 산업에 비해 매우 비효율적이라고 지적하면서 자신들은 자동차 제조에서의 경험을 살려 1시간에 폭격기 한 대씩을 생산할 것이고, 그것도 콘솔리데이티드와의 분업이 아니라 단독으로 하겠다고 큰소리쳤다. 그럴 수 있던 것이 포드 자동차는 현대 사회의 대량생

110. 당시 '실전을 치르는 장병들은 B-17을 선호하고 장군들은 B-24를 선호한다"라는 말이 나올 만 하다.

산, 대량소비 시대를 가능하게 한 어셈블리 라인 공정의 창시자였기 때문이었다.

큰 자신감을 내보인 중역은 자동차 산업 최초의 어셈블리 라인을 실제로 설계했던 찰스 소렌슨Charles Sorensen, 1881~1968이었다. 소렌슨은 공장 방문을 마치고 호텔로 돌아와 밤을 새워 자신의 폭격기 어셈블리 라인 구상을 식탁 매트 뒷면에 그리기 시작했고 새벽 4시에는 대략적인 공장 레이아웃과 공정별 시간계획표를 완성했다. 그리고 아침 식사 자리에서 에드셀 포드 사장에게 보고하여 그 자리에서 승인을 받아냈다.

포드 자동차의 폭격기 공장은 1941년 봄에 미시간주 디트로이트 인근의 윌로우 런Willow Run 지역에서 기공되었다. 이 공장은 어셈블리 라인의 길이가 1마일(1.6km)에 달하는 세계 최대의 어셈블리 라인 공장이었고, 총 면적은 33만 m²로서 세계 최대 규모의 실내 공간을 가진 공장이었다. 이 공장은 1942년 5월에 첫 번째 부품을 출하하였고, 같은 해 10월에는 B-24 완제품을 출고하였다.

▲ 포드 윌로우 런 공장에서 생산되는 B-24J 리버레이터 폭격기

결론부터 말하자면 포드의 시도는 성공하여 1945년 종전 직전에 윌로우 런 공장은 B-24 폭격기 한 대를 18시간 만에 만들 수 있었고 어셈블리 라인에서는 58분에 폭격기가 한 대씩 출고되었다. 1944년 최대 생산을 할 때에는 한 달에 650대가 생산되기도 하였다. 이러한 활동으로 전쟁 중 미국이 생산한 총 18,493대의 B-24 폭격기 중 8,685대(완성기 6,792대 + 녹다운 키트 1,893대)가 윌로우 런 공장에서 생산되었다. 반면에 원래 설계업체였던 콘솔리데이티드를 포함한 다른 4개 공장들이 만든 B-24는 모두 9,800대 수준이었다. 18,500대라는 숫자 덕분에 B-24는 아직까지도 미국이 생산한 군용기 중 가장 많이 생산한 비행기이다. 세계적으로는 가장 많이 생산된 4발 비행기이기도 하다. 참고로, B-17 Flying Fortress는 12,731대가 생산되었고, B-24와 합치면 모두 31,000대 이상이 생산되어 이들 4발 중重폭격기만 가지고도 애초에 루스벨트가 촉구했던 12,000대의 목표를 훨씬 넘어선다. 물론 미국은 B-25, B-26과 같은 2발 중中폭격기와 B-29 폭격기와 같은 슈퍼 폭격

표 3-8 제2차 세계대전 중 미국 육군항공대(당시에는 공군이 생기기 전이다) **폭격기의 생산 규모**

폭격기 이름	제작대수
B-17 Flying Fortress	12,731
B-24 Liberator	18,493
B-25 Mitchell	9,890
B-26 Marauder	5,288
B-29 Superfortress	3,970
합계	50,372

기도 대량생산함으로써 초강대국으로서의 면모를 보여주었다.

현대적 생산 기술의 아버지 격인 포드 자동차조차도 이러한 성과를 바로 얻어낸 것은 아니었다. 항공기 제조와 자동차 생산은 크게 달랐는데, 첫 번째 문제는 군용기는 생산 도중에도 실전 현장의 피드백을 받아 설계를 계속 바꾼다는 것이었다. 또 다른 문제는 자동차와 항공기에 포함되는 부품 개수가 자릿수부터 다르다는 점이었는데, 당시 자동차가 15,000개의 부품으로 구성된 것에 비해 B-24 폭격기에는 15만 개의 부품이 들어갔었다. 거기에 더해 전시 상황이니만큼 노동력, 숙련도, 원자재 등 모든 것이 부족했다. 항공기 제조에서는 헨리 포드 방식의 대량생산을 원천적으로 할 수 없다고 말하는 사람까지 나왔다.[111] 1942년 10월 첫 번째 B-24가 출고되기는 하였으나 그해 연말까지 출고된 폭격기가 56대밖에 되지 않을 정도로 포드 방식의 대량생산 체제가 제대로 돌아가지 않았다. 그나마 이 56대조차 전투 부적합 판정을 받아 모두 훈련, 정찰 및 수송용으로 배치되었다. 한편에서는 포드 자동차 측이 처음에 투입했던 프레스 금형들이 자동차용 철판에 적합한 것이라서 항공기용 알루미늄처럼 부드러운 금속판에는 적합하지 않다는 것이 발견되어 막대한 비용을 들여 이를 모두 교체하기도 하였고, 공장이 당시로서는 디트로이트 외곽의 오지에 있어 근로자가 오기를 꺼리기도 했고, 채용을 한 인력도 상당수가 군에 징집되고 있었다.

그러나 포드는 이 난관들을 극복하고 B-24를 대량 생산하는 데 성공했다. 인력 측면에서는 근로자를 위한 기숙사를 건설하는 한편 남부

111. 자동차 제조 방식에만 집착한다는 비판적 내용의 보고서가 1943년 의회에 제출되었다고 한다.

지방에서 인력[112]을 데려오고 여성 노동자들을 더 많이 투입했다[113]. 대량 생산 체제를 위해서는 공구 체계를 획기적으로 개선시켜 B-24 공장 전용으로 새로 설계된 공작기계를 1,600대 도입하고, 항공기 제조 공정에 필수적인 고정구fixture도 11,000대를 설치했다. 숙련도 제고를 위해서는 42,000명 직원에 대한 교육훈련 프로그램을 강화하였다.

가장 어려운 문제였던 잦은 설계 변경과 관련하여 포드 측은 육군항공대 측과 1943년 1/4분기에 합의를 보았는데, 1,000개 이상의 협력업체들에게 부품과 반조립품의 제작을 하청하고 윌로우 런 공장은 최종 조립에만 전념한다는 것이었다. 그리고 일단 비행기가 완성되면 후공정 작업장으로 비행하게 한 후 거기에서 설계 변경에 따른 개조, 업그레이드 또는 커스터마이징을 하게 한다는 것이었다. 이렇게 하여 B-24가 어셈블리 라인 방식으로 대량 생산될 수 있었고, 50가지의 다양한 모델들이 계속하여 투입될 수 있었다. 이러한 개선 노력 끝에 56대의 폭격기가 출하되고 나서 불과 11개월 후에는 1,000번째 B-24가 출고될 수 있었고, 그 다음부터는 앞에서 설명한 대로 B-24 생산이 생산공학에서의 전설이 되었다.

한편 에드셀 포드 사장은 윌로우 런 공장이 생산공학의 전설이 되는 것을 미처 보지 못하고 한창 나이인 49세였던 1943년 5월에 위암으로 사망했다. B-24 생산 과정에서 쌓인 업무 스트레스가 원인이라는 얘기도 있다. 아버지인 헨리 포드가 현업에 다시 복귀했으나 79세라는

112. 흑인 인력도 환영이었고, 이들을 위한 별도 기숙사도 건설되었다.

113. 헨리 포드는 원래 여성 근로자 투입에 부정적이었으나 전시에 남성은 징집되니 어쩔 수 없었다.

노령과 심장마비 등의 병력으로 사업에 적극적이지 못하여 종전 직후인 1946년 9월에 손자인 헨리 포드 2세에게 경영권을 물려주었고, 1947년 4월에 사망하였다.

포드 자동차는 미국 정부와의 폭격기 생산계약이 끝난 후 윌로우 런 공장을 우선 매입할 수 있는 권한을 가지고 있었다. 그러나 종전으로 폭격기 대량생산이 필요없게 되자 매입하지 않겠다고 하여 공장은 Kaiser-Frazer Corporation에게 매각되었다. 회사 명칭에 첫 번째로 들어있는 사람이 앞서 리버티 수송선으로 설명한 헨리 카이저이다. 새 주인을 맞은 윌로우 런 공장은 주로 자동차를 생산했으나, 한국전쟁 때에는 페어차일드사의 C-119 Flying Boxcar 수송기도 88대 만들었다.

▲ C-119 Flying Boxcar 수송기

2000년대에 들어와 GM자동차가 파산하는 등의 상황으로 인해 윌로우 런 공장은 완전히 쇠락하여 폐쇄되었다. 한편 1981년, B-24 폭격기가 출고되던 비행장을 활용하여 The Yankee Air Museum at Willow Run Airport 항공박물관이 설립되었는데, 이 박물관은 폐쇄된 윌로우 런 공장 중 일부(13,400m^2)를 2013년에 매입하고 항공기 전시장으로 사용함으로써 이 공장을 기억하게 해주고 있다.

독일 : Type XXI 유보트 잠수함

▲ Type XXI 유보트 잠수함(출처 : 위키피디아 Creative Common)

독일은 제2차 세계대전에서 중동부 유럽을 모두 장악한 덕분에 제1차 세계대전에서보다는 나았으나(예를 들어 루마니아 유전에서 나오는 석유를 사용할 수 있었음) 연합국에 비해 물자 부족을 감수해야 했다. 그럼에도 불구하고 독일은 한정된 자원으로 최대의 성과를 얻어냈다. 미국과 영국의 중폭격기들이 주간과 야간에 번갈아 폭격을 하면서 볼베어링 공장 등 기반 공업시설들을 파괴해갔음에도 불구하고 독일은 전쟁물자를 계속 생산해냈다. 전쟁 전부터 미군의 "폭격기 마피아Bomber Mafia" 들은 전략폭격으로 적국의 후방 산업기지를 파괴하면 승리할 수 있다고 주장했었고, 참전 후에는 대규모 비행대[114]를 구성하여 큰 희생[115]을 겪

114. 영국에 주둔한 미국 제8공군은 최성기에 20만 명의 장병과 중폭격기 2,800대, 전투기 1,400대를 보유하고 있었고, 폭격대는 총 40개, 전투비행대는 총 15개였다.

115. 제8공군의 전사자는 26,000~28,000명인데, 실제 비행을 했던 21만 명 중 12.3%에 해당하

으면서도 폭격을 진행해 왔는데, 종전이 다가오자 폭격이 정말 효과적이었는지를 알아내야 할 처지에 놓이게 되었다. 그래서 미국 정부는 종전이 임박한 1944년 11월에 존 케네스 갤브레이스John Kenneth Galbraith, 1908~2006(나중에 세계적 경제학자가 된다)와 같은 민간 전문가들을 동원하여 전략폭격조사팀United States Strategic Bombing Survey을 구성하고 1945년 4월부터 유럽 곳곳의 파괴된 시설들을 돌면서 폭격 성과를 조사하게 하였다.

갤브레이스의 최종 보고서는 대부분 독일의 군비생산담당 장관Minister of Armaments and War Production으로 유명했던 알버트 스피어를 면담하여 얻은 자료에 근거한 것이었다. 갤브레이스는 자신이 이끄는 조사팀Spearhead Team의 장병들이 운 좋게 확보한 스피어를 7일간 집중적으로 심문했었다. 스피어는 독일이 개전 초기에는 총 동원을 하지 않고 산업을 극한적으로 운영하지 않았기에 일부 공장이 폭격당했어도 주변의 다른 공장들이 이를 보충할 수 있었다고 설명했다. 그리고 자신이 장관이 된 1942년 2월부터 1년 정도 지나서부터 핵심 산업에서 대량생산 개념을 적용하기 시작했고, 특히 헨리 포드가 선도했던 공정 단순화와 표준화를 도입하여 생산을 유지할 수 있었다고 진술하였다. 또한 작업을 여러 공장으로 분산시키고 공장을 지하로 옮겨 폭격 피해를 줄일 수 있다고 하였다.

스피어의 진술에서 주목해야 할 포인트는 그가 미국의 헨리 포드

고 제2차 세계대전 중 전사한 전체 미군의 약 10%에 달한다. 격추 후 포로가 된 2만8천명, 부상자 1만 8천 명과 실종자, 정신피해자 등을 모두 더하면 제8공군이 미군의 어떤 병과보다도 가장 큰 전상률(34% 이상)을 기록했다고 한다.

를 좇아 대량생산 개념을 적극적으로 도입했다는 것이다. 또한 스피어는 헨리 포드와 공통점이 또 있는데, 그건 스피어 역시 건설업 출신이라는 것이다. 알버트 스피어는 1933년 나치당 집권 이후 1934년부터 나치당의 수석 건축가가 되어 뉘른베르크 경기장[116] 등의 건축을 감독했었고, 이후에는 베를린 시의 외관을 모두 바꾸고 국민대회당Volkshalle 건설 등을 포함하는 "Germania 계획"을 주도적으로 수립했었다. 스피어가 1942년 초에 장관이 된 것은 원래 장관이던 프리츠 토트Fritz Todt, 1891~1942가 비행기 사고로 죽었기 때문이었는데, 토트도 건설 전문가였다. 스피어는 장관 재임 중에 전쟁물자 생산을 최대한 효율화시켰는데, 이때 개발된 생산 방식 중 현재의 산업에서도 잘 이용되는 것이 있다. 조선업계에서 블록으로 나누어 배를 건조하는 방식인데, 블록 조선 공법의 시조가 바로 여기에서 소개하는 XXI형 유보트 잠수함이다.

독일은 제1차 세계대전 이전에는 영국과 건함 경쟁을 할 정도로 해군력을 키워왔으나 패전한 이후에는 베르사이유 조약에 의해 대형 전함을 보유하지 못하게 되었다. 나치가 집권하고 나서 다시 전함들을 건조하기 시작했으나 1939년에 개전할 때까지는 함대를 구성하기에 충분한 시간이 없었고, 그나마 확보한 주력 전함들도 개전 초기에 영국군에게 상당수 격침당해버렸다.[117] 그러나 독일 해군은 남아있는 전력인 잠수함

116. 스피어는 1934년 뉘른베르크의 Zeppelinfeld 스타디움에서 개최된 나치당 전당대회에서 효과적 선동수단이 된 "빛의 성당(Cathedral of Lights)" 야간행사를 주관하였다. 이 장면은 유명 여성감독인 레니 리펜스탈(Leni Riefenstahl, 1902~2003)의 선전영화 "의지의 승리(Triumph of the Will)"에서 핵심을 이룬다.

117. 포켓전함 그라프 슈페가 1939년 12월에 남대서양 해전에서 패전 후 우루과이 몬테비데오에서 자침했고, 유럽에서 가장 큰 전함이었던 비스마르크는 1941년 5월 북해 해전에서 참담하게 격파당한 후 자침한다.

을 매우 효과적으로 운용하였다. 당시 주로 사용한 잠수함은 Type VII 유보트였는데, 배수량이 769톤(잠수 시 871톤)밖에 되지 않는 매우 작은 잠수함이었다.[118] 서양 농담에 "Size doesn't matter"라는 말이 있는데, 이것이 Type VII 유보트에 딱 들어맞는 말인 것 같다. 독일 해군은 작은 잠수함 여러 척이 집단적으로 수송선단을 공격하는 "늑대 떼Wolf Pack 전술"로 큰 성과를 거두었다. 1차 전성기였던 1940년 7월부터 10월 말까지 연합군의 화물선 282척을 격침하여 149만 톤을 수장시켰고, 미국이 참전한 직후라 미국 연안에서 해상경계가 충분하지 못했던 2차 전성기에는 1942년 1월부터 8월까지 연합군 선박 609척을 격침하여 310만 톤의 화물을 수장시켰다. 윈스턴 처칠이 『제2차 세계대전 회고록』에 "전쟁 중 나를 가장 두렵게 한 것은 유보트의 위협이었다"라고 쓸 정도였다.

그러나 얼마 되지 않아 유보트들의 전과가 떨어지게 되었다. 미국과 영국이 소나, 레이더 등 최신 탐지기술을 계속 도입하고, 수송선들을 선단으로 모아 호위함들이 효율적으로 보호하게 하는 한편, 소형 항공모함을 투입하여 초계와 대잠 공격력을 강화한 것이 원인이었다. 유보트의 작은 크기와 이로 인한 낮은 성능도 결국 한계로 나타났다. 독일 해군의 잠수함대 사령관이었던 칼 되니츠Karl Dönitz, 1891~1980는 잠수함은 수상 함정이며 필요할 때만 잠수하면 된다는 생각을 개전 초기에 갖고 있었고, Type VII 유보트는 지속잠수 성능이 부족하더라도 이러한 교리를 충족하는 잠수함이었다. 평소에는 디젤엔진으로 항해를 하면서 엔진에 달린 발전기로 배터리를 충전하도록 하고, 잠수 시에는 배터리가 스

118. 참고로 우리 해군이 운영하는 잠수함 중 장보고급(독일 209급)이 가장 작은데 배수량이 1,200톤이다.

크류에 연결된 전기모터를 돌리는 방식을 사용했다. 잠수 가능 시간이 짧았고 속도도 느렸기에 작전 상황을 제외하고는 항상 일반 선박처럼 부상하여 항행했다. 그런데 수상 항행을 하면 레이더나 항공 초계에 걸리기 쉬웠고, 연합국이 수송선단 호위를 강화한 이후에는 공격거리 내로 접근하기도 전에 쫓겨가거나 격침되었다.

이에 따라 독일 해군은 대부분의 작전을 잠수 상태에서 하도록 교리를 전환하고 이에 적합한 신형 잠수함을 개발하기 시작하였다. 이때 개

표 3-9 **Type XXI형과 VII형 유보트의 성능 비교**

구분		Type XXI	Type VII-C
배수톤수		1,621톤(잠수 시 1,819톤)	769톤(잠수 시 871톤)
길이		76.70m	67.10m
추진기관		디젤-전기 구동 ① MAN M6V40/46KBB 6기통 과급(supercharged) 디젤엔진(2,983kW) 2대 ② SSW GU365/30 발전기 겸용 전기모터(3,729kW) 2대 ③ SSW GV232/28 정숙 구동 전기모터(169kW) 2대	디젤엔진 6기통 4행정 과급 디젤엔진 2대 (총 2,088~2,386kW)
속도	수상속도	15.6노트	17.7노트
	잠항속도	17.2노트	7.6노트
	정숙 잠항속도	6.1노트	N/A
잠수 심도		240m	230m
승조원 수		장교 5명, 수병 52명	44~52명

발된 대표적인 잠수함이 Type XXI 유보트이다. 대부분의 작전을 잠수한 상태에서 수행하도록 설계되었는데, 배터리 탑재량을 대폭 늘려 수중 속도와 작전 시간(한 번에 며칠까지도 잠항할 수 있었다)을 늘리는 한편, 배터리 재충전이 필요하게 되면 잠망경 심도까지만 부상하여 스노클만 수면 밖으로 내밀고 여기로부터 공기를 빨아들여 디젤엔진을 돌리도록 한 구조였다. 그리고 잠수함의 크기를 대폭 키워(700톤급 → 1,600톤급) 승무원의 근무환경을 개선하는 한편 수작업에 의존하던 어뢰 장전을 기계화시켜 전투효율을 증대시켰다.

그러나 Type XXI 유보트가 조선산업의 발전에 가장 큰 족적을 남기게 된 것은 그 생산 방식의 발전 덕분이다. 1942년 무렵까지 독일의 유보트 조선은 매우 전통적인 방식에 머물러 있었기에 스피어의 전임자였던 프리츠 토트도 이미 1941년에 보다 효율적으로 만들기 위한 위원회를 구성하려 했었다. 조선업계와 철강업계가 모두 참여하여 구성된 위원회에서는 작업의 대폭적인 외주화를 권고하였는데, 이는 연합군의 폭격에 대응하기 위한 것이기도 하였다.

그 다음의 개선방안은 새로운 제작 방식을 도입하는 것이었다. 기존 방식으로는 신형 유보트를 개념 설계하고 양산할 때까지 약 2년 반이 걸릴 것이 예상되었다. 그러다 보니 최초 진수 시점이 1946년이 될 지경이었다. 이에 스피어는 1943년 7월, 자동차와 소방차 생산에서 경험을 쌓은 산업공학자인 오토 메르커Otto Merker, 1899~1986를 조선 위원회 위원장으로 앉히고 문제를 해결해보도록 했다. 메르커가 제안한 방법은 유보트를 각각 130톤 정도 나가는 8개의 큰 블록으로 나누고 이전까지는 잠수함 선체용 철판의 성형만 하던 내륙 소재 협력 업체들이 잠수함

내부에 들어갈 배관 등 모든 설비들도 미리 포함시켜 생산하도록 하고, 이 블록들을 바지선에 실어 운하를 통해 해안지역인 브레멘이나 함부르크로 옮겨 연합군 폭격에 견딜 수 있도록 콘크리트 벙커 형태로 건설된 조선소에서 용접 접합 방법으로 최종 조립하게 한다는 것이었다. 메르커는 이 방법을 채택하면 첫 번째 Type XXI 유보트를 1944년 4월 1일에 진수시킬 수 있고 이후에는 매월 30척을 생산할 수 있을 것이라고 주장했다.

미국의 헨리 존 카이저가 리버티급 수송선을 만드는 과정에서 상당수의 작업을 외주에 맡기고 조선소에서는 협력 업체들이 공급하는 반제품들을 최종 조립토록 하는 방식을 도입하여 조선 공정에 큰 발전을 이루기는 했으나, 독일이 새로 도입한 블록 공법은 이보다 한걸음 더 나아간 것이었다. 헨리 카이저와의 또 다른 유사점은 용접 방식을 채용한 것이었다. 그러나 Type XXI을 위해 개발된 새로운 공법이 제대로 꽃을 피우기에는 독일에게 주어진 시간이 너무 짧았다. 일단 여러 작업장에서의 공정관리나 품질관리 수준이 균질하지 못했고, 용접의 품질이 그리 좋지 않아서 완성된 잠수함의 성능이 제대로 나오지 않았다. 애당초 잠수함 한 척당 건조

▲ 조립되기 직전의 Type XXI 잠수함 블록
(출처 : Wikipedia)

시간이 6개월 미만이 되게 하겠다는 것이 목표였으나 실제로는 완성된 이후에도 보정 등의 사후 작업을 하는 데 시간이 오래 걸렸다. 이에 따라 종전까지 118척의 Type XXI 잠수함을 완공했으나 전투 적합 판정을 받은 것은 4척뿐이었다. 그나마 2척만 실전에 투입할 수 있었는데, 격침 실적은 내지 못했다. 이러다 보니 Type XXI 유보트가 전황에 긍정적 효과를 내지 못했다는 지적도 있다. 신형 유보트 생산에 투입되었던 인력과 자원들이 비행기, 탱크, 대포나 탄약류 생산에 투입되었으면 더 나았을 것이라는 점 때문이다.

그럼에도 불구하고 종전 후 연합국은 모두 Type XXI 잠수함에 큰 관심을 보여 프랑스, 소련과 영국은 각각 이 잠수함들을 가져가 자국 잠수함대에서 정식 취역시켜 사용했으며, 미국도 잠수함 2척을 가져가 사용했다. 특히 소련은 Type XXI 잠수함을 면밀히 분석하여 줄루Zulu, 위스키Whiskey와 로미오Romeo급 잠수함 등 자국의 후속 잠수함 개발에 활용했다. 이 중 위스키급과 로미오급은 북한도 사용했는데, 로미오급은 아직도 사용 중인 것으로 보도되고 있다.[119]

그러나 Type XXI 잠수함이 현대 산업에 미친 영향은 잠수함 자체보다도 그 생산방식에서 더 크다고 생각된다. 블록 조선 공법은 현재 세계적 조선소들이 모두 채택하고 있다. 이 공법은 1950년대 초에 일본으로 도입된 후 용접 품질과 협력 업체의 품질 및 공정관리 등을 크게 발전시키면서 일본 조선업계의 획기적 성장을 가져왔었다. 그러나 현재 블록 공법을 확실히 꽃피운 나라는 우리나라라고 인정받고 있다. 우리

119. 2014년 6월 김정은이 직접 함교에 올라 훈련을 지휘하는 사진을 공개할 때 탔던 잠수함이 로미오급이다.

▲ 선박 블록공법(출처 : 삼성중공업)

나라의 3대 조선소들은 각각 블록 공법을 크게 발전시켜 협력 업체들에게 배관, 배선뿐만 아니라 실내도장 및 가구 배치까지도 모두 포함하여 블록을 제작하도록 외주를 주고 있다. 조선소는 협력 업체들의 공정 진도를 관리하는 한편, 일정에 맞추어 납품하는 블록들을 조선소 사정에 따라 일반 드라이 도크, 플로팅 도크와 육상 작업장 등 다양한 조립장에서 최종적으로 용접 접합하여 선박으로 만들고 있다. 또한 작업속도를 조금이라도 더 빠르게 하기 위해 블록의 크기를 점점 키워왔으며, 이에 따라 블록을 부르는 이름도 메가블록에서 기가블록을 거쳐 테라블록으로까지 발전하였다.[120]

120. 거제도 소재 S중공업이 부르는 블록 명칭.

맺음말

제2차 세계대전 중 연합국과 독일은 모두 신무기를 개발하는 것과 마찬가지의 노력을 생산 기술을 향상시키는 데 투입하였다. 앞서 소개한 사례들은 이 중 대표적인 몇 가지에 불과하고, 실제로는 모든 분야에서 국가적 차원에서 생산성 제고를 위한 활동이 이루어졌다. 제2차 세계대전이 끝나고 난 후 독일이 금방 경제재건을 하게 된 것도 전쟁 중에 축적된 생산성 제고 기반이 바로 작용했기 때문이라는 연구 결과도 있다.[121] 다른 패전국인 일본도 전쟁 중 자신들이 생산성 제고와 품질관리에 실패했다는 것을 알고 있었다. 일본은 마침 맥아더 사령부의 초청으로 일본에 와 있던 미국의 품질관리 전문가인 윌리엄 데밍William Edwards Deming, 1900~1993을 품질관리 분야에서의 국가적 스승으로 모시고, 일본 과학기술연맹JUSE 주관 하에 1950년 6월부터 전국을 다니면서 강연 및 교육을 하게 하였다. 이 당시에도 일본산 공산품의 품질은 미국이나 독일 수준에는 전혀 미치지 못해서, 한국전쟁 중 일본산 트럭을 보급받은 미군들은 미국산에 비해 훨씬 열악한 설계와 품질 때문에 모두 불평할 지경이었다고 한다.[122] 그러나 일본인들이 데밍의 품질관리기법을 정말로 잘 받아들인 덕분에 일본은 품질관리 강국이 되었고 TQCTotal Quality Contorl, 더 나아가 TQMTotal Quality Management이라는 품질관리 기법도

121. Cristiano Andrea Ristuccia and Adam Tooze, "Machine tools and mass production in the armaments boom : Germany and the United States, 1929 - 44," Economic History Review, 66, 4, 2013, pp. 953~974.

122. 필자가 한국전쟁 중 장교로 근무했던 부친에게서 들은 말이다.

만들어내게 되었다. 1980년대에 미국 시장에서 일본산 자동차가 급성장한 것은 높은 생산성으로 인한 낮은 가격과 정비가 별로 필요없게 하는 신뢰도 덕분이라고 평가된다. 패전 후 40년 만에 생산 기술 덕분에 패전국이 승자가 된 것이다.

[참고문헌]

1. 이은호, 『세상을 지배하는 표준 이야기』, 한국표준협회미디어, 2012. 12.
2. "Cost of U.S. Wars Then and Now", Military History by Norwich University Online, 2020. 10. 20.
3. CRISTIANO ANDREA RISTUCCIA and ADAM TOOZE, "Machine tools and mass production in the armaments boom : Germany and the United States, 1929–44", *Economic History Review*, 66, 4 (2013), pp. 953~974.
4. Donald L. Miller, *Masters of the Air : America's Bomber Boys Who Fought the Air War Against Nazi Germany*, Simon & Schuster, 2007. 9. 25.
5. Jones, Marcus O.(2014) "Innovation for Its Own Sake : The Type XXI U-boat", *Naval War College Review* : Vol. 67 , No. 2 , Article 9.
6. The Elektro boats. 2. Developement–Technical pages– German U-boats of WWII–Kriegsmarine–uboat.net
7. Tim Trainor, "How Ford's Willow Run Assembly Plant Helped Win World War II", ASSEMBLY, 2019. 1. 3.
8. 기타 자료 : 위키피디아

우리나라의 실패 사례

고급 활(수우각궁)의 주요 소재인 물소 뿔 / 조선시대 기술의 몰락과 대외 유출

4

고급 활(수우각궁)의 주요 소재인 물소 뿔

조총이 도입되기 이전의 동양 3국에서 군사력을 따질 때 나라별로 각각 잘 다루는 무기가 있었다고 한다. 1614년(광해군 6년)에 이수광이 『지봉유설』 기예부技藝部 잡기雜技에 "왜적들은 중국의 창법槍法, 조선의 편전片箭, 일본의 조총이 천하제일이라고 항상 말했다"라고 기술했듯이[1] 우리나라는 활을 잘 다룬다고 알려졌다.

그런데 우리나라의 주력 무기인 활은 국내 조달이 불가능한 소재로 만들어졌었다. 조선 시대의 대표적인 활은 각궁角弓이었다. 우리나라의 각궁은 활 종류 중 형상으로는 이중만곡궁二重彎曲弓, 제조 방법으로는 합성궁合成弓, composite bow에 속한다. 합성궁은 서로 성질이 다른 여러 소재를 접착시켜 작은 크기로도 큰 탄력을 얻을 수 있게 한 활이다. 우리나라의 각궁은 동물의 뿔, 산뽕나무, 대나구, 벚나무 껍질 등의 조각들을 민어 부레풀魚膠로 접합하여 만들어졌다. 특히 물소 뿔로 만든 활은 수우각궁水牛角弓 또는 흑각궁黑角弓[2]이라고 불렸고 사거리가 240m에 달할 정도로 성능이 우수했다. 그러나 물소 뿔은 국내에서 생산이 되지 않아 수입품을 사용하다 보니 제작비가 비쌌기 때문에 황소 뿔을 사용한

1. 倭賊嘗曰中朝之槍法。朝鮮之片箭。日本之鳥銃。
2. 물소 뿔을 흑각(黑角)이라고 불렀다.

향각궁鄉角弓(우각궁牛角弓이라고도 불렀다)이나 사슴 뿔을 사용한 녹각궁鹿角弓도 사용되었으나 성능은 수우각궁보다 못하였다. 각궁은 제작과정이 복잡하고 제작비도 비쌌기 때문에 목궁, 철궁, 죽궁도 함께 활용되었다고 한다. 조선은 태조 이성계가 명궁으로 알려졌듯이 활에 대한 관심이 높았다. 무과 시험에서도 그랬지만 장교들의 수련에서도 활쏘기가 큰 비중을 차지했었다. 이러한 분위기 속에서 고성능을 가진 수우각궁이 핵심 무기가 되었다.

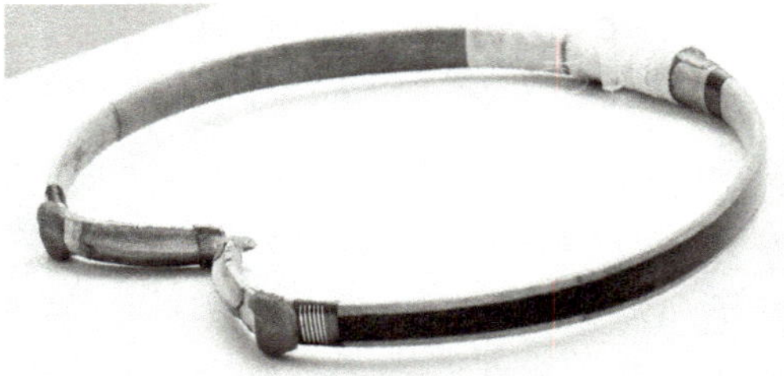

▲ 활 바깥쪽에 검은 띠가 붙은 것처럼 보이는 부분이 물소 뿔(흑각)이다.

▲ 수우각궁. 활 줄을 당기면 이중으로 휜 활 모양을 갖추지만 활 줄을 풀면 둥글게 말린 모양이 된다.

수우각궁에도 단점이 있었다. 고려 말기 이성계가 위화도 회군을 할 때 내걸었던 사불가론四不可論에서도 이에 대한 언급이 나온다.[3]

> 태조가 아뢰기를,
> "지금에 출사出師하는 일은 네 가지의 옳지 못한 점이 있습니다. 작은 나라로서 큰 나라에 거역하는 것이 한 가지 옳지 못함이요, 여름철에 군사를 동원하는 것이 두 가지 옳지 못함이요, 온 나라 군사를 동원하여 멀리 정

3. 태조실록 1권, 총서 83번째 기사

벌하면, 왜적이 그 허술한 틈을 탈 것이니 세 가지 옳지 못함이요, 지금 한창 장마철이므로 활[弓弩]은 아교가 풀어지고, 많은 군사들은 역병疫病을 앓을 것이니 네 가지 옳지 못함입니다時方暑雨, 弓弩膠解, 大軍疾疫, 四不可."

하니, 우왕이 자못 옳게 여겼다.

실제로 수우각궁의 접합재인 민어 부레풀은 비가 오거나 습도가 높아지면 녹아내린다. 따라서 장마철에는 수우각궁을 사용할 수 없었고 여름철에는 따뜻한 온돌방에 보관해야 했다. 우리보다 고온다습한 일본에서 수우각궁을 사용하지 않은 이유다. 조선 병사들은 여름에는 녹아내리는 현상이 적은 녹각궁을 가지고 다녔다고 한다.

두 번째 단점은 핵심 소재인 물소 뿔이 전량 수입에 의존했다는 것이다. 이에 따라 조선 조정은 명나라와의 조공 외교에서 물소 뿔을 받아오려 애쓰는 한편, 물소를 수입하여 이를 번식시켜 물소 뿔의 자급체계를 만들어보려고 노력하였다. 조선왕조실록(http://sillok.history.go.kr)에서 "水牛角물소 뿔"로 검색을 해보면 총 27건의 기사가 나오고, "水牛물소"로 검색하면 총 70건이 나온다. 이들은 인조와 정조 시대의 3건을 제외하고는 모두 임진왜란 이전의 기록들로서 조선 초기에 많은 노력이 있었음을 알 수 있다. 특히 세종과 문종 대에는 명나라로부터 물소 뿔을 수입하려는 노력이 집중적으로 이루어졌으며, 세조 7년(1461년)에는 유구(오키나와)로부터 물소 암수 두 마리를 받아 이를 창덕궁 후원에서 기르게 되었다. 18년 뒤인 성종 10년(1479년)에는 총 70마리로 늘어난 물소들을 여러 고을의 수령들에게 나누어 주면서 잘 기르면 상을 주겠다고 한 기록이 나온다.

그러나 조정의 희망과는 달리 현장에서는 물소를 기르는 일을 부역賦役으로 생각했던 것으로 보인다. 물소를 밭을 갈거나 식용으로 쓰려는 것이 아니라 무기 재료인 뿔을 얻기 위해 각 고을에 나눠주고 기르게 한 것이기에, 현장에서는 자신들이 도움을 받는 것은 없고 혹시 물소가 다치거나 죽기라도 하면 큰 봉변을 치르게 되니 사육업무가 엄청 부담이 되었을 것이라는 점은 쉽게 짐작할 수 있다. 실제로 여러 고을의 수령들은 물소 사육을 아전衙前에게 맡겼고, 아전은 물소에게 먹일 풀의 상납을 백성에게 강제 할당하다 보니 비리가 많다고 성종 24년(1493년)에 기록되었다. 연산군 3년(1497년)에는 이 물소들을 농사에 사용하는 방안을 알아보라고 왕이 지시했으나, 중종 4년(1509년) 7월에 이르러서는 물소 사육이 나라에 이익이 없고 백성에게 해만 끼치고 있으니 그만두자는 건의가 올라올 정도가 되었다. 결국 같은 해 11월에는 원하는 백성에게 물소를 나누어 주고, 혹시 죽거나 잃어버리더라도 죄를 다스리지 않는다는 결정이 내려졌다. 이것을 마지막으로 조선왕조실록에는 물소 사육 노력에 대한 기록이 더 이상 나오지 않는다. 그리고 수우각궁의 핵심 소재인 물소 뿔은 수입에만 의존하게 되었다.

조총이 도입된 이후에도 조선은 계속 활을 중시했던 것으로 보인다. 인조 10년(1632년) 11월 19일의 실록 "예단의 물목을 다시 논의하다"를 보면 정묘호란(1627년) 이후 후금이 요구해온 물품 목록에 물소 뿔이 포함되어 있는데, 물소 뿔이 토산품이 아니어서 갖춰 보내기 어렵다는 점을 잘 설명하자는 논의가 기록되어 있다. 그리고 5년 뒤인 인조 15년(1637년) 1월에 청나라의 용골대가 병자호란에서 조선의 항복(삼전도의 굴욕, 1637년 2월 24일)을 협의하면서 조선 측에게 전달한 문서의 세폐歲

幣[4] 목록에도 물소 뿔 활 부품 200부水牛角弓面二百副가 들어 있었다.[5] 날씨가 추운 조선이 물소 뿔을 바치기 어렵다는 것은 청나라도 알았을 터인데 물소 뿔을 공물로 요구한 배경에는 편하게 전략물자를 입수하는 한편 조선의 핵심 무기 원자재를 소진시키려는 의도도 있었던 것으로 보인다. 조선 조정은 세폐 목록 중 토산품이 아닌 것들을 없애거나 줄여보려고 계속 노력하였으며, 효종 4년(1653년)에 물소 뿔을 세폐 목록에서 삭제하는 데 성공하였다.

다른 한편으로 조선 조정은 동남아가 원산인 물소 뿔을 공무역을 통해 구해오려는 노력을 지속하였다. 물소 뿔은 수우각궁을 만드는 데 쓰였지만 종3품 이하 관리들이 패용하던 허리띠(흑각대黑角帶)에 사용되기도 하여 지속적으로 수요가 있었다. 조선은 물소 뿔을 쓰시마로부터 입수하였는데, 쓰시마는 나가사키에서 중국이나 네덜란드 선박으로부터 구입한 물품을 부산포에 있던 왜관으로 가져갔다. 조선이 입수한 물소 뿔 중 일부는 세폐로서 청나라에도 바쳐졌다. 일본의 동남아 교역이 계속 불안정하여 물소 뿔 수급이 어려워지게 되자 양국이 교섭한 결과 1832년부터는 물소 뿔 거래가 중단되었다.

조선은 활의 성능만을 지향하다 보니 원료의 수급이나 관리가 소홀했던 것으로 보인다. 하급 병사까지 수우각궁을 장비하도록 하기가 경제적으로 어려운 것이 현실이라면 다른 방안을 찾았어야 했다. 수우각

4. 조공 관계에서의 공물은 제후가 다스리는 지방의 토산물을 바친다는 의미에서 흔히 방물(方物)이라 불렀다. 세폐는 매년 바치는 공물이라는 의미를 가진 용어이다. 명나라는 조선으로부터 방물을 받아갔으나 청나라는 세폐를 추가하였다. 이때부터 조선은 청나라에 정기적으로는 세폐를, 사신을 파견할 때는 매번 방물을 바쳤다. 물소 뿔은 세폐 목록에만 있었다.

5. 인조실록 34권, 인조 15년 1월 28일 무진 4번째 기사. "용골대가 한의 칙서를 가지고 오다."

궁의 좋은 성능조차 날이 맑고 건조할 때나 나올 수 있다는 것은 또 다른 문제였다. 18세기 박제가의 『북학의北學議』를 보면 활弓 편과 군사를 논한다兵論 편에서 이 문제를 다루었다. 박제가는 조선 활이 모두 나무로 만들어진 중국 활과 달리 사정거리는 잘 나오지만 불에 잘 굽지 못하거나 실수로 불에 쪼이기만 해도 문제가 발생하고, 비가 올 때에는 전혀 사용할 수 없다며 적군이 갠 날을 가려서 쳐들어올 리는 없지 않겠냐고 말했다. 또한 사정거리가 좋은 활보다 실제로 쓸 수 있는 무기가 중요함을 강조하며 우리가 활을 잘못 만들었다고 주장하였다.

특히 임진왜란을 통해 조총의 위력을 확실히 알았다면 주력 무기는 물론 전술도 바꿨어야 했다. 오히려 중국에서는 변화가 있었다. 이안 모리스가 쓴 *Why the West Rules—For Now*와 피터 퍼듀의 *China Marches West—The Qing Conquest of Central Asia*를 보면, 인류 역사에서는 농경민족이 계속해서 기마 유목민족들에게 유린당하고 있었는데, 처음으로 농경민족이 유목민족을 완전히 밀어내버린 것은 청나라의 강희제와 건륭제가 준가르를 1690년부터 70년간에 걸쳐 정벌한 이후라고 하면서, 이것이 가능하게 된 것은 청나라가 소총으로 무장시킨 보병부대를 운용했기 때문이라고 하였다.

국가안보와 관련한 핵심 소재나 부품을 해외에만 의존하는 것은 전혀 바람직하지 않다. 이러한 시각에서 볼 때 조선은 어려운 상황을 스스로 선택했을 뿐만 아니라 군사기술이 빠르게 변화하던 중세 이후에도 옛 전통을 고수하려 하였고 이것을 간파한 청나라가 물소 뿔을 조공 품목으로 요구하는 지경까지 초래했다. 앞으로도 계속 경계해야 할 일이다.

[참고문헌]

1. 박제가(안대회 역), 『북학의(北學議)』, 돌베개, 2003.
2. 세폐(歲幣)-sillokwiki, dh.aks.ac.kr/sillokwiki/index.php/세폐(歲幣).
3. 윤유숙, "조선후기 조선·일본의 동남아시아 산물 교역", 『韓日關係史硏究』, 제70집, 韓日関係史学会, 2020. 11.
4. 이래주, 「한국의 전통무기와 전술변화(1)」, 『국방과 기술』(309), 한국방위산업진흥회, 2004. 11., pp. 76~81.
5. 조선왕조실록 태조실록 1권, 총서 83번째 기사(4불가론).
6. 조선왕조실록 "水牛", "水牛角" 검색 결과.
7. 활(弓), 『한국민족문화대백과사전』.

조선시대 기술의 몰락과 대외 유출

조선은 건국 초기에는 기술력이 상당했다. 고려의 도자기, 금속활자와 화약 및 화포 제조 기술을 발전시켰고 세종 대에는 많은 성과가 있었다. 그런데 조선 후기로 갈수록 기술이 퇴보하거나 없어지는 현상이 관찰된다. 실학파 학자 박제가는 『북학의』에서 신라가 강성하게 된 이유가 수레와 배를 잘 사용했기 때문[6]이라고 지적하고, 조선은 오히려 수레를 사용하지 않고 도로도 부실한 점을 개탄하였다.[7] 그런데 신라와 조선 사이의 퇴보보다도 조선 전기와 후기 사이의 기술 수준 하락이 더 컸다.

수레부터 알아보자. 조선 초기에 세종은 "지금 우리나라 사람이 물건을 실어 수송하는 것이 중국에서 한창 사용되고 있는 것보다 못하다"라고 하면서 작은 손수레인 "강주杠輈"를 만들어 이를 보급하려 했다. 세종 7년(1425년) 9월 4일 강주 2백 대를 새로 만들게 한 데 이어 이를 고관들과 지방 관청에 나누어주어 쓰게 하고 사용 용도를 개발하여 보고

6. 『삼국사기』 권 제6 신라본기 제6 문무왕(文武王) : "2년 1월(662년 01월(음)) 군량을 싣고 평양으로 가도록 명하다-왕이 유신과 인문·양도(良圖) 등 아홉 장군에게 명하여, 수레 2천여 대에 쌀 4,000석과 조(租) 2만 2천여 석을 싣고 평양(平壤)으로 나아가게 하였다."
출처 : 한국사데이터베이스(http://db.history.go.kr/id/sg_006r_0020_0160)
7. 박제가 지음(안대회 역), 『북학의(北學議)』 외편(外篇) 재부론(財富論), 돌베개, 2003, pp. 171~174.

하게 했다. 그러나 강주에 대한 기록은 문종 대에서 두 번, 연산군 대에서 한 번을 마지막으로 더 나오지 않는다. 세종의 수레 보급 노력이 성공하지 못한 데에는 세종이 이천 온천을 방문할 때 수레가 부서졌던 사건도 작용했다. 세종 24년(1442년) 3월 16일의 실록은 "대호군大護軍 장영실蔣英實이 안여安輿 : 왕이 타는 수레를 감조監造하였는데, 견실하지 못하여 부러지고 허물어졌으므로 의금부에 내려 국문하게 하였다"[8]라고 기록하였다. 장영실은 직첩을 회수당하고 곤장을 맞은 후 쫓겨났다. 결국 세종 자신도 29년(1447년) 5월 1일에 "부왕인 태종은 온천 개발과 수차 사용을 장려했고 나는 강주를 보급하려 노력해 보았으나 신하들과 백성들이 새 문물의 도입을 귀찮게 생각하여 모두 성공하지 않고 있다"라고 말하면서 자신이 설립했던 강주국을 폐지하였다.[9]

두 번째로 설명할 기술은 은의 제련법이다. 은은 동북아시아에서 국제통화였다. 명나라에서 은을 동전이나 교자交子 등의 지폐를 넘어서는 화폐로 활용하게 됨에 따라 은의 수요가 급격히 늘어났었다. 그런데 연산군일기를 보면 은의 생산을 획기적으로 늘릴 수 있는 방법을 왕에게 보고한 사례가 나와 있다.

8. 大護軍蔣英實監造安輿, 不堅緻折毁, 下義禁府鞫之

9. 당시 실록을 보면 세종은 "내가 강주(杠輈)를 설치한 것은 본디 백성으로 하여금 운반하는 데에 편리하고 소나 말을 먹여 기르는 번폐를 없게 하려는 것이었는데, 설치한 지가 벌써 오래되었어도 백성들이 힘써 사용하지 아니하므로, 왕년(往年)에 시험 삼아 형제 자질(兄弟子姪)과 여러 대신(大臣)의 일가들에게 주어서 널리 시행하고자 하였더니, 뒤에 들은즉 모두 매달아 두고 사용하지 않는다 하기에 명하여 도로 거두어 버렸다"고 말하고, 앞으로 사용할 생각이 있느냐고 물었는데도 신하들의 반응이 신통치 않자 "설치한 지가 벌써 10년이 넘었는데도 백성들이 실행하지 아니하여, 소속된 노자(奴子) 1백 인이 공사(公私) 간에 유익함이 없다. 만일 꼭 사용하려면 다시 설치하기에 무엇이 어려우랴"라고 말하고, 강주국(杠輈局)을 혁파하라고 명하였다.

연산군일기 49권, 연산 9년(1503년) 5월 18일
"김감불과 김검동이 납으로 은을 불리어 바치다"

양인良人 김감불金甘佛과 장례원掌隷院 종 김검동金儉同이, 납[鉛鐵]으로 은銀을 불리어 바치며 아뢰기를,

"납 한 근으로 은 두 돈을 불릴 수 있는데, 납은 우리나라에서 나는 것이니, 은을 넉넉히 쓸 수 있게 되었습니다. 불리는 법은 무쇠 화로나 남비 안에 매운 재를 둘러놓고 납을 조각조각 끊어서 그 안에 채운 다음 깨어진 질그릇으로 사방을 덮고, 숯을 위아래로 피워 녹입니다."

하니, 전교하기를, "시험해보라." 하였다.

그리고 불과 5일 만에 후속 사항이 연산군일기에 기록되었다.

연산군일기 49권, 연산 9년(1503년) 5월 23일
승지 강삼이 단천의 납을 사사로이 캐지 말 것을 청하다.

승지 강삼姜參이 아뢰기를,

"단천端川[10]에서 나는 납의 성질이 강하여 불리어 은을 만들 수 있으니, 해조該曹에서 사람들이 사사로이 캐는 것을 금하도록 하소서."

10. 현재 함경남도 신포와 김책시 사이의 해안에 있는 도시이다. 지금도 북한의 최대 광산단지로서 40여개 광산에서 납, 아연 및 마그네사이트를 생산한다.

하니, 그대로 좇았다.

은을 쉽게 생산하는 방법이 확인되자 핵심 소재인 납이 단천에서 함부로 채굴되지 않도록 규제한 것이었다. 이후 은 생산이 수익성이 높은 사업이 되면서 연산 10년(1504년)에는 장 숙용張淑容, 장녹수에게 은 채굴권을 주기도 하였다.

그러나 연산군을 반정으로 몰아낸 중종이 집권하자마자 연산군 시절의 사업들이 모두 철퇴를 맞게 되면서 은 채취도 금지된다.

중종 1년(1506년) 9월 7일
함경도의 은 채취를 못하게 하다

은 채취 금지령의 명분은 조선 내에서 금과 은이 생산되지 않는다는 이유로 은의 조공을 면제받았다는 것이었다. 그러나 단천에서는 몰래 은이 생산되었고 실록에는 단천 사람들이 은을 가지고 중국과 교역을 하여 큰 부자가 되었다는 기록이 나온다.

그러나 좋은 기술과 기술자는 원하는 사람에게 흘러가게 되어 있다. 중종 34년(1539년) 8월 10일, 헌부가 의주판관 등을 역임했던 무관 출신 유서종柳緖宗에게 벌을 주라고 요청하였다. 유서종은 산산蒜山(지금의 함경남도 원산 남쪽 지역)에 정자를 지어놓고 상인들의 재화를 쌓아두었다가 적발되었는데, 함께 지목된 죄목이 "왜노倭奴와 사사로이 통해서 연철鉛鐵을 많이 사다가 자기 집에서 불려 은銀으로 만드는가 하면 왜노에게 그 방법을 전습하였다"라는 것이었다. 유서종은 형신刑訊(고문을 수반하는 신문)까지 받으면서 처벌받았다.

이로부터 3년 후에 조선 조정은 일본으로부터 대량의 은을 사라는 요청을 받았다. 중종 37년(1542년) 4월 24일의 실록에는 일본국의 사자가 통신通信을 명분으로 상물商物을 많이 가져왔는데 은이 8만 냥이나 되었으며, 왜사倭使가 은을 가져오는 것은 전에 없던 일이었다고 당혹해하는 사건이 기록되었다. 조선 조정은 대량 구입요청에 놀랐던 것으로 보이며, 조정의 대응논의 기록이 같은 해 7월 17일까지 실록에 8번이나 나온다. 협상 끝에 조선이 은 5천냥을 사겠다고 하자 왜사는 작은 물량은 팔지 않겠다고 돌아가버렸다.

왜사가 어떻게 많은 은을 가져올 수 있었을까? 당시 논의를 보면 "왜국에서 은을 만든 것이 채 10년이 못 되었는데 우리나라에 많이 유포되어 이미 천한 물건이 되었으므로 지난번 방금防禁하는 법을 세웠습니다"라는 구절이 있다. 일본이 얼마 전에 은의 대량 제조법을 습득했다는 추정이 가능한데, 일본 측의 기록에 답이 있다. 일본에서는 1526년 이와미石見(현재 시마네 현 지역)에서 은광산을 개발하면서부터 은이 생산되기 시작했다. 그러나 제련 효율이 나빴는데, 1533년 외국에서 불러들인 종단宗丹과 계수桂壽라는 2명의 기술자가 회취법灰吹法을 전수해주고 나서는 엄청나게 증산을 할 수 있었다. 회취법이 확산되면서 일본의 은 생산은 급증하였고 16세기 후반에는 전 세계 생산량의 1/3인 연간 200톤을 생산할 정도까지 되었다.

종단과 계수가 어느 나라에서 왔는지에 대해서는 일본에서 두 가지 주장이 있는데, 하나는 조선에서 왔다는 것이고 다른 하나는 이들이 명나라 사람이라는 것이다. 그러나 회취법이 연산군 앞에서 설명했던 납을 불려 은을 제련하는 방법과 동일하다는 것과 1539년에 조선에서 회취법을 일본인들에게 가르쳐줘 처벌받은 기록이 있는 것을 보면 조선인이라는 것이 타당할 것이다. 이 기술로 일본은 은을 대량생산하였고 약 50년 후에 동북아에서 국제전쟁을 일으킬 정도로 국부를 쌓을 수 있었다.

우리 기술이 일본에 넘어가 일본의 국부를 늘려준 사례는 또 있다. 임진왜란 때 많은 조선 도공들이 일본으로 끌려간 사실은 잘 알려졌다. 그런데 전후 포로 귀환 시 도공들이 돌아와 도자기를 다시 만들었다는 기록은 없다. 일본의 영주들은 조선에서는 천민이었던 도공들을 우대했었다. 대표적 도공은 충청도 금강 출신인 이삼평李參平, ?~1655이다. 그는 지금의 사가현佐賀県 지방에서 도자기의 원료인 고령토를 찾아낸 후 1616년에 아리타 지방에서 일본의 첫 백자를 구웠다. 이것이 지금도 유명한 아리타 자기의 원조이다. 또 다른 유명한 도공은 남원 출신 심당길沈當吉이다. 규슈 사쓰마번(지금의 가고시마현鹿児島県)의 시마즈 영주는 이곳으로 끌려온 심당길 등 조선 도공에게 사무라이 대우를 하고 조선인 출신 마을을 만들어 생활하도록 해주었다. 이들은 1614년에 시로몬白物 자기를 생산하기 시작하였다.[11]

이때 유럽에서는 중국 도자기가 인기였다. 지금도 파리의 루브르궁이나 비엔나의 쉔브룬궁에 가보면 도자기로만 장식한 방이 있을 정도로 유럽의 도자기 사랑은 대단했다. 네덜란드 동인도회사는 처음에는 중국 도자기를 수입했으나 명-청 교체기에 수입이 어렵게 되자 1650년 무렵부터 일본에서 도자기를 수입하였다. 일본산 도자기는 바로 인기를 얻

11. 심당길의 자손은 지금도 "심수관"이라는 같은 이름을 계속 물려받아 쓰면서 사쓰마 도기를 주도하고 있다.

게 되었고 이때부터 유럽 국가들은 아리타 자기와 사쓰마 자기를 대량으로 수입하였다. 이 교역은 일본의 부를 늘리는 데 기여했을 뿐만 아니라 서양 문물과 접하게 함으로써 일본의 근대화에 도움을 주었다. 아리타 자기를 생산한 히젠(사가현)이 에도 말기에 가장 근대화된 군사력을 가지고 있었고 사쓰마 자기를 생산한 사쓰마가 메이지 유신의 주역[12]이 될 수 있었던 이유다.

상대적으로 조선의 도자기는 쇠퇴하였다. 18세기 박제가가 쓴 『북학의』를 다시 보자. 자기瓷 편에서 박제가는 조선의 자기가 중국 것에 비해 품질이나 디자인 면에서 모두 매우 열악하다고 지적하였다. 그리고 그 원인으로 아무리 좋은 기술을 가지고 좋은 물건을 만들어도 이를 나라에서 사주기는커녕 높은 세금만 매기는 점을 들었다. 그 때문에 우리나라 기술자는 오히려 기술을 버리게 되었고, 반면에 일본은 온갖 기예에서 천하 제일이라는 호칭을 얻은 사람이 있으면 그를 찾아가서 스승으로 모신다고 하였다.

조선은 사대부가 성리학으로 통치하는 사회를 지향하다 보니 국가의 부를 늘리는 데에는 관심이 없었고 심지어는 부유한 사람들이 부상하여 기존의 신분 체계를 흔드는 일이 발생하는 것을 막으려 했다. 단천에서 은을 생산하는 것을 막으려고 했던 논의가 실록에 기록된 것을 보면 은 생산과 이를 이용한 무역으로 돈을 번 사람들에 대한 고위 관리들의 반감이 계속 엿보인다. 수레가 널리 보급되지 못한 것도 여기에 이유가 있다고 한다. 중국 베이징에서는 돈만 내면 누구나 수레를 탈 수 있

12. 메이지 유신은 사쓰마(가고시마), 조슈(야마구치), 도사(고치), 히젠(사가) 등 4개 번이 연합하여 이루어졌다.

었는데, 조선 관리들은 이런 것이 싫었다.

조선은 개국 초기에는 상업과 기술을 발전시키려 노력했었다. 세조 7년 5월 28일의 실록에는 고급 비단을 만드는 공정 중에서 실을 뽑고 염색하는 기술이 중국에 비해 못하다는 것을 인정하고 앞으로 중국에 사신을 보낼 때마다 상의원尙衣院의 능다장綾羅匠을 한 명씩 번갈아 중국으로 보내 배워오게 했다는 기록이 있고, 연산군 10년 5월 15일에는 조정 관원들이 능라장과 함께 고급 비단을 사사로이 짜서 관청에서 쓰게 하여 기술을 확산시키자는 전교傳敎(왕의 지시)가 있었다. 그런데 중종 대부터는 은 회취법을 내쳤듯이 고급 비단도 "사치 풍조"라고 하여 배척하기 시작했다[13]. 영조 9년(1733년)에는 아예 베틀을 철거하고 고급 비단을 짜지 못하게 하였다. 그러나 좋은 옷을 입고 싶은 인간적 욕망은 억누르기 어렵다. 중국에 다녀오는 사신들을 통해 비단을 들여오게 되자 영조 22년(1746년)에는 사치 풍조를 없애려면 위에서부터 솔선수범해야 한다고 하면서 사행(使行)에서 고급 비단능라, 綾羅을 사오는 것을 엄금하는 왕명을 내렸다.

수레가 보급되지 않은 것도 짐을 운반하는 것이 양반들의 일이 아니고, 가난한 양반가에서도 남자의 일이 아니기 때문이었다. 지금도 아프리카의 극빈국에 봉사활동을 간 분들이 보고하는 것을 보면 땔감이나

13. 중종 11년(1516년) 10월 20일 3번째 기사에는 고급 비단을 사치 풍조라고 하여 쓰지 말자고 하는 논의와 지폐의 사용 포기 결정 등이 포함되어 있어 조선 개국 초기의 기술 및 상업 중시 기조가 반전되는 상황을 보여준다. 특히 고급 비단(사라능단(紗羅綾緞))을 입는 것을 금지시켜야 하나 법으로 금하기는 어려우니 재상부터 사용하지 않으면 부녀자들이 감화되지 않겠느냐고 왕이 말하자 이계맹이 삼전(三殿 : 왕, 대비, 중전의 세 사람을 말한다)부터 입지 않으면 될 것이라고 말하는 부분은 지금의 시각에서 볼 때는 코믹하기까지 하다.

식수를 아이들이나 여자들이 등짐이나 머리에 이는 방식으로 운반하는 현실을 안타깝게 생각하는데, 우리도 불과 얼마 전까지 여자들이 머리 위에 보따리를 얹고 걷는 것이 예사였다.

▲ 1957년 덕소 장터 가는 길(출처 : 한용수)

▲ 조선의 짐 운반 방법

소나 나귀로 짐을 운반할 때도 마찬가지여서 수레를 사용하지 않았고 히말라야 또는 사막에서 야크나 낙타를 이용하듯이 동물에게 짐을 바로 올렸었다. 조선 후기에는 북학파 학자들만 여기서 나타나는 엄청

▲ 조선의 가축 이용 수송

난 비효율성을 걱정하였다.

기술과 기술자에 대한 대접은 정말로 낮았다. 세종이 장영실을 중용한 것이 이례적이었는데, 그나마도 그가 관리하던 수레가 망가진 것을 빌미로 하여 최고 수준의 처벌을 가하여 내쫓아버렸다. 이러한 분위기는 본서가 다루었던 유럽에서의 사례와 비슷한데, 결과도 비슷하게 나왔다. 조선이 내친 은 회취법과 임진왜란 때 끌려간 조선의 도공들이 만든 아리타 자기와 사쓰마 자기는 일본을 부강하게 했다. 조선 도공들은 본국에 있을 때는 고급 자기를 만들지 못했으나 일본에서 후한 대접을 받게 되자 중국 물건과 경쟁할 수 있는 수준의 자기를 만들었다. 개국 초기에 왕권이 강했을 때에는 중국에 사신으로 가보았던 태종이나 학식이 높았던 세종 등이 직접 나서 새로운 문물을 조선에 도입하고 국부를 늘려보려 노력했으나 사대부들의 태업에는 당할 수가 없었다. 유교적 명분으로 집권할 수 있었던 중종 대에 여러 기술들이 사장된 것은 어찌 보면 당연한 수순이었다. 조선 후기에 성리학적 관행이 강화되면서 기술에 대한 천대는 심해지고 국부는 더욱 소퇴하게 되었다.

산업에서의 세계적 역학 구도는 계속 바뀌고 있다. 교통과 통신의 발전으로 개인의 거주지 선택이 예전보다 훨씬 쉬워져 기술과 기술자가 더 나은 대우를 향해 스스로 옮겨가는 것에 대한 장벽은 그 어느 때보다도 낮아졌다. 실리콘밸리에서 유명 기업들의 CEO 중에 인도계 또는 중국계가 많은 것이 이를 증명한다. 과거에는 한 나라가 특정 기술이나 기술자들을 박해하는 것이 문제였다면 지금은 이들을 어떻게 잘 대우할 것인가에 대한 경쟁이 벌어지고 있다고 보아야 한다. 앞으로의 대응이 중요한 때다.

[참고문헌]

1. 김기협, “[김기협의 근대화 뒤집기], 동전 대체한 은, 명나라 중앙집권 흔들다”, 『중앙일보』, 2022. 2. 11.
2. 김은희, 『신양반사회』, 생각의힘, 2022.
3. 박제가(안대회 역), 『북학의(北學議)』, 돌베개, 2003.
4. 박종인, “[박종인의 땅의 歷史] 조선은 은을 버렸고 일본은 은을 손에 쥐었다-[153] 세상을 바꾼 서기 1543년 ⑥이와미은광과 조선인 김감불”, 『조선일보』, 2019. 2. 20.
5. 박희재, “기술 혁신과 생태계 1”(2020. 3. 22.), “기술 혁신과 생태계 2”(2020. 4. 2.), “기술 혁신과 생태계 3”(2020. 4. 6.), 『대학신문』, http://www.snunews.com/news/articleView.html?idxno=21002
6. 윤용출, 「조선후기 수레 보급 논의」, 한국민족문화(47), 2013, pp. 269~329.
7. 조선왕조실록, http://sillok.history.go.kr/main/main.do
8. “조선의 은 중개무역”, 동북아역사넷, http://contents.nahf.or.kr/item/item.do?levelId=edeah.d_0004_0020_0030_0020
9. 村上隆, 『金・銀・銅の日本史』(岩波新書 1085), 岩波書店, 2007.

최근의 세계 동향

기술 패권 확보 수단으로서 수출통제와 투자 스크리닝 강화

전략소재 관리 강화 / 핵심 제품의 자국 내 생산 추구

5

최근 공급망의 안정성이 기업들의 관심사로 급부상했다. 2020년 초에 코로나 팬데믹이 시작된 지 얼마 후 미국에서는 화장지 대란을 시작으로 하여 여러 생필품들이 부족해지는 현상이 심각해졌다. 물자가 풍족한 미국에서 슈퍼마켓의 매대가 비어있고 사람들이 줄을 선 사진은 큰 충격이었다. 곧이어 자동차의 출하가 늦어지면서 중고 자동차 값이 평소보다 많이 오르는 사태가 발생했고, 이 모든 것들은 코로나 피해 복구를 위한 지원금 방출과 겹쳐져서 엄청난 소비자 물가 상승으로 연결되었다.

우리나라에서도 코로나 초기에는 자동차에 사용되는 와이어 하니스 부품들을 생산하는 중국 공장들이 폐쇄되는 바람에 완성차 생산에 차질이 있었고, 2021년 가을에는 디젤엔진 차량에 의무적으로 사용하는 요소수를 중국의 수출제한조치로 갑자기 수입할 수 없게 되면서 모든 화물 수송이 정지되고 건설공사도 중지되기 일보 직전까지 갔었다. 우리나라 특유의 신속 대응으로 파국은 면했으나 공급망 위기가 우리 일상에 아주 가깝게 있다는 것을 새삼 깨닫게 해주었다.

이 글을 마무리하고 있는 2022년 2월 달부터는 러시아의 우크라이나 침공으로 인하여 세계적 공급망 위기가 우려되고 있다. 러시아는 3대 산유국 중 하나여서 에너지 자원 가격이 급등하고 있으며, 반도체 제조 공정의 핵심 소재 중 몇몇은 러시아에 크게 의존하고 있기에 불안이 크다.

최근의 공급망 위기의 원인으로 크게 두 가지를 들 수 있다. 첫 번째 원인은 코로나-19이다. 이로 인해 사람들이 바깥에 나가지 못하고, 사업장을 폐쇄하고, 국가 간에도 오가지 못하게 됨에 따라 전 세계적으로 생산활동에 차질이 오게 된 것이다. 1991년 냉전이 종식된 이후 경제의 세계화로 수직적 분화vertical specialization가 극도로 진행된 것이 약간의 공급망 교란이라도 큰 결과를 낳을 수 있게 하였다. 원인은 다르나 결과적으로는 제1차 세계대전이 시작되면서 독일, 영국 등이 겪었던 것과 유사한 상황이 재연되었다.

두 번째 원인은 국가 간에 정치적 이유로 상품, 자본과 인력의 이동을 통제하는 사례가 늘어났다는 것이다. 이 중 첫 번째로 꼽을 수 있는 사례는 2010년에 중국이 희토류 광물을 일본에 수출하지 않겠다고 한 것이다. 두 번째 사례는 기술 패권 경쟁이 심화되는 과정에서 2020년에 트럼프 행정부가 중국 화웨이에 대해 반도체 수출을 통제하고, 중국 특정 기업들에 대한 미국인의 투자를 금지한 것이다. 가장 최근에는 2022년 2월에 러시아가 우크라이나를 침공하자 서방 국가들이 모두 뭉쳐 러시아에 대해 모든 종류의 경제 제재를 가하기 시작했다. 러시아도 자국산 전략물자의 수출금지와 자국에게 제재를 하는 국가의 항공기에 대한 영공 통과 거부 등의 맞대응을 하고 있다.

이러한 이유들로 인하여 경제가 가장 싫어하는 불확실성이 이전에 비해 커지게 되었고 공급망의 불안정성이 가시화되고 있다. 이 장에서는 주요국 정부들이 최근 기술 패권 경쟁에서 어떤 대응을 하고 있고, 공급망 불안에서 오는 불확실성에 어떻게 대응하는지를 살펴보려 한다.

기술 패권 확보 수단으로서 수출통제와 투자 스크리닝 강화

1980년대와 1990년대에 서방 국가들은 중국을 지원하는 것이 소련과의 대결에 도움이 된다는 시각이 있었고 군사기술을 이전해 주기도 하였다. 그러나 1990년대 중반에 미국 인공위성 기업들이 중국에게 로켓 기술을 가르쳐준 사건과 중국이 핵탄두를 소형화하는 데 미국 기술을 탈취하여 사용했다는 주장이 나온 무렵부터 생각이 바뀌기 시작한 것으로 보인다. 1999년에 미국 하원의 특별위원회가 채택한 Cox Report가 대표적인데 이 보고서는 중국의 다양한 기술획득 방식[1]에 대해 우려를 표시했었다.

한편, 2010년대 초반부터 미국에서는 외교적 목표를 추구할 때 가능한 모든 수단을 종합적으로 구사하는 것이 더 효과적이라는 주장이 나오게 되었다. 즉, UN안보리, 국무부 등을 통한 외교적 노력과 함께 금융 제재, 범죄수사, 정보기관, 군사력 등을 한꺼번에 동원하는 것이 좋겠

1. COX Report 제1권 중 "중국이 미국의 첨단 군사기술을 취득하기 위해 사용한 방법(Methods used by the PRC to acquire advanced U.S. military technology)"이라는 장에서 중국이 합작, 지분투자, 이중용도 물자 획득 등에서 합법, 불법을 망라하는 다양한 방법으로 미국의 기술을 취득해간다고 하였다.

다는 것이었고, 수출통제 제도나 투자 스크리닝 제도 등도 잘 활용할 수 있다는 건의도 포함되었다.

2018년에 미국의 트럼프 행정부가 중국과 경제전쟁을 시작하면서 여러 가지 관세 조치들을 도입하였는데, 동시에 불법적·강압적인 첨단 기술 탈취 시도에 대응하기 위하여 수출통제와 투자 스크리닝 법령을 정비하였다. 수출통제 분야에서는 수출통제개혁법Export Control Reform Act ; ECRA을 새로 제정하였다. 그전에는 미국의 수출통제 제도가 수출관리규정Export Administration Regulations ; EAR에 근거하여 운영되었으나 법으로 새로 만든 것이다. 그리고 투자 스크리닝 분야에서는 기존 제도를 대폭 강화하여 외국인투자위험심사현대화법Foreign Investment Risk Review Modernization Act ; FIRRMA을 제정하였다. 이 두 법을 통해 미국은 수출통제와 투자 스크리닝이 상호 보완적으로 움직일 수 있는 체제를 만들었는데, ECRA 법을 통해 미국이 보호해야 할 신기술 및 기반 기술emerging and foundational technologies을 정하면 FIRRMA 법으로 이 분야에서의 외국인 투자를 통제하여 기술이 유출되는 것을 막도록 하였다. ECRA 법은 상무부가, FIRRMA 법은 재무부가 주도하는 미국외국인투자위원회Committee of Foreign Investment in the United States ; CFIUS가 담당하고 있다. 특히 FIRRMA 법은 주요 기술 등의 분야에서는 지배권 이전이 수반되지 않는 투자도 심사받게 하였고, 주요 시설 인근의 부동산 취득도 심사 대상으로 삼았다. 미국 정부는 수출통제와 투자 스크리닝을 발동할 수 있는 근거도 더 확대하였는데, 인권탄압, 부패, 강제 노동 등도 활용할 수 있게 하였다. 대표적인 것이 글로벌 마그니츠키[2] 법Global Magnitsky Act으로 알려진 인권탄압 제재법으로 2016년에 제정되었다. 수출통제 등 무역 관련 조치의 근거로 인권탄압이나 부패를 사용할 수 있는지에 대해서는 이미 문제가 없다고 검토된 것으로 파악된다.

표 5-1　2022년 현재 미국의 통제제도 개요

구분	대상	관련 법령/규정	소관 부처
사전 통제 (물품, 기술거래 통제)	상품, 기술, 인력이동	ECRA(2018)	상무부
	미국산 우선구매	Executive Order	백악관
	투자 통제 (주로 in-bound 자금 이동)	FIRRMA(2018)	CFIUS
사후 제재 (특정인, 기업과의 거래 통제)	상품, 기술, 인력 이동	ECRA 중 Entity List, FDPR	상무부
	수입금지	Executive Order	백악관, 국토안보부, FCC
	출입국 제한	Executive Order	국무부
	투자 통제 (out-bound 자금 이동)	Executive Order	재무부

EU에서도 2010년대부터 중국이 유럽 기업들의 기술을 교묘하게 빼간다는 시각이 퍼지기 시작했다. 고속철도 사업 참여 등을 위해 중국에 진출하려던 유럽 기업들은 투자 허가 요건에 포함된 기술 이전 조항을

2. 세르게이 마그니츠키(Sergei Magnitsky, 1972. 4. 8~2009. 11. 16.) 러시아의 청년변호사. 러시아 고위관리가 연루된 2억 3천만 달러의 탈세 증거를 찾아내 고발했다가 투옥돼 2009년 감옥에서 구타당한 후 사망.

감수할 수밖에 없었다. 이후 경쟁력이 급상승한 중국 기업들이 세계 산업 서열을 바꾸는 것을 지켜본 EU는 2018년 6월에 WTO 분쟁해소기구 Dispute Settlement Body에 중국의 기술 이전에 대한 불만을 WT/DS 549 문서로 제출하였다.[3]

이러한 분위기 속에서 2018년부터 대부분의 서방 주요 국가들이 수출통제 제도와 투자 스크리닝 제도를 거의 유사한 방향으로 정비하기 시작하였다. 인권, 부패, 사이버 테러를 제재 발동사유로 할 수 있도록 하는 근거도 속속 도입했다. 흥미로운 점은 중국도 수출통제법과 투자 스크리닝 법을 2020년에 새로 만들었다는 점이다. 다음 표는 주요국들의 법령 정비 상황이다.

표 5-2 주요 국가별 수출통제법 정비 동향

국가	제정 시기(구분)	법령 명칭	목적
미국	2018. 8(제정)	수출통제개혁법 (ECRA)	국가안보, 외교정책
일본	2020. 6(개정)	외환법	WMD 확산방지
EU	2021. 6(개정)	수출통제법	WMD 확산방지, 공공보안 및 인권보호
중국	2020. 12(제정)	수출통제법	국제평화유지, 국가안보, 국가이익

3. WT/DS549/1, G/L/1244, IP/D/39, 2018. 6. 6, "CHINA–CERTAIN MEASURES ON THE TRANSFER OF TECHNOLOGY–REQUEST FOR CONSULTATIONS BY THE EUROPEAN UNION".

표 5-3 주요 국가별 투자 스크리닝 법령 제정 동향

국가	제정연도	법령 명칭	소관 기관
미국	2018년	외국인투자 위험심사현대화법 (FIRRMA)	외국인투자 위원회(CFIUS)
EU	2019년	EU의 외국인투자 사전심사제드에 관한 규정	유럽이사회(EU Council)
프랑스	2019년	외자규제에 관한 2019년 12월 30일자 법령 제2019-1739호	경제재정부(MEF)
독일	2020년	대외무역 및 지불법	연방 · 경제 에너지부(BMWI)
일본	2020년	외환 및 외국무역법	재무성(MOF), 경산성(METI)
중국	2020년	외국인투자법	재무성(MOF), 국가발전개혁위원회(NDRC)
영국	2021년	국가안보 투자법(現 기업법)	투자보안국(ISU) (現 경쟁시장국)
호주	2021년	외국인 투자 개혁법 (現 외국인취득및인수법)	외국인투자 심의위원회(FIRB)

표 5-4 주요 국가별 인권 제재 법령 제정 동향

국가	제정연도	관련 법	특징
미국	2016	글로벌 마그니츠키인권법 (2016. 4. 18.) 행정명령 제13818호(2017. 12. 20.)	행정명령에서는 '심각한 부패' → '부패' 등의 방법으로 용어정의를 확장

<table>
<tr><td>캐나다</td><td>2017</td><td>Justice for Victims of Corrupt Foreign Officials Act(Sergei Magnitsky Law)(2017. 10. 18)</td><td rowspan="3">글로벌 마그니츠키인권법을 기반으로 각국에서 독자적으로 발의
(주요 제재 : 여행금지, 자산동결)
인권 침해 위반으로 나라가 아닌 개인, 기관을 제재할 수 있는 근거 마련(이전에는 유엔안보리 결의안 등에 기반하여 對 이란, 북한 제재 등이 이루어져 왔음)</td></tr>
<tr><td>EU</td><td>2020</td><td>Global human rights sanctions regulation(EU) 2020/1998(2020. 12. 7.)</td></tr>
<tr><td>영국</td><td>2020</td><td>The Global human rights sanctions regulations 2020 (2020. 7. 6.)</td></tr>
<tr><td>호주</td><td>2021</td><td>Autonomous Sanctions Amendment(Magnitsky-style and Other Thematic Sanctions) Bill 2021</td><td>2021. 12. 3 호주 정부가 제출한 기존 독자제재법(2011) 수정안이 의회를 통과, 12. 7 총독 서명으로 발효</td></tr>
<tr><td>일본</td><td>–</td><td>없음</td><td>마그니츠키법이 없는 유일한 G7국가</td></tr>
</table>

표 5-5 주요국의 부패, 사이버 안보 등을 사유로 하는 제재 법령 동향

<table>
<tr><th colspan="2">구분</th><th>미국</th><th>영국</th><th>EU</th></tr>
<tr><td rowspan="3">인권탄압 및 부패</td><td>법령</td><td>글로벌마그니츠키 인권법 E.O. 13818 (2017. 12. 20.)</td><td>제재 및 자금세탁방지법 (제재법)
글로벌 반부패제재 규정 2021
글로벌 인권제재 규정 2020</td><td>심각한 인권 침해 및 남용에 대한 제한조치에 관한 규정</td></tr>
<tr><td>내용</td><td>SDN 등재
자산동결
비자제한
거래금지</td><td>자산동결
여행금지</td><td>자산동결
여행제한</td></tr>
<tr><td>현황</td><td>개인 131명
단체 117곳</td><td>(부패)개인 22명
(인권)개인 72명,
단체 6곳</td><td>개인 15명,
단체 4곳</td></tr>
</table>

사이버 안보	법령	E.O.13694 (2015. 4. 1)	Cyber (Sanctions) (EU Exit) Regulations 2020 (2020. 12. 31)	Council Decision (CFSP) 2019/797, Council Regulation (EU) 2019/796 (2019. 5. 17)
	내용	SDN 등재 자산동결 비자제한 거래금지	자산동결 여행금지	자산동결 여행제한
	현황	개인 99명, 단체 58곳, 항공기 3대, 선박 1척	개인 8명, 단체 4곳	개인 8명, 단체 4곳
대외정책 (영유권 등)	법령	수출통제개혁법 (수출통제) 이민및국적법 (비자제한)	동지중해 무단시추활동 제재 규정 2020	터키의 동지중해 무단 시추 활동에 대한 제한 조치 규정
	내용	상무부 Entity List 등재 수출제한 비자제한	없음	자산동결 여행제한
	현황	개인 비공개, 단체 25곳(남중국해 관련 등)	없음	개인 2명

이러한 법령 개정 및 제도 정비는 상당 부분 중국의 기술탈취 시도를 저지하려는 의도를 가진 것으로 보인다. 현재 미국에서는 민주당과 공화당이 중국을 견제하는 사안에는 항상 합의를 이루는 것처럼 보일 정도이며, 2021년에 바이든 대통령이 취임하고 나서도 수출통제와 투자 스크리닝은 이전 정부에 비해 오히려 강화된 것으로 관찰된다. 다음 표

는 2022년 초에 미국이 중국에 대해 시행하고 있는 각종 제재들을 정리한 것이다.

표 5-6 2022년 초 현재 미국의 대중 제재 현황

구분	제재 조치	제재 내용	담당기관	관련 법령
Out-bound	수출통제	미국산 품목 및 기술의 수출 제한	상무부	수출통제 개혁법 (ECRA)
	증권투자 금지	중국 군산복합체의 증권 거래 등 미국인의 투자 금지	재무부	행정명령
In-bound	외국인투자 심사	통제기술, 인프라, 민감정보취급기업에 대해서는 비지배적 투자도 심사 (부동산 거래도 심사)	외국인투자 심의위원회 (CFIUS)	외국인투자 위험심사 현대화법 (FIRRMA)
	외국산 ICT 서비스 및 장비 거래 제한	외국의 적 6곳(중국 포함)의 ICT 서비스 및 장비의 거래(도입) 제한	상무부, 연방통신위원회	행정명령
	전력시스템 외국산 전자 장비 거래 제한	적대국의 전자장비 거래 금지	에너지부	행정명령
	수입 제한	신장 위구르 지역 생산품 수입 금지	국토안보부 (관세국경보호청)	행정명령
	미국산 우선구매	정부 조달 시 미국산 우선 구매	백악관	행정명령
	비자 제한	남중국해 군사화 관련 기업 임원 등 신장위구르 지역 탄압 관련 관리 등	국무부	행정명령

서방 국가들이 중국의 기술 획득을 막기 위해 관련 법령의 강화 등 여러 조치들을 취하는 것에 대해 중국도 상응하는 조치를 취하기 시작했다. 중국은 2018년 미국이 관세 부과 등의 대중 무역조치를 시행할 때마다 대칭적으로 보복조치를 했었는데, 수출통제 분야에서도 마찬가지였다. 2020년 10월 17일, 중국 전인민대표대회 상무위원회는 수출관리법을 최종 채택하였고 2020년 12월 1일부터 시행되었다. 중국은 그간 대외무역법, 핵 수출 관리조례, 미사일 및 관련 물품과 기술의 수출관리조례 등 다수의 법령을 통해 수출관리를 이행해 왔으나 총괄 성격을 가진 중국 수출통제법이 제정된 것이다. 중국은 2017년 6월부터 상무부가 법 초안을 발표하고 의견을 수렴해 왔는데 미국, EU와 일본의 산업 단체들은 우려를 계속 제출했었다. 그러나 중국은 최종 입법에서 원안 내용을 그대로 유지했다.

중국은 미국의 제재를 다른 나라가 따르는 것에도 대응하고자 하였다. 미국 제재의 가장 큰 특징 중 하나는 '역외적용'인데, 다른 나라에서 다른 나라 사람이나 기업에 의해 발생한 제재 위반 행위에 대해서도 미국 법으로 처벌하는 것이다. 그런데 2021년 1월 9일에 중국 상무부는 "외국 법령의 부당한 역외적용에 대한 대응 규칙"을 상무부 명령 2021년 1호로 공포하였다. 이 규칙에 따라 상무부가 외국 법령의 역외적용이 부당하다고 판단하면 이에 대해 승인, 이행 또는 준수하지 않도록 금지하는 명령을 내릴 수 있게 되었다. 그리고 이 금지령을 위반하고 역외적용을 준수함으로써 중국인(법인 포함)의 권익을 침해할 경우, 침해당한 자는 침해자에 대한 손해 배상을 청구할 수 있으며, 외국법에 따른 판결이나 결정으로 중국인(법인 포함)이 손실을 보는 경우에는 해당 판결이나 결정으로 혜택을 받는 자에게 손실 보상을 청구할 수 있다. 마지막으로, 외국 법령의 역외적용이 중국인(자연인과 법인 모두 포함)에게 영향을 미칠 경우 중국 정부가 관여할 수 있도록 법적 근거가 마련되었다.

이 규칙은 중국과 거래 또는 투자를 하고 있거나 검토 중인 외국 기업들에게 심각한 리스크를 가져오게 되었다. 미국도 처벌의 역외적용을 포함하는 수출통제 및 투자 스크리닝 제도를 갖고 있는데, 미국이 통제하는 분야의 기술이나 제품을 중국에 이전하면 미국에 적발되어 처벌을 받을 수 있다. 반대로 미국의 법령 때문에 수출협의 또는 투자사업을 도중에 그만둔다면 중국으로부터 처벌을 받게 될 수 있다. 앞으로는 중국과의 모든 거래나 상담을 시작하기 전에 미국과 중국의 통제제도에 걸리지 않는지를 사전 확인할 필요가 생긴 것이다.

2021년 6월 10일 중국 전국인민대표대회전인대 상무위원회는 서방국가들이 정치적 필요에 따라 중국을 제재하고 내정에 간섭한다며, 이에 대응하기 위해 "반외국제재법"을 시행한다고 발표했다. 이는 미국이 상무부의 Entity List, 재무부의 SDNSpecially Designated Nationals 등으로 거래를 사실상 금지하는 외국인이나 기업의 목록을 관리하는 것에 대한 대응이었다. 이 법을 제정한 지 한 달 만인 2021년 7월 23일에 중국 외교부는 미국 측이 중국의 내정인 홍콩 문제에 심각하게 간섭했다며, 윌버 로스 전 미국 상무부장관 등 미국 인사 7명을 "반反 외국제재법"에 근거하여 제재한다고 발표했다.

2020년대의 수출통제 강화 동향에서 가장 빠른 행보를 보이는 국가는 일본이다. 일본은 수출통제 분야에서 미국이나 유럽 국가들에 비해 수동적인 자세를 견지해 왔던 것으로 생각된다. 외환법상 수출통제 대상 품목이 대개 4대 국제통제체제가 정한 것으로 한정되어 일본 스스로의 외교적 목적에 의해 특정 품목을 정하여 통제하는 것은 어렵고, 서방 국가들처럼 인권탄압이나 부패 등을 근거로 하여 통제하는 것도 불가능한 상황이었다. 그러나 아베 정부에서부터 일본은 "경제안전보장전략"을 추진 중인 것으로 관찰되며, ① 경제책략, ② 국내 공급망 강화대책, ③ 쿼드QUAD 공급망 구축 협력 등 3개 분야에서 관련 법률을 개정하고 정책을 구체화시키고 있다. 우선 외환법을 개정하여 수출통제, 기술수출 통제, 외자규제 강화, 외국인의 토지거래규제 강화, 정부조달 금지와 관련된 조치들을 도입하였다. 그리고 2021년 가을에 출범한 기시다 총리는 "경제안보상經濟安保相"이라는 특임장관 직위를 신설하였고 2022년 정기국회에 "경제안전보장추진법"을 상정하여 제정하겠다는 계획을 발표하였다. 이 법은 중국과 같은 외국이 군사적으로 전용할 우려가 있는 기술, 정보의 유출을 막기 위해 정부가 법적 강제력을 가지고 개입할 수 있게 하고 있으며, 주요 내용은 ① 특허 출원의 비공개 제도 도입, ② 공급망 강화, ③ 첨단기술의 민관 협력, ④ 중요 국가 인프라의 안전성 확보로 되어있다. 그리고 주요 물자로 지정된 품목은 국내 개발과 생산을 재정적으로 지원할 수 있게 하였다.

일본이 "경제안전보장"을 거론하기 시작한 것은 2019년 7월에 우리나라에 대해 수출규제를 강화한 무렵인 것으로 보인다. 2020년 4월에 아베 총리가 내각관방 국가안전보장국NSS 내에 경제반을 설치하면서 '경제안전보장'이라는 개념을 사용하기 시작했고, 2020년 6월에는 당시 자민당 정조회장이던 기시다 의원이 정조회 산하에 "신국제질서창조전략본부"를 설치하고, 12월 정기국회에서는 "경제안전보장일괄추진법" 제정을 촉구했었다. 이후 기시다 의원이 총리가 되면서 일본은 2021년 10월에 '경제안전보장담당 내각부특명담당대신'직을 신설하였다. 초대 경제안보상으로는 자민당 신국제질서창조전략본부의 사무국장을 하던 고바야시 다카유키小林鷹之 의원이 임명되었다. 그리고 각료회의로서 '경제안전보장추진회의'를 별도로 신설하였다. 정부 부처들에게도 경제안전보장을 전담할 인력의 증원과 부서 신설을 추진하게 하였다.

경제안보를 전담하는 장관급 직위를 설치한 것은 일본이 세계에서 최초이다. 제2차 세계대전 중 나치 독일에서 알버트 스피어가 맡았던 군비및전시생산장관Minister of Armaments and War Production과 비슷하게 보일 정도이다. 어떻게 보면 일본이 그만큼 경제안보를 중요하게 보고 있는 것이라고 생각되지만 미국 CSIS와 같은 외교안보 전문기관은 일본의 행보에 조심스러운 의견을 내고 있다.[4] 그럼에도 불구하고 일본이 나아가고 있는 방향이 다른 나라들에게도 영향을 줄 것이라는 것은 분명하다.

[참고문헌]

1. "Advanced Technology Acquisition Strategies of the People's Republic of China", Principal Author Dallas Boyd, Defense Threat Reduction Agency, Department of Defense, Report Number ASCO 2010-021, 2010. 9.
2. Alan O. Sykes, "THE LAW AND ECONOMICS OF "FORCED"

4. "Economic Security : A Shared U.S.-Japan Priority", by Matthew P. Goodman, Senior Vice President for Economics, CSIS, October 27, 2021.

TECHNOLOGY TRANSFER AND ITS IMPLICATIONS FOR TRADE AND INVESTMENT POLICY(AND THE U.S.-CHINA TRADE WAR)", *Journal of Legal Analysis*, Volume 13, Issue 1, 2021, pp. 127~171.

3. Andrew Imbrie, Ryan Fedasiuk, Catherine Aiken, Tarun Chhabra, Husanjot Chahal, "Agile Alliances-HOW THE UNITED STATES AND ITS ALLIES CAN DELIVER A DEMOCRATIC WAY OF AI", Center for Security and Emerging Technology(CSET), 2020. 2.
4. Christopher Paul, James Dobbins, Scott W. Harold, Howard J. Shatz, Rand Waltzman, Lauren Skrabala, "A Guide to Extreme Competition with China", Rand Corporation, 2021.
5. David L. Asher, Victor D. Comras, Patrick M. Cronin, "Coercive Economic Statecraft and U.S. National Security", Center for a New American Security(CNAS), 2011. 1.
6. David O'Sullivan, Renato Antonini, Eva Monard, Stefan Tsakanakis, Charlotte Brett & Byron Maniatis, "European Commission Proposes an Anti-Coercion Instrument to Strengthen its Trade Defense Toolbox", Steptoe Global Trade Policy Blog, 2021. 12. 17.
7. European Commission-Questions and answers : "Questions and Answers : Commission proposal for an Anti-Coercion Instrument", Brussels, 2021. 12. 8.
8. "FINDINGS OF THE INVESTIGATION INTO CHINA'S ACTS, POLICIES, AND PRACTICES RELATED TO TECHNOLOGY TRANSFER, INTELLECTUAL PROPERTY, AND INNOVATION UNDER SECTION 301 OF THE TRADE ACT OF 1974", OFFICE of the UNITED STATES TRADE REPRESENTATIVE, EXECUTIVE OFFICE

OF THE PRESIDENT, 2018. 3. 22.

9. François Godement, Abigaël Vasselier, "CHINA AT THE GATES−A NEW POWER AUDIT OF EU−CHINA RELATIONS", The European Council on Foreign Relations(ECFR), 2017. 12.

10. "Joint Declaration of the Commission, the Council and the European Parliament on an instrument to deter and counteract coercive actions by third countries", *Official Journal of the European Union*, C 49/1, 2021. 12. 2(2021/C 49/01).

11. Ketian Vivian Zhang, "Chinese non−military coercion−Tactics and rationale", Brookings, 2019. 1. 22.

12. Mark Ashby, Caolionn O'connell, Edward Geist, Jair Aguirre, Christian Curriden, Jonathan Fujiwara, "Defense Acquisition in Russia and China", Rand Corporation, 2021. 7.

13. Martijn Rasser, Rebecca Arcesati, Shin Oya, Ainikki Riikonen, Monika Bochert, "Common Code−An Alliance Framework for Democratic Technology Policy−A TECHNOLOGY ALLIANCE PROJECT REPORT", Center for a New American Security, 2020. 10.

14. "Proposal for a REGULATION OF THE EUROPEAN PARLIAMENT AND OF THE COUNCIL on the protection of the Union and its Member States from economic coercion by third countries", 2021. 8. 12. COM (2021) 775 final 2021. 4. 6(COD).

15. Robert D. Blackwill, *Implementing Grand Strategy Toward China : Twenty−Two U.S. Policy Prescriptions*, Council Special Report No. 85, Council on Foreign Relations(CFR), 2020. 1.

16. "The Longer Telegram : Toward A New American China Strategy",

The Scowcroft Center for Strategy and Security, Atlantic Council, 2021.
17. "Time for Collective Pushback against China's Economic Coercion", CSIS, 2021. 1. 13.
18. WT/DS549/1, "China–Certain Measures on the Transfer of Technology–Request for consultations by the European Union", 2018. 6. 6.

전략소재 관리 강화

주요국들은 수출통제와 투자 스크리닝을 통한 전략적 무역 통제를 강화하는 것과 병행하여 전략소재를 안전하게 확보하는 노력도 강화하고 있다. 특히 희토류 광물이 주요 대상이 되었는데, 이는 희토류가 첨단 전자부품과 군용 전략무기 부품에 필요한 소재로 이에 대한 중국 한 나라의 영향력이 너무 커졌기 때문이다. 많은 국가에서 환경오염을 우려하여 희토류 생산을 기피하는 동안에 전 세계 희토류 생산의 71%[5]를 차지하게 된 중국은 일찍부터 희토류의 무기화 가능성을 거론했었다. 덩샤오핑이 1992년 1월 남순강화南巡講話에서 "중동에 석유가 있다면 중국에는 희토류가 있다中東有石油, 中國有稀土"라고 공언한 적도 있었다.[6] 실제로 2010년 이후 중국은 독과점적 지위를 활용하여 전 세계 공급망에 대하여 수시로 위협을 가하고 있다. 2010년10월, 일본과의 센카쿠 열도 분쟁시 중국은 희토류 대일 수출 금지 행동을 했고 국제 희토류 가격이 최대 16배까지 상승했다. 2019년 8월에는 미국과의 무역분쟁 과정에서 미국의 추가 관세조치에 대응하여 희토류 수출제

5. 미국 지질조사국(USGS) 분석 자료.

6. 邓小平南巡时指出："中东有石油，中国有稀土"，中广网，2007. 8. 16., http://nm.cnr.cn/nmzt/60dq/tjnmg/200704/t20070412_504442760.html

한을 경고했었고, 2020년 10월에는 "수출관리법"을 제정하면서 수출을 금지할 수 있는 전략물자 목록에 희토류 등 광물을 포함하였다.

미국은 희토류 수입 의존도가 높은 데다가 수입의 80%를 중국에 의존하기에 자원 무기화에 매우 취약하다. 이에 따라 미국은 자국 내 광물 개발과 가공시설 확충을 위한 법령 정비와 제도 개선을 추진하는 한편, 다른 희토류 생산국들과 외교적 협력활동을 전개하고 있다.

미국 의회는 1장에서 설명한 바와 같이 2012년 4월 19일에 국가전략·핵심 광물 생산법National Strategic and Critical Minerals Production Act of 2012을 제정하였다. 이 법은 현재까지도 계속 개정되고 있다.

미국 행정부에서는 에너지부가 2010년과 2011년에 각각 「전략소재전략Critical Materials Strategy」이라는 보고서를 발표하고 국내 생산 확대, 공급선 다변화, 대체재 및 대체기술 개발, 재활용 강화 등을 추진하는 방안을 제시하였다. 2017년 12월에는 행정명령 E.O. 13817[7]이 발표되어 주요 광물의 안정적 공급을 위한 연방정부 차원의 전략 구축이 지시되었다. 2018년 5월에는 미국지질조사국USGS과 내무부가 경제 및 국가안보에 중요한 35개 핵심 광물 목록을 발표했다.[8] 2020년 9월에는 행정명령 E.O. 13953이 발표되었는데, 여기에서는 희토류 관련 국가비상사태를 선포하고, 광산 개발의 추진을 위한 국방물자생산법DPA을 발동하는 한편 국내 희토류 생산·개발을 위한 보조금 지급을 추진

7. E.O. 13817 : A Federal Strategy to Ensure Secure and Reliable Supplies of Critical Minerals (2017)
8. Final List of Critical Minerals 2018, U.S. Department of the Interior, 83 Fed. Reg. 23295; 2018, https://www.federalregister.gov/documents/2018/05/18/2018-10667/final-list-of-critical-minerals-2018

한다고 하였다. 2021년에는 미국 에너지부가 "CRITICAL MINERALS AND MATERIALS"라는 정책보고서를 발간하여 2021년부터 2031년까지 미국 내에서 전략광물 및 물자의 미국 내 공급망을 지원하기 위한 전략을 발표하였다.

표 5-7 2018년 미국 내무부가 확정한 35개 핵심 광물 목록

번호	영문 이름	한글 이름
1	Aluminum(bauxite)	알루미늄(보크사이트)
2	antimony	안티모니
3	arsenic	비소
4	barite	중정석(重晶石, 황산바륨($BaSO_4$) 광물)
5	beryllium	베릴륨
6	bismuth	비스무트
7	cesium	세슘
8	chromium	크로뮴
9	cobalt	코발트
10	fluorspar	형석(螢石)
11	gallium	갈륨
12	germanium	게르마늄
13	graphite(natural)	흑연(자연산)
14	hafnium	하프늄
15	helium	헬륨
16	indium	인듐
17	lithium	리튬

18	magnesium	마그네슘
19	manganese	망간
20	niobium	니오비움
21	platinum group metals	백금 그룹 금속
22	potash	칼륨
23	the rare earth elements group	희토류 그룹
24	rhenium	레늄
25	rubidium	루비듐
26	scandium	스칸듐
27	strontium	스트론튬
28	tantalum	탄탈룸
29	tellurium	텔루르
30	tin	주석
31	titanium	티타늄
32	tungsten	텅스텐
33	uranium	우라늄
34	vanadium	바나듐
35	zirconium	지르코늄

외교적 연대와 관련하여서는 2019년 6월 11일에 국무부가 "에너지자원 거버넌스 이니셔티브Energy Resource Governance Initiative ; ERGI" 구상을 발표하고 제3국과 협력 확대를 통한 희토류 공급처 다변화 마련, 부존자원 탐사 및 R&D 확대, 산업전문가 육성, 기술개발을 통한 희토류 자원 재활용 및 대체재 개발 등을 추진하고 있다. 미국은 ERGI의

활동 목표가 첨단기술에 필요한 소재에서 중국 의존도를 줄이는 것임을 명확히 하였고, 참여 국가들의 관련 산업들이 투자에 매력적이게 되도록 도와주는 업무를 수행하겠다고 하고 있다. 현재 ERGI에는 미국, 호주, 브라질, 콩고민주공화국 등 11개국이 참여 중이다.

표 5-8 ERGI 참여국 현황

번호	국가명
1	캐나다
2	호주
3	브라질
4	미국
5	보츠와나
6	페루
7	아르헨티나
8	민주콩고공화국
9	나미비아
10	필리핀
11	잠비아

2022년에도 미국에서는 의회에서 1월부터 희토류의 높은 중국 수입 의존도를 낮출 수 있는 내용의 법안[9]이 "미국의 기술 패권국 유지와 국가안보 수호를 위해 희토류에 대한 중국이 높은 수입 의존이 중단되

9. Restoring Essential Energy and Security Holdings Onshore for Rare Earths Act of 2022(S.3530-REEShore Act of 2022, Introduced 01/20/2022).

어야 한다"는 명분 하에 발의되는 등[10] 핵심 광물을 국가안보와 연계하여 지키려고 하는 노력이 활발하다.

일본은 2010년에 희토류 수출의 무기화 위협을 당한 나라이다. 이에 대해 일본 정부는 희토류의 안정적 공급을 위해 ① 해외에서의 채굴권 확보, ② 리사이클 추진, ③ 대체재 개발, ④ 국가비축이라는 4대 방향으로 희토류 확보 전략을 수립하고 추진하였다. 일본의 연구개발 전담기관과 주요 기업들은 희토류 대체재 개발을 위한 연구개발 사업을 시작하여 상당한 성과를 거두었다.

2010년대 후반기부터 수출통제가 국가전략의 주요 수단으로 사용되는 경향이 강화되면서 일본 정부는 핵심 광물에 대한 대응도 강화하게 되었는데, 2010년에 도입했던 대책들과 전반적으로는 같으나 희토류 광산 개발 등을 통해 자체 공급망을 확보하는 방안이 추가되었다.

EU도 마찬가지의 행보를 보이고 있다. EU는 2010년에 일어난 중국의 희토류 수출 중단 사건 이전부터 핵심 광물의 확보방안에 주목하여 2008년에 유럽연합 집행위원회European Commission가 "원자재 이니셔티브"라는 문서[11]를 발간하였으며, 2011년에는 "원자재 시장에서의 도전에 대응하는 방법"이라는 문서[12]를 작성하였다. 그리고 2020년에는 "핵심

10. (Reuters) U.S. bill would block defense contractors from using Chinese rare earths(Jan 15 2022).

11. "The raw materials initiative—meeting our critical needs for growth and jobs in Europe, Brussels", COMMUNICATION FROM THE COMMISSION TO THE EUROPEAN PARLIAMENT AND THE COUNCIL, 4.11.2008, COM(2008) 699 final.

12. "TACKLING THE CHALLENGES IN COMMODITY MARKETS AND ON RAW MATERIALS", COMMUNICATION FROM THE COMMISSION TO THE EUROPEAN PARLIAMENT, THE COUNCIL, THE EUROPEAN ECONOMIC AND SOCIAL COMMITTEE AND THE COMMITTEE

원자재Crticial Raw Materials ; CRM의 회복 탄력성으로 안보와 지속가능성 지원"이라는 문서[13]를 작성했다. 또한 「EU의 핵심원자재 연구(2020) 최종 보고서」를 작성하였는데, 여기에서는 핵심 광물의 세계 시장 점유율 현황과 함께 EU가 관리 대상으로 정한 30개 품목의 목록을 제시하였다.

표 5-9 2020년에 EU 집행위가 지정한 30개 주요 원자재

안티모니	하프늄	인
바리테(중정석)	중 희토류	스칸듐
베릴륨	경 희토류	실리콘 금속
비스무트	인듐	탄탈륨
붕산염	마그네슘	텅스텐
코발트	천연 흑연	바나듐
코킹 석탄	천연 고무	보크사이트
플루오르스파(형석)	니오비움	리튬
갈륨	백금 그룹 금속	티타늄
게르마늄	인산염	스트론튬

출처 : "Critical Raw Materials Resilience : Charting a Path towards greater Security and Sustainability", COMMUNICATION FROM THE COMMISSION TO THE EUROPEAN PARLIAMENT, THE COUNCIL, THE EUROPEAN ECONOMIC AND SOCIAL COMMITTEE AND THE COMMITTEE OF THE REGIONS, COM 47, 2020. 3. 9.

OF THE REGIONS, 2.2.2011, COM(2011) 25 final.

13. "Critical Raw Materials Resilience : Charting a Path towards greater Security and Sustainability", COMMUNICATION FROM THE COMMISSION TO THE EUROPEAN PARLIAMENT, THE COUNCIL, THE EUROPEAN ECONOMIC AND SOCIAL COMMITTEE AND THE COMMITTEE OF THE REGIONS, 3.9.2020, COM(2020) 474 final.

[그림 5-1] 주요 핵심 원자재(CRM)의 세계 시장 점유율 현황

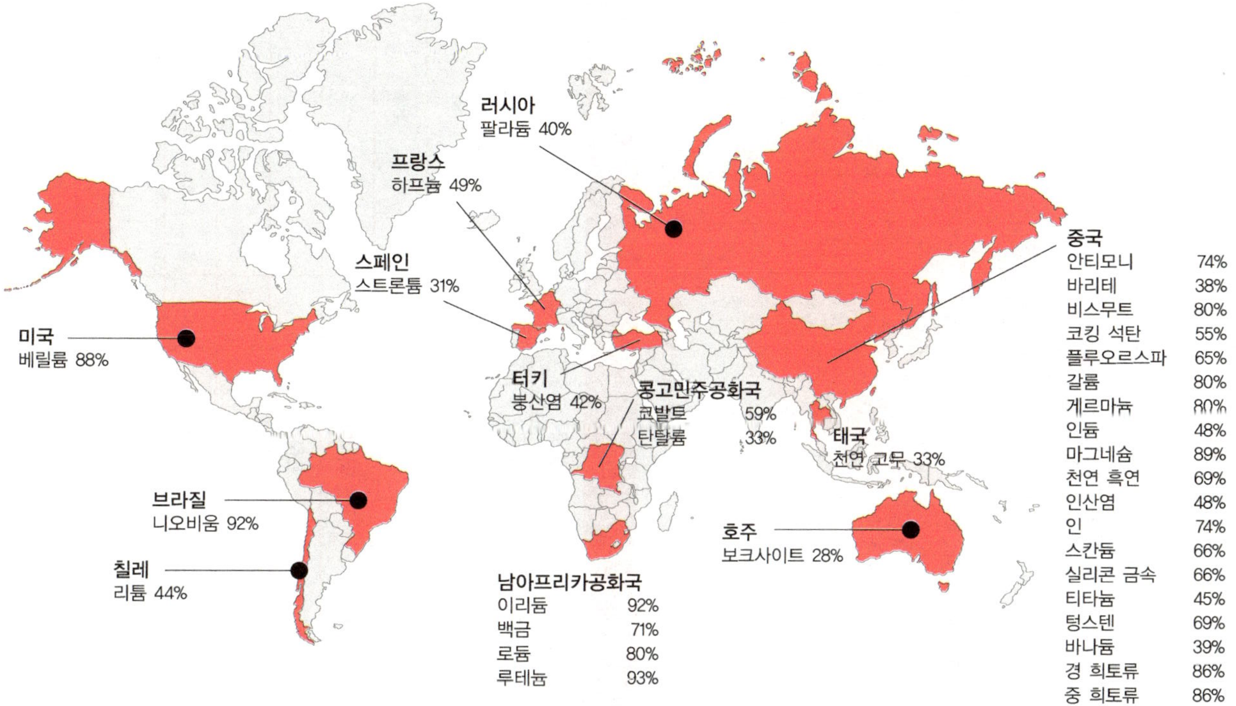

출처 : European Commission, "Study on the EU's list of Critical Raw Materials(2020)−Final Report"

[그림 5-2] 공급하는 원자재의 개수 순위로 본 핵심원자재(CRM)의 공급 국가 (2012~2016년 평균)

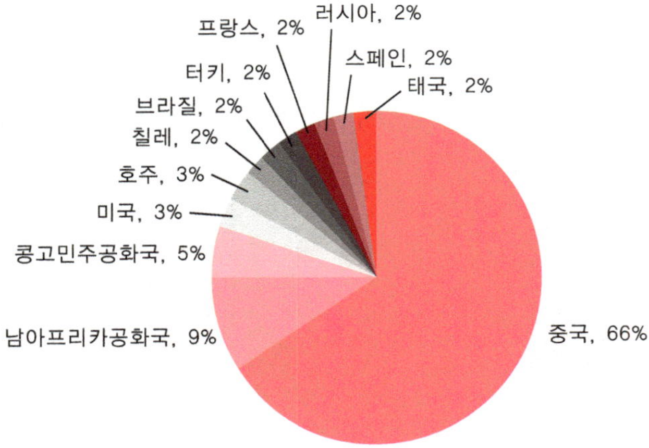

출처 : European Commission, "Study on the EU's list of Critical Raw Materials (2020)−Final Report"

표 5-10 인듐(Indium)의 세계 시장 점유율

순위	국가명	시장 점유율
1	중국	48%
2	한국	21%
3	일본	8%
4	캐나다	8%
5	러시아	4%
6	프랑스	4%
7	벨기에	3%
8	독일	1%
9	페루	1%
10	브라질	1%
11	이탈리아	1%
12	네덜란드	〈1%

출처 : Study on the EU's list of Critical Raw Materials(2020)−Final Report

이 보고서에서 흥미로운 점은 EU가 지정한 30개 핵심 원자재 중 전자산업에서 많이 사용되는 소재인 인듐Incium의 생산에서는 우리나라의 세계 시장 점유율이 두 번째라고 기록한 것이다.

EU가 2020년에 내놓은 보고서 중 유용하다고 생각되는 것은 "Critical Raw Materials in Technologies and Sectors–foresight"라는 보고서[14]이다. 이 보고서는 연료전지, 반도체 등 첨단기술 제품들이 어디에서 주로 생산되는지, 필요로 하는 핵심 원자재들이 무엇인지, 그리고 이들의 공급망 리스크가 어떤지를 분석해놓았다.

EU의 대응은 미국이나 일본과 유사하여 자국 내 생산능력 확보, 수입선 다변화, 외국과의 협력 강화 등으로 요약된다. 현재 EU의 핵심 원자재 대응 현황에 대해 다음 웹 페이지에서 많은 자료를 찾을 수 있다.

Internal Market, Industry, Entrepreneurship and SMEs Raw materials, metals, minerals and forest–based industries–Critical raw materials, https://ec.europa.eu/growth/sectors/raw–materials/areas–specific–interest/critical–raw–materials_en

14. Critical Raw Materials for Strategic Technologies and Sectors in the EU–A Foresight Study, 03/09/2020, European Commission.

[그림 5-3] 9개 주요 첨단기술에서 요구되는 핵심 원자재 및 공급망 리스크

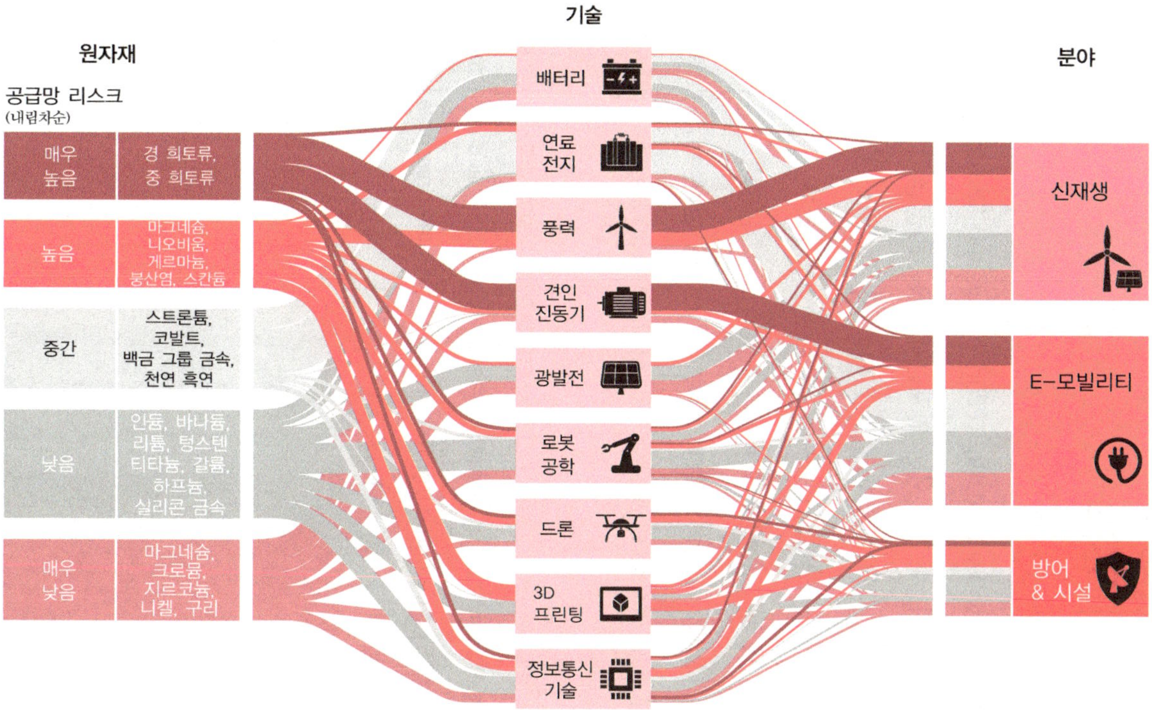

출처 : Critical Raw Materials for Strategic Technologies and Sectors in the EU-A Foresight Study, European Commission, 2020. 3. 9.

[참고문헌]

1. 김규판, 「일본, 센카쿠 분쟁을 계기로 희토류 확보에 고심」, 『KIEP 지역경제포커스』, Vol. 4, No. 39, 2010. 10. 19.
2. 사공목, 「글로벌 희토류산업 환경변화와 일본의 대응전략」, 『KIET 산업경제』, 2021. 9.
3. 윤덕민, 「중국의 부상과 일본의 대중전략」, 『전략연구』, Vol. 20, No. 59, 2013, pp. 65~94.
4. Energy Resource Governance Initiative(ERGI), Bureau of Energy Resources, US Department of State.
5. "Nine countries join U.S. strategic minerals initiative", The Reuters, 2019. 9. 27.

핵심 제품의 자국 내 생산 추구

주요국들은 부국강병 또는 안보와 관련된 분야에서 핵심 제품의 생산 능력과 관련 기술을 최대한 자국 내에 확보하려 하고 생산의 효율성도 극대화하려고 노력해 왔다. 21세기의 대표적 핵심 제품인 반도체 분야에서도 2020년 무렵부터 자국 내 생산 노력이 시작되는 것으로 보인다.

2010년대 후반부터 공급망 문제가 부상하면서 선진국 정부와 전문기관들은 핵심 제품의 공급망에서 어떤 부분들이 취약한지를 찾아내고 이에 대한 해결 방안을 제시하려는 연구를 진행하였다. 이 중 반도체 분야에 대한 연구들은 반도체의 설계, 소재, 생산 등으로 나누어 각각의 활동이 어디에서 진행되는지 그리고 각각의 취약성이 어떤 것들인지에 중점을 두고 진행되었다. 공통적으로 지적된 사항 중 하나는 생산역량이 동아시아에 집중되어 공급망 안정성에서 리스크가 있다는 것이었다. 일본의 경우는 지진의 위험이 있고, 대만의 경우는 중국 영향을 많이 받을 우려가 있으며, 한국의 경우는 안보 리스크가 지적되었다. 이러한 분석은 EU와 일본에서도 나왔고 자국 내에 반도체 생산능력을 갖춰야 공급망 안정성을 확보할 수 있다는 주장으로 연결되었다.

(1) 미국

바이든 대통령은 취임 1개월째인 2021년 2월 24일에 미국 공급망에 대한 행정명령 14017호("Executive Order on America's Supply Chains")[15]을 발표하고 상무부, 에너지부, 국방부와 보건부에게 각각 ① 반도체, ② 배터리, ③ 핵심 광물, ④ 의약품의 4개 분야에서 공급망 리스크를 분석하고 제조 역량의 지리적 재배치 방안까지 포함하여 해법을 찾아 보고하라고 지시했다. 이에 따라 100일 만인 2021년 6월 8일에 「공급망 탄력성 구축, 미국 제조업 활성화, 광범위한 성장촉진」 보고서가 나왔다. 이 보고서는 특히 반도체 분야에서의 내용이 주를 이루고 있는데, 해외 반도체 제조 기업의 미국 투자를 증진시키는 한편 미국 기업에 대해서는 공급 할당을 공정하게 하겠다고 하였다. 이를 위해 "반도체 산업 지원법CHIPS for America"을 새로 제정하여 자국 내에서 반도체 생산시 500억 달러 이상의 보조금을 주겠다고 하였다. 또한 국방부의 연구개발 정책, 중소기업청의 협력 업체 지원정책, 고급 인력 유치를 위한 비자 발급 정책의 조정까지 동원하여 반도체 생산 생태계를 육성하겠다는 내용이 포함되었다.

같은 날인 6월 8일, 미국 상원은 미국혁신경쟁법안United States Innovation and Competition Act ; USICA을 통과시켰다. 이 법에는 "반도체 산업 지원법CHIPS 법"에 520억 달러, 미국과학재단NSF에 기술혁신국을 신설하는데 520억 달러 등 여러 형태로 보조금을 주겠다는 내용이 포함되었다. 다만 미국에서 법이 제정되려면 상하원이 모두 동의해야 하는

15. https://www.whitehouse.gov/briefing-room/presidential-actions/2021/02/24/ executive-order-on-americas-supply-chains/

데, 하원은 미국혁신경쟁법안에 바로 동의하지 않았고 2022년 2월 4일 미국 경쟁법안America COMPETES Act[16]을 통과시켰다. 미국혁신경쟁법안과 하원이 통과시킨 법안의 주요 차이점은 ① 반도체용 소재와 반도체 제조설비 산업에게도 보조금이 지원될 수 있도록 한 것, ② 상무부에 최대 60억 달러를 배정하여 직접 대출이나 대출 보증에 필요한 예산으로 활용토록 한 것, ③ 상원 법안에서는 감사원장이 의회에 반도체 부족현상과 미국에 대한 파급효과를 분석하여 보고하도록 했던 것을 삭제한 것 등이다. 미국은 2022년 상반기 중으로 어떤 형태로든 반도체 산업 지원법이 제정되기를 바라고 있으나 현실적으로는 세부 사항에서 민주와 공화 양당의 생각이 달라서 계속 협의가 필요한 것으로 보인다. 그러나 아직 미국에서 반도체 제조업에 대한 보조금 지원 내용이 법제화되지 않았음에도 불구하고 세계적 반도체 생산업체들은 미국 내 공장 신설을 추진하는 것이 관찰된다. 세계 최대의 파운드리 기업인 대만의 TSMC는 아리조나주 피닉스에 120억 달러를 투자하여 5나노미터 공정으로 월간 2만 장의 12인치 웨이퍼를 가공하는 공장을 짓기 시작했다. 세계 최대의 메모리 반도체 기업인 삼성전자도 2021년 11월에 텍사스 오스틴 교외의 테일러시에 170억 달러를 투자하여 신규 반도체 공장을 건설하는 계획을 발표하였다. 미국의 인텔도 합세했다. 2022년 1월, 인텔은 초기투자 200억 달러, 최종적으로는 총 투자금액이 1,000억 달러까지도 될 수 있는 규모로 반도체 생산단지를

16. 2007년에 처음 제정된 "America Creating Opportunities to Meaningfully Promote Excellence in Technology, Education, and Science Act of 2007(America COMPETES Act)"를 개정한 법안이다.

오하이오주에 건설하겠다는 계획을 발표했다. 인텔은 이 계획의 목적이 아시아 제조업체들에 대한 미국의 의존도를 줄이려는 것임을 명확히 했다.

2021년에 미국 바이든 행정부가 발표한 공급망 대책의 가장 큰 특징은 정부가 관리하는 물자 또는 산업[17]에 ① 반도체, ② 배터리, ③ 의약품과 같은 공산품을 포함시킨 것이라고 생각된다. 평화 시에 미국 정부가 직접 관리하는 전략물자는 핵심 광물들로만 이루어져 왔고 민간 기업이 생산하는 공산품은 포함하지 않았으나 이번에 3개 공산품 분야를 포함시킨 것이다. 전시가 아님에도 불구하고 특정 민간 산업을 정부가 직접 지원할 수 있게 된 것은 공급망 위기가 국가안보적 상황이라는 공감대 위에서 가능했던 것으로 보인다. 마침 3개 공산품 중 반도체와 배터리는 중국과 기술 패권 경쟁을 벌이고 있던 분야인데, 공급망 대책에 포함시킴으로써 이 분야에서 정부보조금 등 여러 가지 지원이 가능하게 되었다. 의회가 지원 법을 제정하기 이전에도 세계적 반도체 기업들이 미국 내에 대형공장 건설계획을 발표하는 것을 보면 금번 공급망 대책은 이미 어느 정도 성공을 거두기 시작한 것으로 보인다. 다만 미국이 확보하게 될 공급망 안정성이 강력한 수출통제 정책과 결합될 때 세계의 반도체 공급망이 어떤 변화를 겪게 될지는 지켜보아야 할 것이다.

17. 이를 전략물자 또는 전략 산업이라고 부를 수 있다고 생각한다.

(2) 일본

일본은 "경제안전보장전략"의 일환으로 반도체 전략을 추진 중이다. 일본 정부가 2021년 경제안전보장 정책을 추진할 때 반도체 재료, 반도체 제조장치, 공작기계, 계측기계와 같이 다른 국가에서 대체할 수 없는 산업을 정책의 핵심 고리로 삼아야 한다는 주장이 나왔었다.[18] 이러한 분위기와 관련하여 경제산업성은 2021년 3월 24일에 민관합동으로 반도체·디지털 산업전략 검토회의를 개최하고, 일본의 반도체 산업 경쟁력 강화 방안과 공급망 안정성 관점에서의 반도체전략을 논의하였다. 이를 바탕으로 하여 6월 4일에 경제산업성은 "반도체전략"을 발표했고 일본 각의는 6월 18일에 이 전략을 포함시킨 "성장전략"을 채택하였다.

일본의 반도체전략은 ① 첨단 반도체 양산체제 구축, ② 차세대 첨단 반도체의 설계·개발 강화, ③ 반도체기술의 그린이노베이션, ④ 국내 반도체 제조 기반의 재생, ⑤ 경제안전보장 관점에서의 국제전략 추진으로 구성되었다. 이 전략 중 주목할 만한 기조 전환은 그간의 소위 순혈주의를 포기하고 외국 기업이라도 협력하겠다는 것이다. 특히 자국의 약점이 파운드리 산업에 있다고 보아 이 분야에서 외국의 첨단 파운드리를 유치하고 자국 내 소재 및 제조설비 산업과 결합시키려는 것으로 보인다. 이와 관련하여 대만의 TSMC가 2021년 2월에 차세대 3D 패키징 기술 연구개발 센터를 일본에 설립한다고 발표하였고, 6월에는 구마모토현에 반도체 공장을 신설한다고 발표하였다.

18. *WEDGE REPORT* 2021. 1. 19., 「戦略的不可欠性」ある技術を武器に日本の存在感を高めよ(전략적 불가결성이 있는 기술을 무기로 일본의 존재감을 높여라), 村山裕三(同志社大学 大学院 ビジネス研究科 教授)

(3) EU

EU는 2020년 12월에 "Declaration-A European Initiative on Processors and semiconductor technologies"라는 문서를 발표했다. EU 27개 회원국 중 22개 회원국의 반도체 관련 장관들이 이 선언문에 서명하였고, EU는 경제 회복 및 복원력 강화 프로그램Recovery and Resilience Facility ; RRF 예산을 활용하여 향후 2~3년간 1,450억 유로를 투자하여 반도체 생태계를 조성하기 위한 사업들을 추진할 계획이다. 2021년 5월에 발표한 산업전략Industrial Strategy에서는 6개 협업사업 중에 반도체를 "Industrial Alliance on Processors and Semiconductor Technologies"로서 포함시키고 다음 두 가지 목표를 향해 사업을 추진하겠다고 하였다.

① 유럽 내 반도체 설계 생태계 구축
② 시험 및 패키징 사업을 포함한 생산역량 확보. 현재 16나노미터 수준의 생산능력을 10나노미터로 향상시키고 5나노 또는 2나노 이상의 능력 확보도 추진.

EU도 반도체 기업 유치에 적극 나설 것으로 예상되나 미국이나 일본과 경쟁해야 하는 상황에서 구체적인 보조금 지급규모는 아직 제시되고 있지 않아 유치 성공 여부는 지켜보아야 할 것으로 보인다.

(4) 중국

중국은 최근의 기술 패권 경쟁에서 미국, EU 등 서방 국가로부터 일종의 타도 대상이 되어버린 형국이 되었다. 특히 반도체 분야에서 미국은 중국 기업 중 화웨이 등 전자기업과 SMIC 등 반도체 기업을 수출통제 대상으로 지정하고 군부와 관련된 반도체업체에 대한 미국인의 투자를 금지하는 등 제재를 강화하고 있다. 중국은 첨단기술들이 모두 고급 반도체를 필요로 함에 따라 이의 공급이 원활치 못할 경우 원하는 성장 목표의 달성이 어려워질 것을 우려하고 있다. 결국 중국은 자국 내에 반도체 산업을 육성하려는 정책으로 맞서는 중이며, 다음의 네 가지 수단을 동원할 것으로 예상된다.

첫 번째 방법은 정부의 정책을 통하는 것이다. 2021년 3월 "14차 5개년 계획 및 2035 중장기 목표"에서 반도체 분야를 전략육성 분야의 하나로 선정하고, 설계 소프트웨어, 고순도 소재, 주요 제조장비 및 제조기술, 고전력 스위칭 소자IGBT, 미세전자기계MEMS, 첨단 메모리 기술, SiC 및 GaN 등 3세대 반도체 등을 중점 개발하겠다는 목표를 설정하였다.

두 번째 방법은 국가 반도체 대기금(빅펀드)을 투입하는 것이다. 중국은 2014년 9월에 200억 달러 규모로 제1기 국가집적회로산업투자기금(빅펀드)을 설립하여 반도체 산업에 투자하였으며 2019년 10월에는 290억 달러 규모의 제2기 빅펀드를 설립하였다.

세 번째 방법은 중국판 나스닥인 커촹반科创板을 사용하는 것이다. 2020년 중국 시장에 상장된 반도체 기업의 약 70%가 커촹반에 상장되어 있다.

네 번째 방법은 세제 지원이다. 2020년 8월 4일 중국 국무원은 "새로운 시기 집적회로 산업 및 소프트웨어 산업의 고품질 발전 촉진을 위한 정책통지"를 발표하고 첨단기술을 보유한 기업에 대해 세제 지원 등을 강화하였는데, 중국의 반도체 상장사 중 대부분이 법인세를 면제받을 수 있을 것이라고 분석되었다.

그러나 이러한 노력에도 불구하고 서방 국가들의 제재와 견제 속에서 중국이 원천 기술을 어떻게 획득하고 재무적으로 지속가능한 생산역량을 갖출 수 있을지는 앞으로 지켜보아야 할 것으로 보인다.

[참고문헌]

1. 김규판, 「일본의 반도체전략 특징과 시사점」, 『KIEP 오늘의 세계경제』, Vol. 21, No. 13, ISSN 1976-0515, 2021 7. 2.
2. 연원호, 「미·중 갈등과 중국의 반도체 산업 육성전략 및 전망」, 『KIEP 세계경제포커스』, Vol. 4, No. 39, ISSN 1976-0507, 2021. 7. 1.
3. 오태현, 「EU 반도체 전략의 주요 내용과 평가」, 『KIEP 세계경제포커스』, Vol. 4, No. 42, ISSN 2635-5981, 2021. 7. 15.
4. Alex Fang, Yifan Yu, "US to lead world again, Biden tells CEOs at semiconductor summit", *Nikkei Asia*, Nikkei staff writers, 2021. 4. 13.
5. America COMPETES Act v. US Innovation and Competition Act-Summary of Key Differences and Takeaways, Akin Gump, 2022. 2. 14.
6. David Shepardson, Jane Lanhee Lee, "Intel's $20 bln Ohio factory could become world's largest chip plant". The Reuters, 2022. 1. 22.
7. "New Study Finds Semiconductor Supply Chain Will Remain Vulnerable Without Robust Federal Investment in Advanced

Packaging", IPC International, Inc, 2021. 11. 22.

8. Stephen Nellis, "Global chip supply chain increasingly vulnerable to massive disruption, study finds", The Reuters, 2021. 3. 12.
9. "Strengthening the Global Semiconductor Supply Chain in an Uncertain Era", by The Semiconductor Industry Association(SIA), in partnership with the Boston Consulting Group(BCG), 2021. 4. 1.

[부록]

전략물자의 용어 정의

우리나라에서 "전략물자"는 상황에 따라 다른 의미를 가진 것처럼 보인다. 대외무역법이 정의한 전략물자와 2021년 가을 요소수 파동 때 일반 언론이 이야기하던 전략물자는 서로 다르다. 같은 단어인데 다르게 해석된 이유는 "전략물자"의 개념을 가져온 영어 단어가 "Strategic Goods"와 "Strategic Materials"로 두 가지가 있기 때문이다. "Strategic Goods"는 우리나라 대외무역법에서 대량파괴무기와 그 운반 수단의 국제적 확산을 방지하기 위한 제도에서 수출통제 대상이 되는 물자로 정의된다. 반면에 "Strategic Materials"는 어떤 조직의 전략적 계획이나

영어	한국어	주요 사례	국내 관련법
Strategic Goods	전략물자 (법정 용어)	반도체, CNC공작기계, 무기	대외무역법, 원자력법, 방위사업법
Strategic Materials	전략물자 (속칭)	석유, 가스 등 에너지 자원, 희토류, 망간 등 광물 포함	비상대비자원 관리법 (중점관리대상자원), 조달사업에 관한 법률 (비축물자)

공급망 관리에서 중요성을 갖는 모든 종류의 원자재를 말하며[1], 미국 정부는 "비상사태에서 국방, 산업 및 민간 수요에 핵심적인 물자(주로 원자재)"로 규정한다.[2] 우리나라에서 "Strategic Materials"은 "비상대비자원 관리법"과 "조달사업에 관한 법률"이 관리한다.

전략물자(Strategic Goods)의 정의

우리나라 대외무역법은 제19조에서 수출통제의 대상을 "전략물자"라고 하여 아래와 같이 규정하고 있다.

대외무역법

제3절 전략물자의 수출입

제19조(전략물자의 고시 및 수출허가 등)

① 산업통상자원부장관은 관계 행정기관의 장과 협의하여 대통령령으로 정하는 국제수출통제체제(이하 "국제수출통제체제"라 한다)의 원칙에 따라 국제평화 및 안전유지와 국가안보를 위하여 수출허가 등 제한이 필요한 물품등(대통령령으로 정하는 기술을 포함한다. 이하 이 절에서 같다)을 지정하여 고시하여야 한다.

② 제1항에 따라 지정 · 고시된 물품등(이하 "전략물자"라 한다)을 수출하려는 자는 대통령령으로 정하는 바에 따라 산업통상자원부장관이나 관계 행정기관의 장의 허가(이하 "수출허가"라 한다)를 받아야 한다.

1. 출처 : "Strategic Materials", Wikipedia.
2. STRATEGIC MATERIALS(US DoD TR-6086-111)

제19조 제1항의 "국제수출통제체제"는 동법 시행령의 제32조에서 다음과 같이 규정되어 있다.

1. 바세나르체제WA[3]
2. 핵공급국그룹NSG[4]
3. 미사일기술통제체제MTCR[5]
4. 오스트레일리아그룹AG[6]
5. 화학무기의 개발 · 생산 · 비축 · 사용 금지 및 폐기에 관한 협약CWC
6. 세균무기(생물무기) 및 독소무기의 개발 · 생산 · 비축 금지 및 폐기에 관한 협약BWC
7. 무기거래조약ATT

이제 국제수출통제체제에서는 통제 대상이 되는 품목을 어떤 표현으로 부르는지를 살펴볼 필요가 있다. 일단 앞서 설명된 국제수출통제체제 중에서 가장 유명한 바세나르체제는 기구 명칭에서부터 다음과 같은 표현을 사용한다.

"Wassenaar Arrangement on Export Controls for Conventional Arms and

3. Wassenaar Arrangement. 재래식 무기와 이중용도 물품 및 기술 이전을 통제하여 지역/국제안보와 안정을 도모하는 한편 테러단체나 테러리스트로의 이전을 방지.
4. 핵 공급국 그룹(Nuclear Suppliers Group) 원자력 관련 물품 및 기술의 수출을 통제해 핵무기 확산을 방지.
5. 미사일 기술 통제체제(Missile Technology Control Regime). 대량살상무기를 운반할 수 있는 로케트 및 무인비행체, 그리고 관련 장비 · 기술의 확산을 통제.
6. 호주그룹 (Australia Group). 생화학무기 관련 물질과 제조에 전용될 수 있는 장비 및 설비의 확산을 통제.

Dual Use Goods and Technologies"

위에서 보다시피 "strategic(전략)"이라는 단어가 쓰이지 않았고 "이중 용도 상품 및 기술"이라는 표현이 사용되었다. 이것은 MTCR, AG, NSG 등 여타 국제체제에서도 마찬가지이다.

주요 국가들의 사례를 보면, 일단 미국은 정부의 수출통제에서 "strategic"이라는 단어를 사용하지 않는다.[7] 일본은 リスト規制品目(리스트 규제품목), 중국은 统称管制物项(통제물자)과 两用物项(이중용도물자)이라는 용어를 사용한다. "strategic"이라는 표현은 유럽 또는 영국 영어를 사용하는 국가들의 수출통제 제도에서만 발견된다.

국가	수출통제 대상 명칭	비고
미국	Controlled Items	Export Control Reform Act(ECRA)
일본	リスト規制品目 (리스트규제품목)	輸出貿易管理令의 別表第一(第一条、第四条関係) 등
중국	统称管制物项 (통제관제물품)	中华人民共和国出口管制法 第二条
한국	전략물자	대외무역법
영국, 싱가포르, 네덜란드, 뉴질랜드, 터키	Strategic Goods	국가별 관계 법령

7. Export Control Reform Act of 2018.

전략적 수출통제, 또는 "strategic export control"이라는 표현은 원래 냉전 시대에 서방국가들이 운용하던 코콤COCOM 체제에서 유래되었다. 코콤은 대공산권 수출 통제 위원회Coordinating Committee for Multilateral Export Controls의 약칭으로서, 냉전 시대에 소련 등 공산권 국가들에 대한 상품과 기술의 수출을 통제하는 서방국가들의 협의체였다. 코콤은 전략봉쇄strategic embargo를 지향하였으며, 전략봉쇄의 대상이 되는 물건들이 전략상품 또는 전략물자라고 간주하였다. 구체적으로 어떤 물자가 "전략적"인 것인지를 제대로 정의한 사례는 없는 것으로 보인다. 다만 군사적 중요성을 갖는 물건들에는 "전략적"이라는 표현을 붙이는 것이 일반적이었다고 한다.

냉전이 끝나면서 1994년에 코콤은 해체되었으나 대량파괴무기와 테러의 확산 방지를 위해 재래식 무기 및 관련 이중용도 물자의 수출통제를 다루는 국제 협의체는 계속 필요했다. 이에 따라 1996년에 바세나르 체제가 출범하였는데 이전에는 통제 대상국가였던 소련도 러시아로 바뀐 후 창립 회원국으로 참여하였다. 특정 진영을 대상으로 하는 통제가 없어짐에 따라 "전략물자" 또는 "전략상품"의 통제라는 표현이 없어졌으며 미국 등 일부 선진국들도 수출통제 법령에서 "strategic goods"라는 표현을 없앤 것으로 보인다. 다만 영국 등 일부 국가들은 과거 법령을 크게 고치지 않고 유지해나가는 과정에서 "strategic goods"라는 표현을 그대로 사용하는 것으로 생각된다.[8]

8. 영국은 국제무역부(Department for International Trade)가 발표하는 「UK Strategic Export Control Lists」에 포함된 설명에서 "list of strategic military and dual-use items"의 표현을 사용하여 "strategic"이 군사용 물자에서 강조되고 있음을 나타내고 있다.

우리나라에서는 대외무역법에 수출통제 조항이 처음 포함된 것이 1987년으로 코콤이 아직 활동 중이고 공산권에 대한 "전략적 봉쇄"가 한참 진행 중일 때였다. 우리 법령에 "전략물자의 수출통제"라는 용어가 들어온 것은 당시의 국제적 관행을 따른 것이며, 지금도 몇몇 나라들과 함께 법정 용어의 연속성을 유지하고 있다고 해석된다.

| 찾아보기 |

ㄷ

ㄹ

ㅁ

ㅂ

ㅈ

ㅊ

ㅎ

J

K

M

N

O

R

S

T